COMMENT JE SUIS DEVENUE BO

Ouvrage publié sous la direction de Catherine Meyer

Photo de couverture : © Filip Van Roe

Titre original : *Eindelijk vrouw*

Les Arènes,
17-19, rue Visconti, 75006 Paris
Tél. : 01 42 17 47 80
arenes@arenes.fr
www.arenes.fr

BO VAN SPILBEECK

COMMENT JE SUIS DEVENUE BO

TRADUIT DU NÉERLANDAIS (BELGIQUE) PAR NOËLLE MICHEL

LES ARÈNES

Maintenant ou jamais

« La professeure arrive tout de suite. »

J'ai cinq minutes devant moi. C'est le temps qu'il faut à mon cadreur pour nous rejoindre. Je ne le sais pas encore, mais ces cinq minutes vont changer ma vie.

Je suis au centre hospitalier universitaire de Gand. Pas pour un examen médical, mais pour une interview télévisée. Nous sommes le 16 février 2017 et je prépare un reportage sur une Espagnole de soixante-quatre ans qui vient d'accoucher de jumeaux, un garçon et une fille, après une insémination artificielle. De quoi faire débat : cette femme se retrouvera, à quatre-vingts ans, avec deux adolescents de seize ans. Comment vont-ils s'en sortir ? Est-ce vraiment raisonnable ?

Pour le journal de midi, j'ai utilisé des images de l'étranger, mais pour celui du soir, je prépare un reportage maison.

«À l'hôpital universitaire de Bruxelles, il y a une personne spécialiste de la fertilité qui est très à l'aise pour fournir des explications devant la caméra», m'a dit ma collègue Karen alors que j'étais encore à la rédaction. Cet hôpital est à moins de dix minutes de route de nos bureaux. Un choix logique, a priori. Pourtant, je préfère me rendre à Gand. Même si le trajet en voiture dure une heure. En effet, c'est là que travaille Petra De Sutter. Elle est gynécologue, spécialiste de la fertilité de renommée internationale, sénatrice et... née garçon.

Je l'ai croisée lors d'une réception du Nouvel An, mais malheureusement, je n'ai pas eu l'occasion de lui parler. Aujourd'hui, j'ai cette chance, et je veux la saisir. À pleines mains, et même à bras-le-corps. J'en suis plus convaincu que jamais, je dois lui parler. Et pas seulement de l'actualité, mais de moi.

J'appelle la professeure pour lui demander si nous pouvons lui rendre visite. Je n'en dirai pas plus à ce moment-là. Les nerfs à fleur de peau, je compose le numéro de son cabinet. Ma gorge se noue lorsque j'entends sa voix. Et pourtant, j'ai le sentiment que tout ira bien.

«Bonjour, dis-je d'une voix posée, toute professionnelle, Baudouin Van Spilbeeck à l'appareil.»

J'ai prononcé mon prénom complet, Baudouin. Car à ce moment précis, je suis bel et bien Baudouin, reporter de la chaîne de télévision privée flamande VTM, en visite pour une interview. Bo est réservé à mes collègues, à mes amis et à ma famille – autrement dit, des gens qui me connaissent bien.

Petra me répond avec amabilité, elle comprend tout de suite l'objet de mon appel. Elle accepte l'interview, mon cadreur Jurgen et moi pouvons passer la voir.

« À tout à l'heure », conclut-elle. Nous raccrochons. Mon cœur bat la chamade. Petra m'attend. Moi, un journaliste. Un homme.

Pendant le trajet, je tente de me préparer mentalement pour l'interview, tout en me demandant comment faire pour m'entretenir en privé avec Petra. C'est d'autant plus délicat que je ne peux résumer ce que je vis. Il s'agit d'une lutte que je ne peux résumer en quelques mots. Je suis inquiet, car Jurgen est toujours dans les parages. Pour l'instant, il est assis à côté de moi, dans la voiture. Tout à l'heure, il va m'accompagner jusqu'au bureau de Petra. Et quand bien même, que se passerait-il s'il nous laissait seuls quelques instants, si je parvenais à parler en tête-à-tête avec elle ? J'essaie de me calmer. Il faudra improviser, voir comment se déroule l'entretien. Car même si je ne sais pas exactement à quoi m'attendre, je suis convaincu que je n'aurai qu'un mot à dire pour qu'elle me comprenne.

Je jette un coup d'œil à mes vêtements. Ce matin, je suis sorti dans cette tenue, sans savoir que je rencontrerais Petra De Sutter dans la journée. Je suis habillé en femme, comme j'ai l'habitude de le faire ces derniers temps : jean noir pour femme, chemisier de satin noir, gilet pour femme et chaussures de la marque A. F. Vandevorst, mes préférées, des bottes noires à talons larges et légèrement brillantes. Filip, l'homme d'un couple célèbre de la mode contemporaine, en porte aussi, c'est toujours l'excuse que j'avance lorsqu'on me fait des réflexions. Elles sont donc unisexes, même si à quatre-vingt-dix-neuf pour cent elles sont portées par des femmes. Je suis heureux de ne pas avoir à me changer, comme je dois souvent le faire quand je parais moi-même à l'écran. Je garde toujours une veste d'homme dans la voiture en prévision de ces moments-là. Mais je n'en aurai pas besoin aujourd'hui.

Jurgen et moi nous garons sur le parking des visiteurs puis gagnons à pied le bâtiment où se trouve le cabinet de Petra. Alors que nous passons devant plusieurs places de stationnement libres, Jurgen s'arrête.

« Je ferais peut-être mieux de rapprocher la voiture ? me demande-t-il. Ce serait plus pratique pour le matériel. » Il a raison. Voilà sans doute l'occasion que j'attendais.

J'acquiesce aussitôt avec conviction : « Vas-y, je t'attends là. »

Je les tiens, mes cinq minutes. C'est maintenant ou jamais.

Je suis assis dans le cabinet de la professeure. J'attends. Lorsque Petra entre dans la pièce, je suis frappé par sa grande taille. Elle occupe l'espace, d'une manière positive. L'image qu'elle renvoie est parfaite. Elle porte une blouse de médecin et une chaîne en or toute simple avec des boucles d'oreille assorties ; elle a les cheveux mi-longs. Cependant, ce sont surtout ses yeux que je remarque, doux, bleu-gris, qui suggèrent une grande ouverture d'esprit.

« Bonjour, Baudouin », dit-elle sur un ton amical. Sa voix est féminine, sans être excessivement aiguë. Il ne fait absolument aucun doute que la personne qui se tient devant moi est une femme.

« Bonjour. » Je me lève et lui serre la main. Je lui répète la raison de notre visite tout en surveillant la porte. Jurgen n'est pas encore là.

Petra s'assied à son bureau, en face de moi. Je me jette à l'eau.

« Petra », lui dis-je.

Sans hésitation, je m'exprime avec assurance en la regardant droit dans les yeux.

« Avant que nous évoquions le sujet d'actualité qui m'amène, j'aimerais vous parler d'autre chose. »

Je ne lui laisse pas le temps de réagir ni de poser de questions.

« Je suis mal dans ma peau, dans mon identité d'homme. Depuis des années. Je ne peux plus continuer. »

Les paroles, les phrases semblent s'échapper de ma bouche. C'est plus fort que moi, il faut que ça sorte. Je poursuis.

« J'avais huit ans, la première fois que j'ai eu envie d'être une fille. Depuis, ce désir n'a fait que se renforcer. Jusqu'à devenir insupportable. Jusqu'à maintenant. J'ai besoin d'aide. »

Je prends mon smartphone, que je fais glisser sur la table vers elle.

« Voilà des photos de moi. En femme. En bikini, à la piscine. Et ça, c'est moi en robe d'été, en vacances. »

Petra m'observe sans jugement, sans regard interrogateur ni signe d'incompréhension. Au contraire.

« Cela fait plus de trente ans que ma femme et mes amis m'appellent Bo plutôt que Baudouin. Je les y ai toujours encouragés, parce que je savais que Bo était aussi un prénom féminin. Il est porté par l'actrice Bo Derek, par exemple. Désormais, je veux vivre ma vie comme une femme. Je veux devenir Bo. »

Je la vois esquisser un sourire. Elle interrompt ma logorrhée et pousse le smartphone dans ma direction :

« Inutile de m'en dire plus. Je comprends parfaitement, je reconnais tout ton parcours. J'ai vécu exactement la même chose. »

Petra De Sutter a cessé de me vouvoyer. Nous ne sommes plus dans le cadre d'une conversation de professeure à journaliste, mais plutôt dans un échange entre personnes qui se comprennent et se font confiance.

La porte du cabinet de consultation s'ouvre. Je me retourne pour voir entrer Jurgen. Il ne se doute de rien. Il ne peut pas savoir que cette conversation va changer ma vie – je ne le sais pas encore moi-même. Le temps qui m'était imparti est à présent écoulé. Mes cinq minutes sont passées. Je suis heureux d'avoir pu vider mon sac, même si j'aimerais continuer de parler pendant des heures. Je voudrais retenir cet instant, mais c'est impossible. Je dois travailler. Me concentrer.

« Nous poursuivrons notre conversation plus tard », chuchote Petra De Sutter, tandis que Jurgen installe sa caméra.

Impassible, je hoche la tête.

Je mène mon interview au sujet de cette mère espagnole. De manière professionnelle, comme il se doit. Quant à Petra De Sutter, elle a repris son rôle de spécialiste. Mon reportage sera percutant, me dis-je. Même si je songe surtout à l'autre entretien.

Nous achevons l'interview, Jurgen replie son trépied. Petra m'entraîne à l'écart, je fais signe à Jurgen.

« Je termine et j'arrive », lui dis-je précipitamment, sur quoi il saisit son matériel pour aller le ranger dans la voiture. Quoi de plus naturel, me dis-je pour me rassurer, il n'a pas de raisons de se poser des questions : j'achève notre visite par un bref échange, je remercie la personne que je viens d'interviewer, rien de plus normal.

« As-tu lu mon livre ? » demande Petra.

Non, je ne l'ai pas lu. Mais je vais l'acheter tout de suite, c'est certain.

« Nous devons nous revoir très vite, conclut-elle, passe-moi un coup de fil, Bo. »

Elle m'a appelé Bo et non Baudouin. Ce simple détail me touche profondément. Elle me voit tel que je suis et s'adresse à moi en conséquence.

Petra me gratifie d'une accolade. En sortant, j'ai l'impression de m'être allégé de cent kilos. Pas seulement parce que je me suis senti compris – j'ai déjà pu compter sur la compréhension totale de quelques personnes. Pas non plus parce que j'ai pu exprimer mon problème, j'en étais déjà capable. Cette fois-ci, il ne s'agissait pas simplement d'épancher mon cœur, mais bien de demander de l'aide. Même si ma requête n'était pas officielle, c'était la première fois que je recherchais une aide professionnelle. Les dés sont jetés, une personne qui sait de quoi je parle, experte, tant par son métier que par son vécu, est prête à poursuivre notre conversation. Et c'est exactement ce dont j'ai besoin. Petra détient la clé qui m'ouvrira les portes d'un nouveau monde. À cet instant précis, cette prise de conscience m'apparaît cruciale. J'ai parlé et elle a répondu à mon appel ; je vais sortir de cette impasse. Enfin.

Deux mois s'écoulent avant que je ne reprenne contact avec Petra De Sutter. Entre-temps, j'ai acheté et lu son livre. Chaque page où elle raconte sa transition évoque une situation que j'ai vécue, moi aussi. Ou quelque chose qui y ressemble beaucoup. La double vie, par exemple : se vêtir comme une femme en cachette le soir, lorsque vous êtes à l'étranger pour des motifs professionnels. Ou les idées noires qui surgissent parfois.

Au fond, je ne sais pas pourquoi j'ai attendu aussi longtemps pour envoyer un e-mail à Petra après mon éphémère confession. Je crois que je devais encore me remettre de ce premier pas, qui m'ouvrait enfin la voie vers une nouvelle vie.

Dans ce premier message, j'ai envie de tout lui raconter. Cependant, je tente surtout de lui faire comprendre dans quelle position inconfortable je me trouve, écartelé entre l'amour que j'éprouve pour ma femme et mes enfants et le malaise que m'inspire mon propre corps.

Je lui écris les mots suivants :

> J'aime ma femme et je voudrais passer le restant de mes jours avec elle. Je crois que je ne lui ai pas rendu la vie facile et qu'elle continue de souffrir de la situation.

Et pourtant, plus loin, je dois passer aux aveux :

> Si cela ne dépendait que de moi, je voudrais vivre dès demain, et même dès maintenant, en femme, mais j'ai peur de l'inconnu dans lequel je m'apprête à plonger, et surtout, j'ai peur de perdre ma femme, mon âme sœur, ainsi que le contact avec mes merveilleux enfants... Ma décision peut aussi avoir des conséquences matérielles et financières : pourrai-je continuer de travailler pour VTM ?

Petra me répond presque aussitôt. De nouveau, ses mots me touchent au cœur.

> Bonjour Bo,
> Que de questions auxquelles il est impossible de répondre avec certitude ! Cela revient en effet à se jeter dans l'eau froide. Il faut nager... Et une fois qu'on nage, on se demande pourquoi on ne l'a pas fait plus tôt...

Ses propos continuent de résonner en moi : « Une fois qu'on nage, on se demande pourquoi on ne l'a pas fait plus tôt. » Désormais, j'en suis sûr : je *dois* me jeter à l'eau et nager, aussi vite que possible.

Dans le même message, Petra écrit que son agenda est déjà rempli pour les quatorze mois à venir. Normal lorsqu'on cumule les fonctions de professeure à l'université, de sénatrice, etc. Cependant, elle s'efforce de me proposer une date, mais sa proposition ne me convient pas, car je suis les élections présidentielles et parlementaires en France et dois donc me rendre à Paris pour un meeting politique.

Nous tentons à quatre reprises de convenir d'une date pour déjeuner ensemble, en vain. Les mois passent. Jusqu'à ce que je plonge dans le désespoir. Il faut que je la voie. Il faut que j'avance.

Finalement, je ne reverrai pas Petra avant la mi-juillet.

Nous nous donnons rendez-vous dans un restaurant accueillant, près du centre hospitalier universitaire de Gand. Je mets ma plus belle robe d'été, parce que je veux faire bonne impression.

Je gare ma voiture un peu plus loin, je m'observe dans le rétroviseur avant de descendre. Suis-je présentable ? Oui. Inutile de me faire du souci, pas vrai ? Plus nerveuse qu'à l'accoutumée, je trottine sur mes talons en direction du restaurant. Alors que j'approche de la porte, j'aperçois Petra assise à une table. Elle se lève dès que j'entre dans la pièce.

« Tu es superbe ! » s'exclame-t-elle. Elle m'embrasse avec chaleur. Son compliment me va droit au cœur.

« Tu as envie d'un apéritif ? me demande-t-elle. On va nous donner une autre table, nous serons plus tranquilles. »

Le propriétaire la connaît; il sait qu'elle apprécie un peu d'intimité. Nous nous installons, je commande un verre. La conversation s'engage immédiatement. Je n'ai pas une question en particulier à lui poser, j'en ai des centaines. Je veux en savoir le plus possible.

« J'ai lu ton livre, lui dis-je vivement. Je l'ai acheté après notre première rencontre. Je me suis tellement reconnue ! »

Petra hoche la tête.

J'évoque « la première fois où, enfant, j'ai compris que je n'étais pas comme les autres, avec la pensée inavouée que j'aurais préféré être une fille plutôt qu'un garçon. Et puis, à l'âge adulte, cette prise de conscience, petit à petit. La double vie, en cachette, qui prend de plus en plus de place et finit par ronger la vie "officielle". Tous les ouvrages scientifiques ou non que j'ai dévorés sur le sujet. Et ces nombreuses histoires de pionnières transgenres, qui se sont rendues à Casablanca pour une opération de changement de sexe. » Je déglutis en la dévisageant. « Jusqu'à la découverte que je ne suis pas la seule à avoir parfois des idées noires. »

Petra me fixe calmement de ses yeux bleu-gris avant de prendre la parole. « Comme je l'ai écrit dans mon livre, j'ai longtemps tenté de gagner l'autre côté de la montagne en creusant un tunnel. Je refoulais mon problème, j'étais dans le déni. Ensuite, j'ai essayé de contourner la montagne en prenant un large virage, c'est-à-dire en menant une double vie; une période des plus compliquée. J'ai même songé à tout abandonner et à me jeter du haut d'une falaise. Jusqu'à ce que je comprenne que je devais gravir la montagne pour en venir à bout. C'est seulement à ce moment-là que j'ai réussi à m'accepter. »

Je me reconnais parfaitement dans ses paroles. Moi

aussi, j'ai tenté de contourner la montagne. Mais désormais, j'ai trouvé l'aide dont j'avais besoin en la personne de Petra. Je n'attends pas d'elle un coup de pouce, non, je ne vois pas les choses de cette façon. Selon moi, elle va plutôt me prendre par la main et me guider sur mon propre chemin, avant de s'effacer. En effet, entre les lignes, elle me fait comprendre que c'est moi et moi seule qui dois prendre une décision. Elle ne le fera pas à ma place : elle ne le peut pas et ne le souhaite pas non plus.

Je lui raconte depuis quand je vis avec le sentiment d'être une femme. Mais aussi combien j'ai craint de tout perdre en me lançant à corps perdu dans cette nouvelle vie. Ma femme et mes enfants, en premier lieu. Et ma merveilleuse profession de journaliste de télévision. En effet, mes enfants étudiaient encore, nous n'avions pas fini de rembourser le prêt de notre logement : comment allais-je pouvoir assumer mes responsabilités si je perdais tout ? Je m'imaginais soudain dans une mansarde, sans famille, sans amis, sans revenus, seule et abandonnée de tous. Ce bonheur ultime, devenir la femme que j'étais depuis toujours au plus profond de moi, valait-il tous ces sacrifices ? Pas il y a dix ou vingt ans, mais à présent, je me sens de taille à relever le défi. Et je crois – ou du moins j'espère – que je ne perdrai ni ma femme, ni mes enfants, ni mon emploi.

Petra a fait face à ces mêmes peurs pendant des années. Or, j'ai aujourd'hui devant moi une femme sûre d'elle, qui a su gagner le respect des autres, mais surtout sa propre estime. J'ai la conviction qu'il s'agit de la voie à suivre.

Je demande prudemment : « N'est-il pas trop tard ? Ne suis-je pas trop vieille ? » Une amie m'a dit un jour que les meilleures années de la vie d'une femme de mon âge étaient déjà derrière elle. Dois-je me lancer dans une aventure qui touche déjà à son terme ?

Pourtant, j'ai l'exemple de Caitlyn Jenner, qui a sauté le pas il y a deux ans, à l'âge de soixante-cinq ans. Je l'ai connue sous le nom de Bruce Jenner, athlète spécialiste du décathlon et véritable idole américaine après qu'il eut remporté une médaille d'or aux Jeux olympiques de Montréal en 1976. Elle a dix ans de plus que moi...

Je me recentre sur ma convive. Petra me le confirme :

« Tu n'es pas trop vieille. »

De nouveau, ses mots résonnent dans ma tête. Petra De Sutter en personne m'affirme qu'il n'est pas trop tard ! Cela fait écho à un passage de son livre, où elle raconte comment un officier de l'armée, âgé de soixante-dix ans, a effectué sa transition après le décès de son épouse. Parce qu'il ne voulait pas « mourir dans un corps d'homme ».

« L'histoire de cet officier m'a beaucoup impressionnée, dis-je. Au fond, je veux la même chose : ne pas mourir sous mon identité d'homme.

– La chirurgie fait des miracles de nos jours », réplique Petra.

Et elle ne parle pas seulement de changement de sexe.

« La chirurgie faciale peut faire de toi une femme superbe en moins d'un an. Personne ne pourra soupçonner que tu as été un homme un jour. Mais si tu sautes le pas, il sera impossible de revenir en arrière. Même si tu choisis de continuer à vivre en homme, on s'adressera à toi en te disant "madame" pour le restant de tes jours », plaisante-t-elle.

C'est exactement ce que j'ai besoin d'entendre pour l'instant.

Je peux encore être une femme attirante.

Je répète ses mots, ils tourbillonnent dans ma tête. Je suis bien décidée à me laisser convaincre.

Rétrospectivement, je considère cette conversation comme le véritable tournant, le début de ma prise de conscience, le commencement de ma transition. Jusqu'à présent, j'avais toujours pensé qu'il était trop tard, que j'étais trop âgée. Mais c'est encore bel et bien possible. J'essaie de l'imaginer, mais je n'ose l'envisager réellement.

Je suis surprise, abasourdie, j'ai du mal à y croire. Mais il y a plus important encore : je suis remplie d'espoir. Et nous n'en sommes qu'à l'apéritif.

Pendant le reste du repas, ses paroles continuent de me hanter : « Tu n'es pas trop vieille, on fera de toi une femme superbe en moins d'un an. » Sur la route du retour, je suis sur un petit nuage, en plein paradis.

J'ai quelque chose à te dire

Cher Baudouin,
Je viens d'apprendre que tu vas couvrir les élections présidentielles en France. Il serait sans doute préférable que tu passes d'abord chez le coiffeur ?
Cordialement,
Heinz

Heinz, le styliste en chef de Medialaan, la société mère de VTM, m'envoie cet e-mail pressant mais circonspect avant le premier tour des élections présidentielles françaises, qui doit avoir lieu en avril 2017. Voilà des mois que je ne me suis pas fait couper les cheveux. J'ai compris le message : je me rends aussitôt au studio, mais je demande à la coiffeuse de ne pas les couper trop court.

« Je préfère les garder un peu plus longs. Tu peux couper les pointes et rafraîchir ma coupe, mais ne les raccourcis pas trop. »

Je ne lui précise pas pourquoi je veux les laisser pousser. Cependant, à l'évidence, tous les employés du studio savent ou du moins soupçonnent depuis longtemps que je tiens à féminiser mon apparence. Même si, chaque fois que je croise mon reflet dans le miroir, je me dis que mes cheveux longs et gris ne me rajeunissent pas, au contraire.

Quelques mois plus tard, on m'envoie en urgence dans le Sud de la France. En raison de la sécheresse et du fort mistral, de gigantesques incendies de forêt se sont déclarés à Bormes-les-Mimosas. Or, de nombreux Belges y passent leurs vacances. Des milliers d'hectares sont déjà partis en fumée. Je réalise des reportages, mais je rends compte également de la situation en direct pendant le journal de VTM. Nous sommes fin juillet, et voilà de nouveau plusieurs mois que je n'ai pas vu de coiffeur. Le vent violent m'oblige à vaporiser une demi-bombe de laque pour plaquer mes cheveux sur ma tête et empêcher qu'ils ne soient trop visibles à l'image.

Je serai bientôt obligé de les attacher avec un élastique. Mon cadreur lâche des jurons chaque fois que mes mèches s'envolent dans tous les sens.

Alors que les bombardiers d'eau français aidés de centaines de pompiers parviennent enfin à maîtriser les incendies de forêt, je n'ai toujours pas réussi à discipliner ma coiffure. On me laisse finalement rentrer chez moi.

Une fois à la maison, je reçois un e-mail du psychiatre du centre de sexologie et de troubles de l'identité du genre du centre hospitalier universitaire de Gand. Le cœur battant, j'en informe la professeure Petra De Sutter.

Elle m'a envoyé un message quelques jours à peine après notre déjeuner. Elle avait pris contact avec ses collègues de l'hôpital pour m'obtenir un premier rendez-vous. J'espérais voir immédiatement l'endocrinologue, le médecin spécialiste des hormones, mais le psychiatre devait me recevoir plusieurs fois avant que je ne puisse envisager d'entamer la cure. Lorsqu'il me jugera prêt, il donnera son feu vert pour le traitement hormonal.

> Bonjour Petra,
> Je viens de rentrer du Sud de la France où j'ai couvert les incendies de forêt, et j'ai reçu hier un e-mail du psychiatre. Le Centre m'a également envoyé une confirmation « officielle » : j'ai rendez-vous le jeudi 7 septembre.

Il va falloir patienter six semaines… Comme ce délai me paraît long ! Je suis impatient, mais j'ai prévu de partir en vacances aux États-Unis. Je veux me rendre avec Marianne à Nashville, dans le Tennessee, pour assister à la « Grande Éclipse américaine », le 21 août. Mais auparavant, nous passerons deux semaines en Floride avec les enfants. L'éclipse ne les passionne pas, contrairement aux nombreux parcs d'attractions autour d'Orlando ; un intérêt que nous partageons tous : Walt Disney World, Universal, et même le centre Kennedy, sorte de vaste parc d'attractions spatial.

Plus la date de notre départ approche, plus l'enthousiasme des uns et des autres devient palpable. En ce qui me concerne, je reste un peu en retrait…

« Alors papa, tu es prêt pour le voyage ? » Pleine de gaîté, ma fille Michèle prend place en bout de table. Marianne et moi sommes assis à côté d'elle, face à face. Nos enfants ont tout planifié, voilà des mois qu'ils préparent nos vacances.

Elle guette ma réaction qu'elle espère sans doute enjouée, mais au lieu de cela, je me ferme comme une huître. Je baisse les yeux. Gênée, Marianne se balance sur sa chaise ; Michèle s'inquiète.

« Quelque chose ne va pas ? demande-t-elle.

– Non, dis-je précipitamment en secouant la tête, tout va bien. »

Mon regard me trahit. Marianne me vient en aide. « Tout va bien. Nous avons hâte de partir en vacances ! »

Cependant, Michèle n'est pas dupe.

« Je veux savoir ce qu'il se passe », dit-elle. Elle me fixe d'un air résolu.

Marianne bougonne, mais je passe aux aveux.

« Michèle, j'ai quelque chose à te dire. » Comme lors de mon entrevue avec Petra De Sutter, je sors mon smartphone et je lui montre des photos de moi, habillé en femme.

« Regarde, c'est moi. Moi, tel que je veux être. C'est la vie que je veux mener. »

Elle examine les photos sur l'écran. Moi en robe d'été dans une boutique, moi en bikini, à la piscine, moi en short devant une maison de vacances.

Michèle les observe avec attention, puis fait glisser le téléphone vers moi et me dévisage.

« Cela ne change rien. Écoutez, vous nous avez élevés dans une grande ouverture d'esprit. Vous nous avez appris à avoir les idées larges. Si je débarquais à la maison avec le même genre d'histoire, je sais que vous continueriez de m'accueillir à bras ouverts. Je me renierais moi-même si je te rejetais maintenant. »

Je lis le soulagement dans les yeux de Marianne. À l'instant, elle avait l'air de se demander pourquoi diable j'avais abordé la question. Nous nous querellons sur ce sujet depuis des années : faut-il ou non dévoiler mon secret aux enfants ? Il y a dix ans, je considérais comme elle qu'ils étaient encore trop jeunes. Ils avaient alors bien assez à faire avec leur propre puberté. Mais lorsqu'ils ont atteint la vingtaine, j'ai pensé qu'il était temps de leur dire, en partie parce qu'il m'était de plus en plus difficile de me taire.

Pourtant, j'avais l'impression que Marianne n'aimait pas cette idée. Parce qu'elle voulait protéger nos enfants, je m'en rends compte à présent. Je me suis donc tu.

Et maintenant, les mots sont sortis de ma bouche spontanément. Sous le coup d'une impulsion. Le moment n'était peut-être pas idéal, juste avant notre voyage. Mais ce n'est pas comme si j'avais prévu d'en parler à Michèle. L'accélération de mon évolution n'y est sans doute pas pour rien.

Bien sûr, je ne m'attendais pas à ce qu'elle m'interroge sur mon état d'esprit vis-à-vis de nos vacances, alors que je me débats comme un forcené dans mes difficultés. Ce voyage en Floride signifie beaucoup, pour chacun d'entre nous. Nous sommes des fans inconditionnels de Disney depuis des années, et Orlando n'héberge pas moins de six parcs Disney différents. Michèle, son ami et notre fils Nicolas ont déjà réservé nos billets depuis des mois. Nous pourrons nous y rendre chaque jour pendant deux semaines. En outre, les parcs Universal proposent des attractions sur le thème d'Harry Potter, une occasion supplémentaire de nous réjouir. Les enfants resteront quelques jours de plus, tandis que nous poursuivrons notre route pour assister à l'éclipse solaire. L'ennui est que nous avons loué une maison à Orlando pour ces deux premières semaines et que les enfants seront avec nous.

Or, cela signifie que je serai constamment entouré de monde pendant ces quinze jours. Autrement dit, pendant deux semaines, je ne pourrai pas changer d'apparence, je ne pourrai pas passer une seule journée, ni même un seul instant, en femme. En ce moment, je m'habille en femme au moins une fois par semaine, à la maison, mais aussi en vacances avec Marianne. Depuis ma rencontre avec Petra De Sutter, je profite même de chaque moment de loisir pour revêtir une apparence féminine. Ce n'est pas qu'une question de vêtements, il s'agit plutôt d'un état d'esprit. Je ne veux pas seulement me sentir plus féminin, je veux être une femme et vivre désormais en tant que telle.

J'avais décidé de ne pas partager mes doutes avec Marianne, mais le problème n'a fait qu'empirer dans ma tête. Jusqu'à ce que je ne puisse plus l'éluder. Jusqu'à ce que Michèle m'y confronte, sans le savoir.

Il n'existe sans doute pas de bon moment pour dire à quelqu'un qu'on est mal dans sa peau. Et c'est encore plus difficile d'en faire part à ceux qu'on aime.

Ce moment, que je jugeais inévitable, mais qui m'inquiétait aussi, s'est présenté de lui-même.

« Pourquoi ne nous en as-tu pas parlé plus tôt ? s'enquiert Michèle. Je ne dis pas que tu aurais dû nous informer il y a dix ans, mais ces dernières années, nous nous sommes bien rendu compte que tu étais beaucoup plus malheureux qu'avant. Nous nous demandions pourquoi. Cela dit, nous avons toujours su que maman et votre couple n'étaient pas en cause, et c'est important pour moi. »

J'acquiesce d'un hochement de tête. « Je sais… » dis-je.

Marianne semble accablée, elle n'ajoute pas grand-chose. Si ce moment est crucial pour moi, à l'évidence, il l'est aussi pour elle. En effet, le retour en arrière n'est désormais plus possible. Nous ne pouvons plus faire semblant. Michèle est au courant, la situation est donc bien réelle.

« Nous devons aussi prévenir Nicolas avant les vacances », ajoute Michèle d'un ton résolu.

Le départ est prévu dans trois jours et Nicolas n'est pas censé passer nous voir d'ici là. Je comprends aussitôt que nous n'y parviendrons pas, ne serait-ce que pour des raisons pratiques.

Michèle souhaite également mettre son ami au courant.

« Mais s'il n'est pas possible d'en parler à Nicolas avant notre départ, je ne veux pas qu'on le fasse pendant le voyage, précise-t-elle. La nouvelle pourrait gâcher toutes les vacances, c'est hors de question. »

J'opine du chef, j'entends le point de vue de Michèle. Dans ce genre de situations, on peut toujours compter sur elle pour rester pragmatique et garder les idées claires.

« Je te soutiens. Pour moi, ça ne change rien. Je t'aime et je continuerai de t'aimer. »

Ni larmes, ni drame, ni éclats de voix. C'est Michèle. En cet instant précis, je lui suis profondément reconnaissant. Elle semble un instant plongée dans ses pensées, puis conclut :

« J'espère que vous n'allez pas vous séparer… »

Ses paroles me font l'effet d'un choc. Elle présume que notre mariage ne résistera pas à ma transition complète. Or, ce n'est pas ce que je souhaite. Je prends une décision cruciale : je dois absolument tout mettre en œuvre pour ne pas perdre mon épouse.

« Depuis combien de temps es-tu au courant ? » demande-t-elle ensuite à Marianne. Elle paraît rassurée d'apprendre que sa mère connaissait mes sentiments avant même notre mariage. Je suppose qu'à ses yeux, le fait que nous soyons toujours ensemble est de bon augure. Notre couple est solide, mais je sais combien le divorce de leurs parents peut faire peur aux enfants.

Après le départ de Michèle, Marianne reste assise à table, abattue. Alors que de mon côté le soulagement est de mise, elle est emplie d'amertume. Elle vient d'assister à l'effondrement de trente ans de bonheur familial. Ce doit être terrible pour elle. Ce qu'elle a tenu à garder secret pendant toutes ces années, avec ma complicité, ne peut plus être occulté. La vérité est là, concrète, et elle occupe tout l'espace.

Je présente mes excuses à Marianne. Je crois qu'elle les mérite. Mais je ne peux pas effacer ce qu'il s'est passé ou revenir sur ce qui a été dit. Nous arrêtons d'en parler, la discussion nous est trop pénible.

En fin de compte, je ne reverrai Michèle qu'en Floride, parce que Marianne et moi ne prenons pas le même vol que les enfants. Nous n'avons pas non plus eu l'occasion de voir Nicolas, qui donc n'est toujours pas au courant. Michèle m'informe discrètement qu'elle a en revanche prévenu son compagnon.

Quant à moi, je ne sais pas si je dois encore communiquer à ma fille ce que je ressens. Je suis prêt à répondre à toutes ses questions, j'aimerais clarifier les choses avec elle. Mais peut-être préfère-t-elle ne plus en entendre parler... Un beau matin, Michèle et moi enfilons nos baskets pour aller courir ensemble. Sur le chemin, le sujet s'impose de lui-même. Avec prudence, j'évoque ce qui me tracasse.

Je lui explique que perdre ma famille est ce qui m'a

toujours fait le plus peur. Je tente de lui faire comprendre que je suis bien décidé à vivre en femme, que je ne peux plus faire autrement. Michèle écoute. Je crois que le message est passé.

« Il ne s'agit pas seulement de m'habiller en femme de temps en temps, conclus-je. Si tel était le cas, je m'en contenterais. Ce n'est que la partie émergée de l'iceberg. »

Je remarque que Michèle se pose encore des questions, ce qui est somme toute logique.

« Quand t'habillais-tu en femme ? Comment ? »

« Aurais-je pu m'en apercevoir ? Aurais-je dû ? »

Je redoute cette dernière question, car je ne veux pas que quiconque se sente coupable de n'avoir pas su pendant toutes ces années.

Nous parlons du bonheur, de ce qui le définit, de ce qui rend les gens heureux. Je lui fais comprendre que je ne suis plus heureux dans mon identité depuis bien longtemps.

« J'ai peur que vous divorciez », soupire finalement Michèle. J'entends ses craintes, mais je sais aussi combien notre couple est robuste. Je soupçonne Michèle d'en avoir parlé avec Marianne, il ne peut en être autrement.

Je sens qu'une tension s'est installée entre elles. Peut-être Marianne pense-t-elle que Michèle ne devrait pas insister. Cependant, je saisirai plus tard qu'elle était surtout anxieuse quant aux conséquences de ma confession sur notre famille. Au fond, nous partagions tous la même inquiétude : nous avions toujours formé un foyer chaleureux, une famille aimante et unie. Aucun d'entre nous ne voulait la mettre en danger, et encore moins la perdre. En Floride, toutefois, nous n'avons pas l'occasion de nous retrouver tous les trois pour en parler, car tout le monde n'est pas encore au courant.

Je suis heureux de pouvoir discuter avec Michèle pendant notre jogging, mais ma sensation de malaise persiste. Il m'est chaque jour plus difficile de tenir mentalement. Je me languis d'endosser de nouveau mon identité féminine. Il me tarde de retrouver mes habitudes, de changer de vêtements, de pouvoir enfin être vraiment moi-même, l'espace d'un instant. Ce sentiment se dissimule jusque dans de minuscules détails, qui revêtent pour moi une importance primordiale.

Je n'ai pas apporté de vêtements féminins pour ce voyage, puisque je savais que, de toute façon, je ne pourrais pas les mettre. Le manque que j'en éprouve est insupportable. À proximité de notre maison de vacances, plusieurs grands centres commerciaux proposent quantité de souvenirs Disney, mais on y trouve aussi des vêtements. Je ne peux résister à l'envie de m'offrir un t-shirt à l'effigie de Minnie. En même temps, je songe à quel point cet achat est ridicule à mon âge. Je succombe aussi à une paire de bottines à talons hauts, que je dissimule soigneusement au fond de ma valise.

Lorsque nous prenons des photos dans les parcs d'attractions, on critique toujours ma coiffure, qui ne ressemble à rien, il faut bien le dire. En effet, je ne me suis toujours pas fait couper les cheveux après les incendies de forêt en France.

Marianne n'est pas la seule à être indisposée par leur vue, les enfants aussi les trouvent hideux. Et si j'examine les clichés, je suis bien obligé de leur donner raison. Je ne ressemble à rien ! Pourtant, j'ai décidé de me laisser pousser les cheveux jusqu'à une longueur qui me semble suffisamment féminine. À ce moment-là, je me berce encore d'illusions : ils sont bien trop clairsemés pour me donner l'apparence d'une femme.

Je promets de me rendre dans un salon de coiffure dans l'après-midi. J'en ai aperçu un grand dans l'un des centres commerciaux. Il est tenu par des Asiatiques, ils sont au moins six coiffeurs et coiffeuses. J'ai recherché au préalable des coupes « androgynes » sur Internet. Je montre une photo au coiffeur qui s'occupe de moi et je lui demande s'il peut faire la même chose avec mes cheveux. Sur l'image figure un jeune homme qui est en fait une drag-queen, mais qui a aussi posté sur son profil Instagram des clichés où il a revêtu une apparence masculine. Il est manifestement gay et a presque quarante ans de moins que moi. Je vois le coiffeur pouffer de rire avec un collègue. Cependant, il fait de son mieux pour donner une touche androgyne à ma coiffure.

« Ils ne t'ont rien enlevé », constate ma femme à mon retour. En effet, je dois bien admettre que mes cheveux sont presque aussi longs qu'avant.

« Seulement les pointes. Et ils ont fini par un brushing. »

Piètre excuse, doit penser Marianne.

Nos journées sont bien remplies, et je réussis à profiter pleinement de nos activités. Les autres aussi, du reste. C'est un parfait dérivatif. Je remarque que Marianne, Michèle et moi-même parvenons par moments à tout oublier. Pourtant, je ne peux ignorer l'ombre épaisse qui plane sur ce voyage. Comme si une bombe se dissimulait quelque part, prête à exploser à tout instant. Certains connaissent son existence, d'autres pas. La légèreté laisse place à des moments plus difficiles, au cours desquels je ressens un énorme malaise. J'essaie de penser à ce qui m'attend, au rendez-vous avec le psychiatre. À la certitude que ma vie va changer, quelle que soit la direction qu'elle prendra. Me concentrant sur cette idée, je tente d'assumer mon rôle de père de famille.

Finalement, nos routes se séparent. Avec Marianne, nous poursuivons notre voyage qui doit se terminer en beauté : à Nashville, nous assisterons à une magnifique éclipse solaire, surnommée la « Grande Éclipse américaine ». Cependant, cet événement symbolise aussi ce que je ressens, d'une certaine façon. Le soleil a provisoirement disparu de ma vie, et ni Marianne ni les enfants n'y peuvent rien. C'est dans ma tête que tout se passe.

Une fois rentré à la maison, je me rends compte que je dois me hâter d'informer Nicolas. Mon premier rendez-vous avec le psychiatre a eu lieu, et je dois désormais me rendre à toute une série de consultations auprès de différents médecins afin de poursuivre ma transition. À mon travail, j'ai mis ma direction au courant de la situation. Il est donc grand temps de prévenir mon propre fils. À trois reprises, j'invente un prétexte pour le faire venir à la maison, mais il est très pris par son propre travail et ses nombreuses obligations. Chaque fois, notre rendez-vous tombe à l'eau à la dernière minute. De quoi devenir fou ! Cependant, je me refuse à lui envoyer un message pour lui dire de venir de toute urgence. Qui sait ce qu'il irait imaginer ? Que j'ai été licencié ? Que Marianne et moi nous séparons ? Que je suis gravement malade ?

C'en est trop pour moi : je décide d'en discuter avec Marianne. Je lui explique que je veux voir notre fils pour lui parler de ce que je vis. Un peu plus tard, je lui envoie un texto :

« Quand peux-tu passer à la maison ? J'ai quelque chose

d'important à te dire.» Après trois semaines de tentatives avortées, le problème est réglé en quelques minutes : il m'appelle aussitôt.

«J'arrive, je serai là dans moins d'une heure. Je n'ai pas encore mangé, est-ce qu'il reste une pizza au congélateur ?»

Marianne et moi l'attendons, les nerfs à fleur de peau. Dans le salon, la tension est à couper au couteau. Comment Nicolas va-t-il réagir ? Va-t-il bien prendre mes révélations ? Ou se lever séance tenante et claquer la porte derrière lui ? Connaissant mon fils, et au vu de la réaction de Michèle, j'ose espérer qu'il acceptera ma décision, lui aussi. Mais je ne peux en être sûr et certain.

Un peu plus tard, j'entends la porte d'entrée s'ouvrir.

«Alors, que se passe-t-il ?» demande-t-il. Nous sommes assis à table, il est encore debout.

Je me lance.

«Je suis mal dans mon corps d'homme, depuis très longtemps. Cela fait des années que je me sens femme. Il ne s'agit pas d'une simple question de vêtements. Ce sentiment s'accentue, et je veux vivre ma féminité au grand jour. Je le fais déjà lorsque j'ai des congés.»

Nicolas s'approche de moi, me prend dans ses bras et me serre fort contre lui.

«Peu importe, tu resteras toujours mon papa», dit-il.

Je sors mon smartphone pour lui faire voir des images – les mêmes que j'ai présentées à Michèle et à Petra De Sutter.

«Pas la peine de me montrer des photos maintenant. D'ailleurs, j'en ai déjà vu de toi en femme un jour, sur notre ordinateur, à la maison.

– Vraiment ?

– Heu, oui, par hasard. J'ai trouvé ça bizarre, mais je ne me suis pas vraiment posé de questions. Je savais que tu t'étais déjà déguisé en femme lors d'un bal costumé. »

L'ordinateur, les photographies…, je croyais avoir toujours réussi à tout dissimuler. Apparemment, mes efforts ont porté leurs fruits avec Michèle, mais pas avec Nicolas… Je ne l'aurais jamais cru.

« Michèle est-elle au courant ? » demande-t-il. Je hoche la tête.

« Je lui en ai parlé avant le voyage, mais je n'ai pas réussi à te voir à ce moment-là. J'en suis désolé.

– Maintenant je comprends pourquoi tes cheveux étaient si longs pendant les vacances ! » ajoute Nicolas.

Il a fait cette remarque comme si de rien n'était.

Il me rassure à sa manière. Ce n'est pas grave, je suis toujours son père, nous formons toujours une famille. Quel immense soulagement ! Non seulement pour moi, mais aussi pour Nicolas et Marianne. Nos deux enfants m'acceptent comme je suis, ce qui revêt une importance capitale à mes yeux. En effet, je suis à présent convaincu que notre famille n'éclatera pas – ce qui reste ma plus grande crainte, mais aussi et surtout celle de Marianne.

Des mois plus tard, Nicolas me racontera qu'en prenant la route pour se rendre chez nous après mon message, il s'était demandé ce qu'il se passait. Il avait pensé à une maladie ou à une rupture avec Marianne, parce que j'avais écrit que « je » voulais lui parler, et pas « nous ». Il avait songé à mon travail, avait envisagé la possibilité d'une nouvelle fonction ou même d'un licenciement. Pourtant, une petite voix intérieure lui avait soufflé que c'était quelque chose de personnel, qui me concernait moi, même s'il était incapable de mettre le doigt dessus. Lui aussi avait remarqué combien j'étais malheureux ces derniers temps.

Alors que j'avais quitté la pièce, il avait tenté de sonder Marianne.

« Et toi, maman, comment vas-tu ?

– Ça va », avait-elle répondu.

« Je lui ai dit, me racontera Nicolas, que j'étais convaincu que tu voulais vraiment devenir une femme à part entière. Mais je crois que maman n'était pas encore prête à l'admettre. »

Rétrospectivement, je suppose que je n'ai pas communiqué mon choix aux membres de ma famille aussi clairement que je le croyais, même si tout était limpide dans ma tête. Pour ne pas les choquer ? Pour leur donner le temps de s'habituer, en ne leur dévoilant pas tout en même temps ? Je ne l'ai en aucun cas décidé consciemment, mais l'hypothèse est plausible.

Très vite, je sens que mes enfants se sont accommodés de mon choix. Ma transition est sur les rails. Impossible de sauter du train en marche. Je crois qu'ils ont eux aussi pris conscience que je suis incapable de revenir en arrière. Ma décision ne paraît pas leur poser de problèmes insurmontables.

« Je suis surtout désolé que tu aies souffert pendant si longtemps, me confie Nicolas.

– Ça n'a pas toujours été le cas, dis-je, j'ai connu plus de trente ans de bonheur avec maman, et vous aussi, vous m'avez apporté beaucoup de joie. Mais toute ma vie, j'ai senti qu'il me manquait quelque chose. Et ce sentiment est devenu si vif ces dernières années que je ne voyais plus d'autre issue.»

Je suis reconnaissant de la compréhension que me témoignent mon épouse et mes enfants. Marianne a appris mon secret avant même notre mariage. Ma décision est très difficile pour elle, mais elle est prête à me soutenir. En revanche, pendant toutes ces années, les enfants n'ont rien su. Est-ce encore plus compliqué pour eux ou au contraire plus simple ?

Quoi qu'il en soit, j'ai le sentiment que nous avons réussi leur éducation. Nous leur avons appris à faire preuve d'ouverture d'esprit, de respect et de tolérance envers les autres. Et nous n'avons jamais hésité à nous lancer avec eux dans de vifs débats. Nous ne leur avons jamais imposé notre point de vue. Ils ont toujours été libres de s'opposer à nous, de nouer le dialogue. Que tous deux fassent preuve d'une telle compréhension à mon égard me réchauffe le cœur.

Un repas de famille est prévu quelques semaines plus tard. Je sais que Nicolas a prévenu sa petite amie entretemps. Je la salue comme si de rien n'était, car je ne sais pas si elle tient ou non à m'en parler. Plus tard, elle me rejoint dans la cuisine.

«Dans l'organisme où je travaille, j'ai eu l'occasion de rencontrer un garçon et une fille transgenres», me dit-elle en passant. Là encore, je suis soulagé : elle cherche à me faire comprendre que ma situation ne lui pose pas de problème.

Inutile de garder le silence, tout ira bien. Pourtant, je reste prudent et j'évite d'aborder de moi-même le sujet à table. Je laisse la balle dans le camp des autres – mais pour l'heure, tout le monde élude la question avec soin.

Pendant l'apéritif, Michèle s'exclame soudain : « Nous avons du nouveau. » Je la regarde avec étonnement.

« Nous avons fixé la date du mariage ! » Peu de temps auparavant, ils nous avaient annoncé qu'ils allaient se marier, avec toute la famille comme témoin. Ainsi, leur projet se concrétise. C'est une excellente nouvelle. Ils forment un couple du tonnerre depuis des années, voilà déjà près de douze ans qu'ils sont ensemble, depuis le lycée. J'attends ce grand jour avec impatience. Cependant, la cérémonie est prévue pour le début de l'année 2019, c'est-à-dire dans un an et demi. Je me sens oppressé. Pourquoi ne se marient-ils pas au printemps ou en été ? Pourquoi seulement l'hiver suivant ? Je ne peux pas repousser ma transition d'un an et demi, c'est impossible. Et si Nicolas décidait entre-temps de se marier, lui aussi ? Me faudra-t-il attendre encore plus longtemps ? Mes pensées s'emballent. Dois-je reporter ma transition ? Vivre en homme jusqu'au jour de leur mariage ? Je n'en serai pas capable. Je décide sur-le-champ de poursuivre ce que je viens d'entamer, mais l'idée continue de me tracasser. Je choisis de me taire pour l'instant, je ne veux pas jeter d'ombre sur cette merveilleuse nouvelle.

Les Indestructibles

Flash-back.

Je me replonge deux années en arrière. Dans la famille, nous aimons la course à pied et nous participons souvent tous ensemble à des épreuves, comme les 20 kilomètres de Bruxelles – presque un semi-marathon – ou les 10 *miles* d'Anvers. En novembre 2015, Michèle et son ami sont revenus enthousiastes du marathon de New York. Ils n'étaient pas seulement ravis de leur prestation, ils rapportaient aussi d'importantes nouvelles sur le plan sportif.

« À New York, nous avons vu un stand "Run Disney" : l'an prochain, pour la première fois, un semi-marathon sera organisé à Disneyland Paris ! Nous pourrions y participer tous ensemble ? proposent-ils.

– Un semi-marathon, rien que ça... » J'hésite.

« Ce n'est qu'un kilomètre de plus que les 20 kilomètres de Bruxelles, on devrait y arriver ! »

Nous ne tergiversons pas des heures : assez vite, nous décidons que nous ne pouvons décemment pas manquer cette première dans le domaine de la course à pied. Dès l'ouverture des inscriptions, nous réservons nos places ainsi que des chambres à l'hôtel Disney.

« Vous avez vu que les organisateurs encouragent les participants à courir le semi-marathon en costume ? demande Nicolas quelques mois plus tard, durant un repas de famille.

– Comment cela ?

– Lors des épreuves de Run Disney aux États-Unis, presque tous les coureurs se déguisent en personnages Disney, complète Michèle.

– Nous sommes cinq, nous pourrions nous déguiser en Indestructibles, propose son ami. Vous seriez Madame et Monsieur Indestructible, et nous leurs enfants. Je serai le bébé, il est blond, comme moi », plaisante-t-il.

Je ne connais pas très bien ce film d'animation. Les enfants cherchent des photos des personnages sur leurs smartphones. Il s'agit d'une famille de super-héros qui possèdent chacun un pouvoir spécial, grâce auquel ils protègent le monde contre les méchants.

J'examine attentivement les images : Marianne serait parfaite dans le rôle d'Elastigirl, la mère. Puis je bute devant l'image de Monsieur Indestructible, un père ultraviril, musclé, voire bodybuildé. Une seule pensée me vient à l'esprit : au secours ! On peut difficilement imaginer un fossé plus grand entre moi et cette image d'homme et de père. Je n'ai rien d'un macho qui se pavanerait en roulant les mécaniques. Je me sens femme, j'aimerais par-dessus tout ressembler à une femme.

Je tâte le terrain : « Hem..., les Indestructibles ne me parlent pas vraiment, je ne crois pas que ce soit un bon choix. »

Manifestement, je suis le seul à être de cet avis. Je propose une autre idée :

« Est-ce qu'on ne pourrait pas se déguiser en Cruella, avec quatre dalmatiens ? Je veux bien être Cruella ! »

Je ne récolte que des regards apitoyés.

Je fais une nouvelle tentative : « Ou alors maman se déguise en Blanche-Neige, moi en méchante reine, et vous ferez les nains ! » Il ne me vient même pas à l'esprit que je pourrais jouer le rôle du prince charmant dont le baiser réveille Blanche-Neige.

J'émets mes suggestions sur le ton de la plaisanterie, mais au fond de moi, j'espère qu'elles trouveront un écho. Hélas ! personne ne semble prêt à me suivre dans mes délires.

Inutile de voter : je suis seul contre tous. Nous courrons donc déguisés en Indestructibles.

Nous voilà à deux mois du semi-marathon. Les enfants ont déniché tous les éléments de nos costumes sur Internet.

Il ne s'agit pas de vulgaires déguisements de carnaval ou d'Halloween : non, ce sont de véritables t-shirts de course et leggings en matière synthétique respirante, exactement du même rouge que les personnages. Dotée de plusieurs poches permettant de ranger des gels énergétiques ou un smartphone, même la ceinture orange est conçue pour la course. Nous porterons des masques assortis, nous avons pensé aux moindres détails. Nous essayons nos costumes, tout le monde est enthousiaste. Sauf moi. Je ne me reconnais toujours pas dans ce papa super-héros.

En septembre 2016, une fois le logo des Indestructibles imprimé sur le tissu, nos tenues sont enfin prêtes. Nous partons pour Paris dans la joie et la bonne humeur. La veille du semi-marathon, nous posons pour une série de photos de groupe. En fin de compte, le résultat n'est pas aussi raté que je l'escomptais. Si je n'ai certes rien d'une armoire à glace, je n'ai pas non plus à rougir de mon costume de super-héros.

Le lendemain, à 5 h 30, nous sommes sur la ligne de départ. La course débute à 7 heures, le parcours traverse d'abord les deux parcs à thème. Nous avons décidé de rester groupés, et tant les employés du parc que les autres coureurs nous crient des encouragements. Après le trajet dans les parcs, le parcours se poursuit à travers les villages environnants et passe devant les hôtels Disney. Les garçons courent bien trop vite pour moi, je les laisse avancer et je reste avec les filles, Marianne et Michèle. Durant toute l'épreuve, les spectateurs ne cessent d'applaudir et de nous acclamer.

« Oh, regardez là-bas, les Indestructibles ! » Nos costumes remportent un franc succès. À l'issue de la course, nous posons fièrement avec nos énormes médailles. L'expérience est inoubliable. Malgré six mois de malaise, je ne me sens finalement pas si mal. Mais je ne serai jamais un véritable papa super-héros.

Retour au présent.

Un an s'est écoulé depuis le semi-marathon de Disneyland, je viens de faire mon coming out devant mes enfants.

Nous organisons de nombreux dîners en cette fin d'année, la meilleure occasion pour annoncer la nouvelle. Ma transition est en cours, mes enfants et mes collègues sont au courant, je ne peux pas laisser le reste de ma famille et mes amis dans l'ignorance plus longtemps. Je dois informer mon frère et son épouse, et aussi les deux frères de Marianne. Les amis avec qui j'ai étudié, ceux qui ont fait leur place dans nos cœurs au fil des années, mais aussi de nombreuses relations d'affaires. Des gens que je côtoie souvent, notamment dans le cadre de mon métier. Tant de personnes me connaissent sans savoir qui je suis vraiment. Il faut y remédier, et vite. Combien de temps me reste-t-il ? Quand vais-je sauter le pas ? À Noël ? Au réveillon du Nouvel An ? Le Jour de l'an ? Ce sont les dates que j'ai en tête. En Belgique, une nouvelle loi doit entrer en vigueur le 1er janvier 2018 : elle facilitera grandement le changement de sexe d'un point de vue juridique et administratif. Franchir le pas ce jour-là aurait une portée symbolique très forte.

Marianne et moi planifions d'abord la façon dont nous allons prévenir nos frères et nos belles-sœurs.

« On invite les trois couples en même temps ?

– Non, il vaut peut-être mieux leur parler séparément, les voir un par un. »

C'est alors que nous recevons une invitation à dîner de la part de mon frère et de ma belle-sœur : l'occasion idéale de débiter mon histoire. Le moment venu, je choisis délibérément la tenue la plus androgyne possible. En fait, je porte exactement les mêmes vêtements que lors de ma première rencontre avec Petra De Sutter : un chemisier noir assorti d'un gilet court, un jean moulant noir pour femme et mes bottes préférées. Marianne semble encore plus nerveuse que moi. Comment vais-je m'y prendre ?

« Tu vas leur en parler tout de suite ou à la fin du repas ? me demande Marianne.

– Je ne sais pas encore. Je vais d'abord jauger l'ambiance, mais je préférerais ne pas attendre trop longtemps. »

À notre arrivée, nous remarquons la présence d'autres voitures dans l'allée. Manifestement, nous ne sommes pas les seuls invités.

« Bonsoir, entrez ! » nous lance mon frère devant la porte. « Ah oui, nous avons aussi proposé aux enfants de venir, voilà un bon moment que vous ne vous étiez pas vus ! »

Je peux dire adieu à ma résolution pour aujourd'hui. Je n'envisage pas de raconter mon histoire devant les trois fils de mon frère et leurs compagnes. Embarrassé, je vais m'asseoir au salon. Que vont-ils penser de ma tenue ? Vont-ils la trouver étrange ?

« Tu as de belles bottes. Il faut oser les porter, mais elles sont sympas », me fait remarquer l'amie de l'un des enfants. J'explique pour la énième fois qu'elles sont unisexes et que chez An et Filip Vandevorst, l'homme du couple porte les mêmes.

« Au club de tennis, quelqu'un m'a dit qu'il t'avait

aperçu récemment au centre commercial avec des bottes de femme et un sac à main», ajoute mon frère. Bien sûr, il arrive que même des inconnus me reconnaissent, à cause de mon métier de reporter pour la télévision.

Je réponds à mon frère par un mensonge: «C'était un sac pour homme.» Il est vrai que ma toute première sacoche était un modèle pour homme, mais celle que j'utilise actuellement est un sac à main pour femme au look plutôt sportif. Et j'ai volontairement choisi un modèle féminin.

Nous n'approfondirons pas le sujet ce soir-là. En attendant, je n'ai pas pu parler comme prévu, ce qui me rend nerveux.

Nous décidons d'inviter mon frère et ma belle-sœur aussi vite que possible. Nous inventons un prétexte; ils viennent manger chez nous quelques jours plus tard.

Cette conversation avec mon frère est capitale pour moi. Après ma femme et mes enfants, il est la personne la plus importante dans ma vie. Comme avec mes enfants, nous sommes unis par les liens du sang. Je suis très mal à l'aise pour commencer mon histoire. Je n'en suis pourtant pas à mon coup d'essai, je devrais savoir comment m'y prendre. Je sais à peu près ce que je dois dire et comment. Malgré tout, aujourd'hui, mon coming out me paraît plus difficile.

«J'ai une bonne nouvelle», dis-je sans me rendre compte que ce n'est peut-être une bonne nouvelle que pour moi, et pas pour les autres.

«Je vais devenir une femme. Voilà des années que je me sens mal dans ma peau.»

Je leur raconte tout, je leur montre les photos. Mon frère et ma belle-sœur sont abasourdis. Ils restent silencieux. Je tente de leur expliquer. Je ne comprendrai que plus tard à quel point mon message a pu les choquer. Mes révélations sont extrêmement dures à entendre pour mon frère. Notre conversation est laborieuse et pénible, nous ne parvenons pas à nous comprendre. Et pourtant, cet entretien revêt une telle importance pour moi.

Nous finissons par tomber dans les bras l'un de l'autre. Jamais encore je ne me suis senti aussi proche de lui, mais alors que nous parlons, je constate qu'il éprouve de son côté un sentiment bien différent.

« Pourquoi tant d'autres personnes sont-elles au courant depuis si longtemps ? Pourquoi ne me le dis-tu qu'aujourd'hui ? »

Il m'est difficile de répondre à cette question. Parce que nous sommes trop proches ? Parce que j'avais peur de sa réaction ? Au fond, j'aurais voulu lui en parler plus tôt, mais j'avais peur de franchir le pas. C'est pourquoi je l'ai laissé dans le brouillard pendant toutes ces années. Je ne peux pas revenir en arrière, mais aujourd'hui, je le regrette. Il lui faudra du temps pour accuser le coup, mais je suis prêt à le lui accorder.

« J'ai longtemps cru que tu te doutais de quelque chose, dis-je sur un ton d'excuse.

– Non, pas le moins du monde », m'assure-t-il.

Parfois, je me dis que notre mère savait. Dès dix-huit ans, je dissimulais des vêtements de femme dans une mallette, sous mon lit.

« Je me demande si elle avait deviné, poursuis-je.

– Je ne crois pas, dit mon frère.

– Et papa ?

– Sûrement pas. »

Ma mère est décédée voilà près de dix ans. Mon père,

quinze. Je ne vais pas à l'église, mais je suis croyant. Parfois, j'essaie d'imaginer que mes parents me voient, de là où ils sont. M'approuvent-ils ? Me condamnent-ils ? Autrefois, il m'arrivait de rougir à cette idée, lorsque je me maquillais et m'habillais en femme. Aujourd'hui encore, j'ai parfois honte de n'avoir jamais osé leur avouer mon secret, comme à mon frère. De leur vivant, ils étaient très fiers de moi. De même que le reste de la famille, d'ailleurs. Parce que je passais à la télévision. Me regarderaient-ils toujours avec la même fierté ? Je l'espère de tout cœur.

Il me reste à prévenir mes deux beaux-frères et leurs épouses, même si tous ne sont pas dans l'ignorance la plus totale. En effet, j'étais très proche de l'une de mes belles-sœurs, voilà quinze ou vingt ans. Je le suis toujours, mais nous nous fréquentons moins. À l'époque, nous étions comme les deux doigts de la main, si bien qu'un jour je lui ai révélé mon secret. À partir de ce moment-là, nous sommes devenus des âmes sœurs. Elle m'a même accompagné une ou deux fois faire les boutiques dans le plus grand centre commercial de la ville. Et elle m'a pris en photo. C'était pour moi la plus belle des confirmations. Mais un jour, nos escapades ont pris fin. Mon beau-frère, que j'avais entre-temps informé de la situation, craignait d'être assimilé à la femme qui marchait à côté de son épouse. À présent, nous parvenons à en rire, mais sur le moment, j'ai regretté de ne plus pouvoir sortir avec mon « âme sœur ». Quoi qu'il en soit, ce couple sait donc depuis des années qu'il m'arrive de passer des journées vêtu en femme. Il y a quelques mois, après ma première conversation avec Petra De Sutter, je leur ai même donné un indice. Je leur ai fait comprendre que je songeais sérieusement à vivre en permanence en femme. En réalité, il s'agissait d'un euphémisme. À présent, je dois leur annoncer que je suis prêt à me lancer corps et âme dans l'aventure. Que je vais passer par toutes les étapes de la transition, sous supervision médicale, pour devenir une femme sur le plan physique également.

Nous les invitons, sans préciser que j'ai quelque chose à leur dire. Une fois de plus, j'ai volontairement revêtu une tenue très féminine. Je ne crois pas que cela les surprendra, car ils m'ont déjà vu ainsi. Je suis curieux de connaître leur réaction, car peu de temps auparavant, j'ai déjà laissé entendre à ma belle-sœur que j'étais prêt à franchir le pas. Ce qu'elle m'a fermement déconseillé.

« Tout cela va mal finir... » m'a-t-elle dit.

Aussi, lorsque je leur confie ma décision, ils sont perplexes. Ils n'avaient jamais envisagé ou voulu croire que je le ferais vraiment. Ils ne réalisent pas non plus l'ampleur de la pression psychologique que je subis à présent. Je leur parle de mes projets, du reportage à la télévision qui approche. Je suis tellement enfermé dans ma bulle que je remarque à peine à quel point mon annonce affecte ma belle-sœur et son mari. Nous sommes très proches ; pour eux, ma transition revient un peu à dire adieu à leur beau-frère, qui était aussi un ami intime. En outre, ils s'inquiètent – à juste titre – au plus haut point pour Marianne et nos enfants.

Un an plus tard, le choc, le désarroi et le chagrin auront cédé la place à l'acceptation.

« Au fond, hormis l'apparence, tu es tout à fait restée toi-même, pas vrai, Bo ! s'amuse ma belle-sœur. Nous devons sans faute retourner faire du lèche-vitrines ! »

En revanche, tous deux continuent de se faire du mauvais sang pour notre couple. Et je les comprends parfaitement. Je dois reconnaître que mon choix est terriblement égoïste, dans la mesure où il est irréversible. J'arrache à Marianne l'homme dont elle est tombée amoureuse et qu'elle aime toujours, celui qui lui a donné deux beaux enfants. Or, elle n'a rien demandé. Nos conversations avec des personnes extérieures la confrontent à une réalité très dure. Dans une certaine mesure, elle aurait préféré préserver notre secret; selon son point de vue, cela lui aurait permis de garder son mari. Un mari un peu spécial, certes, qui aurait voulu vivre comme une femme, mais qui serait resté son mari. Or, ce mari – et la vie qui va avec – sont en train de disparaître, lentement mais sûrement.

L'autre frère de Marianne et sa femme n'ont pas encore été officiellement mis au courant. Nous leur rendons aussi visite. Ils sont tous deux artistes illustrateurs et portent un regard très ouvert sur la société. Je m'attends à une réaction positive de leur part, et je ne suis pas déçu. Cependant, je m'interroge: m'avaient-ils percé à jour?

«Non, nous ne nous doutions vraiment de rien. Mais pour nous, tu restes Bo, rien ne change.»

Je leur raconte toute mon histoire, et à quel point je ne supportais plus ma vie.

L'une de leurs filles est présente. Mes révélations ne lui posent pas de problème non plus.

Mon frère et ma belle-sœur nous font part de leur souhait d'informer au plus vite leurs propres enfants – leurs fils et leurs compagnes, à qui je n'ai pas osé parler lors du fameux dîner. Une semaine plus tard, j'apprends de quelle manière ils ont pris la nouvelle:

« Oh, ils ont réagi très positivement. “Nous sommes en 2018, maman, tu sais.” Voilà ce qu’ils m’ont dit », me rapporte ma belle-sœur.

Quelques heures plus tard, je reçois un message de l’aîné, qui est aussi mon filleul.

« Cela ne change rien pour moi, tu restes mon parrain. Désormais, je t’appellerai juste “Bo” au lieu d’“oncle Bo”, c’est tout. »

Mon autre filleul, le fils d’un de mes beaux-frères, m’envoie un message similaire.

Ma famille proche est maintenant au courant et les réactions ont été positives. Même si je l’avais espéré et que je n’en attendais pas moins de leur part, je ne leur serai jamais assez reconnaissant.

À l’approche de mon coming out officiel, je me rends compte que je dois d’abord me montrer à mes enfants en femme, sans quoi ils découvriront mon nouveau visage en même temps que toute la Flandre. Je ne peux pas leur infliger ça. Ils ont le droit de me voir d’abord, de s’habituer à ma nouvelle apparence. Pourtant, la situation est inconfortable, pour eux comme pour moi.

Nous abordons la question en famille. Nous convenons d’une date à laquelle les enfants viendront nous rejoindre au domicile parental et où je les accueillerai en femme, afin qu’ils puissent faire connaissance avec celle que je suis en passe de devenir.

Le moment venu, je suis terriblement anxieuse, et Marianne encore plus.

« Et s’ils réagissaient mal et repartaient séance tenante ?

– J’en serais très étonnée. Ils se sont montrés constructifs, les autres fois, non ? À propos, me trouves-tu suffisamment féminine ?

– Oui, tu es parfaite. »

La sonnette retentit. Nos enfants sont là. Le cœur battant dans la gorge, j'ouvre la porte.

« Salut », dis-je sur un ton aussi enjoué que possible. Personne ne me regarde bizarrement. Tous font comme si de rien n'était, comme si je ne leur étais jamais apparue autrement. Je crois que je viens de réussir le premier test. Marianne paraît un peu rassurée, elle aussi. Nous parlons de choses et d'autres, de ce que chacun a fait ces dernières semaines, du travail. Ce n'est pas plus mal, me dis-je.

Au bout d'un moment, Michèle se permet une remarque.

« Je n'aime pas trop ta jupe », déclare-t-elle.

Je porte une jupe plissée anthracite qui descend jusqu'aux genoux, avec une sorte de reflet métallique dans l'étoffe. En réalité, il s'agit plutôt d'une tenue de soirée. Ce n'est pas le genre de vêtements qui se portent tous les jours.

« Ça ne te dérange pas que je te le dise, n'est-ce pas ?

– Non, bien sûr que non. Je sais que cela part d'une bonne intention.

– Oui, je veux juste que tu sois belle. »

Marianne me fait souvent des réflexions à propos de mes choix vestimentaires, quand elle les juge perfectibles. Elle craint que je n'attire inutilement l'attention, ce qui est compréhensible. Elle-même est plus réservée dans ce domaine, nous n'avons pas le même caractère. Plus tard, mon style vestimentaire changera pour se faire plus subtil. Mais pour l'heure, je crois que d'une certaine façon, j'ai besoin de ces artifices pour affirmer ma féminité.

Quoi qu'il en soit, je me sens déjà plus à l'aise. Le reste de la soirée se déroule comme nos dîners familiaux habituels. Nous évoquons une multitude de sujets mineurs et majeurs, mais nous n'abordons plus la question de mon apparence féminine.

« Il est temps de rentrer à la maison », dit Michèle en fin de soirée. Tout le monde se lève. Nous nous embrassons. Lorsque Michèle me prend dans ses bras, elle me regarde droit dans les yeux.

« Papa, tu es beaucoup plus belle en femme. Vas-y, fonce ! »

Attraction-répulsion

De nombreux souvenirs de mon enfance me sont restés en mémoire uniquement grâce aux photos que j'en ai conservées. Puisqu'on peut les voir, ils existent vraiment. Les clichés sont autant de preuves du passé. Cependant, je n'ai pas de photo de mon tout premier souvenir, même si je me le rappelle très nettement.

Ma mère est en train d'étendre du linge dehors, dans la cour, sous l'auvent. Au milieu se dresse un poteau. Tandis que je tourne autour avec mon tricycle, je sens l'étoffe de la jupe de ma mère me frôler. J'imite mon père, car je sais qu'il roule beaucoup en voiture et doit souvent s'arrêter, même si je ne comprends pas dans quel but, ni ce qu'il fait. Il existe toutes sortes de théories censées expliquer pourquoi quelqu'un devient transgenre, si tant est qu'on ne le soit pas de naissance. L'une d'entre elles pointe l'absence de père et une relation très forte avec la mère, qui aboutirait à un attachement excessif pour tout ce qui est féminin – dans mon cas, les jupes de ma mère, ses vêtements. J'étais, il est vrai, toujours fourré dans ses jupes, pendant que mon père travaillait. Ce pourrait être à l'origine de ma dysphorie de genre, même s'il faut peut-être renoncer à toujours vouloir tout expliquer.

Ma conception de la féminité s'est forgée au contact de ma mère et de mes cousines. Je n'avais pas de sœur. Hormis ma mère, je côtoyais donc peu de femmes dans mon environnement immédiat.

Avec le recul, bien sûr, j'ai pu identifier certains détails riches de sens, qui ont contribué à faire de moi celle que je suis aujourd'hui. Des éléments souvent liés à ma mère, qui ont renforcé mon penchant pour la féminité. Je me souviens ainsi qu'un jour elle m'a offert deux foulards. Je jouais avec un coffret de magie et ces foulards devaient me servir à dissimuler mes tours de passe-passe.

À la maison, avec mon frère âgé d'un an et demi de moins que moi, nous avions surtout des jouets « de garçon ». Mes cousines, qui habitaient un peu plus loin, disposaient de jouets « de fille ». Enfant, je trouvais cela étrange : leur univers et le nôtre étaient totalement différents. Cette situation m'intriguait.

La première fois où j'ai clairement ressenti le désir d'être une fille remonte à mes huit ans. J'ai fréquenté la même école durant douze ans : un établissement pour garçons, catholique, quoique progressiste pour l'époque. J'étais alors bon élève, un garçon intelligent, mais sensible. Lorsque je repense à cette période de ma vie à la lumière de ce que j'ai appris sur moi et du chemin que j'ai parcouru, quelques souvenirs me reviennent en mémoire.

En novembre 1967, nous organisons une soirée destinée

à récolter des fonds pour financer notre classe de neige. Chaque année, un thème particulier est choisi. Cette fois-ci, il s'agit de la télévision. À l'époque, nous pouvons capter deux chaînes grâce à l'antenne du toit : la chaîne flamande (qui deviendra la BRT, puis la VRT) et la francophone (qui s'appelle désormais la RTBF). Toutes deux proposent des émissions avec des sketchs comiques, et chaque dimanche, elles diffusent un film avec John Wayne. C'est pourquoi nous montons un numéro de type western, avec une bataille entre cow-boys et indiens. Je porte un costume de cow-boy et on m'a dessiné une moustache au-dessus de la lèvre supérieure, ce qui m'ennuie beaucoup. En effet, un garçon âgé de deux ans de plus que moi a le privilège de jouer le rôle de la speakerine. Entièrement maquillé, il porte un pull blanc à col roulé et une perruque blonde frisée. Je lui trouve l'air angélique. En outre, il est vrai qu'il a des traits plutôt féminins. Installé derrière un gros meuble de télévision caractéristique de cette époque, il annonce les différents sketchs. Je voudrais être à sa place, jouer son rôle. Je ne veux pas être le cow-boy à moustache, mais la speakerine à perruque ! Je n'ose en parler à personne, car je ne comprends pas moi-même ce que je ressens. Mais je n'oublierai jamais ce sentiment.

Un an plus tard, en novembre 1968, la soirée classe de neige porte sur le thème du cirque. L'un des groupes de mon année présente un numéro de dressage de chevaux, l'autre groupe un spectacle de majorettes. Les « chevaux » trottent sur la piste en collant et gants blancs, la tête décorée de plumes. Je fais partie du deuxième groupe, celui des majorettes. Je porte les bottines blanches de ma tante et la jupe de tennis de ma mère, raccourcie à l'aide d'épingles de nourrice. C'est la première fois que je monte sur scène habillé en fille. Ma première apparition en « drag », comme je le dirai parfois plus tard en plaisantant. Je me sens bien dans ce rôle, mais les autres garçons se moquent de nous. Nous sommes des filles, eux des chevaux. Ils trouvent leur rôle plus valorisant. Le même soir, j'admire deux garçons de ma classe qui effectuent un numéro avec un éléphant. Deux enfants plus grands ont revêtu le costume du pachyderme, mais mes camarades jouent le rôle de la ballerine juchée sur la bête et celui de la dompteuse. L'enfant déguisé en ballerine se fait parfois chahuter par les autres garçons dans la cour de récréation. Il pratique la danse modern jazz à une époque où ce type d'activité est réservé aux filles. Par la suite, il « sortira du placard » ; plus tard encore, il mettra fin à ses jours. Quant au jeune qui joue la « dompteuse », il restera à l'abri, dans son placard, pendant des années, pour finalement faire son coming out à l'âge adulte. Lui aussi est décédé depuis. Personne n'évoque le concept d'orientation sexuelle durant mon enfance, et même pendant toute ma jeunesse. À l'époque, je ne connais pas un seul individu qui manifeste une nature différente de ce qu'impose la norme ; de toute façon, une personne dans ce cas ne l'aurait jamais reconnu ouvertement.

À l'âge de douze ans, je découvre un tutu de ballerine dans un carton, au grenier de la maison de mes grands-parents, alors décédés. Cette boîte contient les costumes d'un club dont mon oncle était membre. Le tutu me va. Je le revêts avec curiosité. Je suis envahi par un étrange sentiment de bonheur intense mêlé d'un profond dégoût. Parce que je sais qu'un garçon n'est pas censé porter des vêtements de fille. Je ne parviens pas à analyser ces émotions contradictoires, mais elles me bouleversent au plus profond de moi-même. Durant l'année de mes douze ans, la dompteuse d'éléphant de la soirée classe de neige refait son apparition. Lors de la pièce de théâtre de l'école, ce garçon réalise une sorte de parodie écologiste de strip-tease. Dans ce but, il va jusqu'à réécrire une chanson existante de Zwarte Lola, une chanteuse néerlandaise de charme. Tout en assistant à sa performance, j'admire son courage. Il fait preuve d'une audace qui m'est inconnue à ce moment-là. En effet, de mon côté, je ne m'aventure pas plus loin qu'un duo avec un autre garçon, dans lequel j'interprète moi-même un garçon. Je n'ose pas endosser de rôle féminin, même quand nous devons mettre en scène *Roméo et Juliette* en cours de néerlandais. Je refuse de jouer Juliette, par crainte que les autres ne se moquent de moi.

Durant mon adolescence, je suis totalement déconcerté par ce que je ressens. Avant même la puberté, je me sens à la fois attiré et repoussé par la féminité. Avec le recul, je prendrai conscience que j'étais alors en lutte contre mes propres sentiments, parce qu'ils n'étaient pas « normaux ».

Je suis né en 1959, j'ai donc grandi après la guerre. Je me suis rendu compte tardivement que la Seconde Guerre mondiale s'était achevée à peine quatorze ans avant ma venue au monde. À l'époque, on ne jetait rien. Les vêtements passaient d'un enfant à un autre au sein d'une même famille. Un jour, ma tante a donné à ma mère une pile de maillots de corps. Ils appartenaient auparavant à un cousin plus âgé, mais certains avaient une bordure en picots. Ils venaient en fait de la sœur du cousin en question, autrement dit de ma cousine. Des sous-vêtements de fille !

« Ce n'est pas pour les garçons ! ai-je protesté.

– Qu'est-ce que ça peut faire ? » a rétorqué ma mère d'un ton ferme.

En fin de compte, je ne les ai pas portés. Secrètement, j'aurais aimé le faire, mais j'ai refusé. La situation s'est répétée pour une veste en velours dont les boutons étaient cousus du côté gauche, comme sur les vêtements pour femme : nous sommes retournés l'échanger au magasin. Non parce que je n'appréciais pas ce détail, mais plutôt par crainte de la réaction de mes camarades.

Entre-temps, j'avais découvert les livres de l'autrice britannique Enid Blyton, et en particulier la série du *Club des cinq*, que j'adorais. Elle racontait l'histoire de deux frères et d'une sœur, de leur cousine Claudine, qui se faisait appeler Claude parce qu'elle aurait préféré être un garçon, et de son chien Dagobert. L'écrivaine avait fait de Claude son personnage principal, mais elle était surtout intéressante à mes yeux parce qu'elle s'adonnait au « brouillage des genres » avant la lettre, c'est-à-dire qu'elle se comportait volontairement comme une personne de l'autre genre. De nos jours, on la qualifierait de « non binaire ». En tant que garçon à la sensibilité féminine, je pouvais sans mal m'identifier à cette fille qui se sentait masculine. Dans mon esprit, c'était « acceptable », car elle n'avait rien d'une chiffe molle : Claude était une casse-cou qui enchaînait volontiers les espiègleries.

La nuit, dans mon lit, je m'imaginais en fille, mais je n'osais en parler à quiconque. Pas encore. Nous étions au début des années soixante-dix.

Adolescents, nous imitions parfois ABBA : nos cousines jouaient le rôle des deux filles, Agnetha et Anni-Frid, dite Frida, et moi et mon frère faisions les garçons. Je n'ai jamais oublié ce que je ressentais alors : j'aurais préféré être l'une des filles.

Au sein du groupe ABBA, les deux jeunes hommes, Björn et Benny, ont une apparence androgyne, et leurs costumes de scène n'ont rien de viril. Le monde les a découverts à l'occasion du concours Eurovision de 1974. Cependant, la scène pop n'est pas la seule à adopter un look androgyne à l'époque. Le glam rock connaît aussi son apogée, avec des groupes et artistes comme T. Rex, Alice Cooper, Slade, Sweet, Mud ou encore David Bowie. Sans oublier les Kinks, dont une chanson évoque Lola, un travesti. Chaque semaine, avec mon petit frère, je regarde le hit-parade à la télévision, et toutes ces sollicitations visuelles titillent mon cerveau.

Pourtant, c'est seulement lors de la percée de Queen que je commence vraiment à prendre conscience de ma différence. Je suis d'abord interloqué par leur nom : pourquoi diable un groupe d'hommes choisirait-il de s'appeler « Reine » ? Freddie Mercury me fascine. D'abord dans *Killer Queen*, un numéro sur une escort-girl dans lequel il apparaît en manteau de fourrure, les ongles vernis. Ensuite avec le grandiose *Bohemian Rhapsody*, et surtout le vidéoclip correspondant. Avec ses longs cheveux brun foncé, ses lèvres écarlates et ses costumes androgynes, Freddie Mercury met mon cerveau d'adolescent sens dessus dessous. Voilà un homme qui non seulement n'hésite pas à exprimer sa féminité jusque dans sa façon de s'habiller, mais qui en retire en outre un immense succès. Quelques années plus tard, *I Want to Break Free* me fera l'effet d'une douche froide. Freddie Mercury passe l'aspirateur, vêtu d'une minijupe en cuir verni, d'un petit haut moulant et d'une perruque noire, ce qui n'est pas pour me déplaire, mais il arbore aussi une épaisse moustache noire, ce qui me rebute profondément.

Ce n'est que vers l'âge de quinze ans que je commence à oser exprimer ma sensibilité féminine. Dans notre classe, nous sommes très actifs et nous passons beaucoup de temps ensemble. Nous décidons de préparer un spectacle que nous jouerons dans les maisons de retraite, pour distraire les résidents. Nous demandons à notre jeune professeur de néerlandais de nous encadrer. Pur produit des années soixante-dix, il a les cheveux longs jusqu'aux épaules et nous demande de l'appeler par son prénom. Autant dire que ce n'est pas très habituel dans une école catholique.

Cependant, notre établissement n'est ouvert qu'aux garçons. Qui va jouer les rôles féminins dans les scènes de théâtre que nous préparons ? Apparemment, je suis enfin prêt : je me porte candidat sans hésiter. Au cours d'un seul et même spectacle, j'endosse le rôle de la gracieuse assistante d'un magicien, d'une bonne sœur séduisante et moderne, ainsi que d'une fleur et d'une éclaireuse dans deux chansons de Jasperina de Jong, qui mettent en scène une révolte des fleurs et un club de marche. Je ne joue pas un seul personnage masculin de tout le spectacle. Dans le rôle de l'assistante du magicien, je porte une robe de cocktail en satin bleu clair et de longs gants assortis appartenant à ma mère. Elle ne portait plus ces vêtements depuis des années et me les a donnés. Cependant, je lui ai demandé de raccourcir la robe de vingt-cinq centimètres pour la rendre plus sexy. Ma mère s'en est chargée sans rechigner, et elle ne m'a jamais posé la moindre question ni fait la moindre réflexion à ce sujet. Je me demande à présent si elle soupçonnait ce que je pouvais ressentir à l'époque. Hélas, je ne le saurai jamais : elle est décédée en 2009.

La perruque blonde que je porte durant le spectacle est celle d'une voisine branchée dont je promène parfois le chien et mon soutien-gorge appartient à la femme de notre professeur de langues. Celui-ci prononce un mot que je n'ai encore jamais entendu : « Toi, tu es un peu le travesti de la classe », dit-il en souriant. Il m'explique ce que cela signifie, mais je ne sais trop que penser à ce moment-là. J'enregistre le terme dans ma mémoire. Ces paroles me font l'effet d'une reconnaissance. J'éprouve une secrète satisfaction à savoir qu'il accepte d'une manière ou d'une autre ma part de féminité, indépendamment de la façon dont je l'exprimerai ou la manifesterai plus tard. Par la suite, je prendrai ce terme en horreur.

Même si nous sommes clairement des amateurs, nos spectacles connaissent un certain succès. Nous sommes invités à jouer dans plusieurs maisons de retraite. Je suis aux anges lorsqu'une vieille dame dans le public demande à voix haute à sa voisine dure d'oreille : « C'est une fille ou un garçon ? » Ce à quoi la voisine répond : « Une fille. » Je m'en réjouis intérieurement, car cela signifie que je parviens à donner le change.

J'ai alors quinze ou seize ans, je suis en pleine puberté. J'aimerais m'éprendre d'une fille, mais à part mes cousines, je n'en connais aucune. Est-ce que je cherche pour cette raison à compenser moi-même l'absence de filles dans mon entourage ? Ou est-ce simplement enraciné en moi ? Je penche pour la deuxième hypothèse.

À cet âge, je me rends parfaitement compte que j'apprécie de me transformer en fille, même si les occasions restent rares. Suis-je attiré par les vêtements ? Sans doute, et ils jouent un rôle important. Cependant, ce que je ressens est plus complexe. En tant que garçon, je suis plutôt extraverti et je n'ai pas la langue dans ma poche, sans être pour autant un jeune coq ni un meneur. Je crois que je suis plutôt tendre et vulnérable, j'aime rester à l'abri dans mon cocon. J'admire mes cousines, en qui je reconnais ces traits de caractère. Pourtant, je ne m'éprends pas d'un garçon. Mon éducation et mon entourage m'ont convaincu qu'un garçon doit tomber amoureux d'une fille, ce que je trouve normal, en dépit de ma sensibilité féminine. Il me faudra patienter jusqu'à ma dernière année d'études secondaires et la préparation d'une pièce de théâtre avec le lycée de filles à l'angle de ma rue pour entamer une relation avec une fille. Mais en attendant, avec mon argent de poche, j'ai déjà fait l'acquisition de mes premiers vêtements féminins, que j'ai dissimulés dans mon armoire. D'abord un soutien-gorge, que j'ai acheté au supermarché, le rouge aux joues. Pourquoi, je n'en sais rien ; je considère sans doute cet achat comme une sorte d'expérience. Il s'agit d'un article rose vif, laid et très bon marché.

Après le lycée, je choisis d'étudier l'architecture. Peut-être à cause de mon sens de l'esthétique. J'habite alors dans une résidence étudiante, ce qui m'offre davantage de liberté pour continuer mes expérimentations. J'achète ainsi une combinaison en velours côtelé qui vient en fait d'une collection pour femme. Je porte des bottes, avec lesquelles je vais en cours. Je fais aussi des essais de maquillage, et on me fait parfois remarquer la présence de traces noires sous mes yeux. En effet, je ne possède pas de démaquillant. De manière générale, j'ai un look plutôt androgyne, mais qui semble ne choquer personne. J'étudie l'architecture à Gand, une filière créative, dans un environnement artistique. Je suis loin d'être le seul à attirer l'attention. Certains étudiants portent même des vêtements beaucoup plus extravagants que les miens. Tout comme moi, ils le font en prétextant « s'opposer aux normes établies ».

Je me mets aussi à acheter des jupes, des blouses et des chaussures dans les magasins de fripes. Personne ne paraît s'en émouvoir : après tout, ce pourrait aussi bien être pour un bal costumé.

Au cours de cette période, je ne manque aucune occasion de me rendre à des soirées en tenue féminine. Les filles de ma résidence étudiante m'aident avec enthousiasme à m'habiller et à me maquiller pour ce type de fête. Je m'amuse au moins autant qu'elles. Je porte encore la robe avec laquelle j'avais joué l'assistante du magicien. Je l'ai conservée chèrement, car elle appartenait à ma mère. C'est désormais la mienne. Un jour, dans le tram, alors que je me rends à une soirée avec cette robe sur le dos, j'ai une prise de conscience : c'est la première fois que je sors en public habillé en femme. J'éprouve une certaine nervosité, mais je me réjouis aussi en compagnie de mes amis. Plus le tram roule, plus je prends confiance en moi.

Dans ma chambre d'étudiant, j'ai une valise remplie de vêtements de femme ; de temps à autre, je me change complètement. Ces épisodes me font du bien, mais durant ces années, je lutte contre mon désir de me faire passer pour une femme. Parfois, je me prends à songer que c'est interdit, que ce n'est pas bien, pas normal. Par trois fois, je fourre l'ensemble de ma garde-robe féminine dans un sac, que je jette dans une poubelle, en pleine rue. Toujours pour le même motif : je n'ai pas le droit. Il ne s'écoule jamais beaucoup de temps avant que je me rachète des vêtements de femme.

En fin de compte, j'arrête mes études d'architecte et je choisis une nouvelle orientation : les langues et littératures romanes à l'université d'Anvers, et plus particulièrement le français et l'espagnol. Ces études font la part belle à l'art et la littérature, raison pour laquelle elles m'attirent. J'aime les lettres : l'écriture remplacera avantageusement le dessin.

Lors du bizutage à Anvers, les nouveaux étudiants, appelés les « bleus », ont pour mission de se déguiser : les filles en garçons, les garçons en prostituées. La tâche me paraît relativement simple pour les filles : la plupart se contentent d'endosser une veste bien trop large, appartenant à leur père. Quant à moi, je fais les emplettes nécessaires et je consacre beaucoup de temps à la préparation de ma tenue. Mon apparence est beaucoup plus féminine que celle des autres jeunes hommes, ce qui m'aide à conquérir le titre de « roi des bleus » – même si celui de « reine des bleus » aurait peut-être été plus approprié.

À l'université, je rencontre ma future épouse, Marianne. Elle est plus jeune, mais a deux années d'avance sur moi, à cause du retard que j'ai pris en étudiant d'abord l'architecture. Lors du spectacle annuel à la faculté, je participe à quelques pièces de théâtre, dans lesquelles je suis remarqué par des étudiants plus âgés. Aussi me demandent-ils de jouer avec eux dans *Tartuffe*, la célèbre pièce de théâtre de Molière – un grand honneur. Marianne y joue le rôle féminin principal. C'est une jeune femme belle et douce, mais elle n'aime pas attirer l'attention. Sauf sur scène : alors, elle devient quelqu'un d'autre. Je reconnais ce trait de caractère en moi. Le théâtre est l'occasion de devenir un autre pendant quelques heures. Nous faisons connaissance pendant les répétitions, et nous entamons notre relation le jour de la première. Je suis amoureux d'elle, je veux poursuivre ma vie à ses côtés. Mais je sais aussi que je dois continuer de taire mon secret.

Les spectacles étudiants sont toujours pour moi l'occasion de manifester mon côté féminin. La même année, j'envisage de jouer le rôle de Tina Turner sur les planches. Cependant, je redoute qu'en me déguisant de nouveau en femme, je finisse par attirer les soupçons. Je parviens à convaincre deux amis de chanter avec moi en play-back *Dirty Ol' Man*, le grand hit des Three Degrees, un groupe de soul américain originaire de Philadelphie, très populaire à l'époque. Comme nous sommes trois, cela crève moins les yeux que l'idée et l'envie de se travestir en femme viennent surtout de moi. Je me charge des costumes de notre trio : je loue des robes à paillettes et je déniche boas, perruques et talons aiguilles. Marianne et quelques amies sont ravies de nous maquiller et de nous apprendre à danser. Pour la première fois de ma vie, je m'épile les aisselles, sur les conseils d'une camarade de promotion. Toujours dans le cadre de notre spectacle d'étudiants, avec quelques autres garçons, je joue le rôle d'une ballerine dans une parodie du *Lac des cygnes* de Tchaïkovski. Nous portons tous des tutus. Cette fois-ci, ce sont nos amies qui interprètent le rôle des musiciens masculins de l'orchestre.

Cependant, je ne me contente pas de quelques rôles féminins sur scène. Je m'habille de plus en plus souvent en femme, en cachette. Et j'ai le sentiment que cela va mal finir. Je ne parviens pas à envisager une relation normale dans ces conditions. Au bout d'un certain temps, je romps avec Marianne, même si je l'aime toujours. Je ne lui fournis aucune explication. J'en suis incapable, je n'ose pas. Notre histoire se fait intermittente. Une nouvelle rupture a lieu, puis nous nous réconcilions de nouveau. Pourtant, je ne me sens pas mieux pendant nos périodes de séparation, car elles ne résolvent en rien mes difficultés persistantes. Heureusement, notre attirance est trop forte et nous finissons par nous retrouver, cette fois pour ne plus nous quitter. Même si je continue de me débattre avec mes sentiments contradictoires.

Je décide d'affronter ce que je considère comme un problème. Dans l'annuaire – Internet n'existe pas encore –, je me mets en quête de quelqu'un qui puisse m'aider. Parcourant la section médicale des pages jaunes, je finis par dénicher une psychiatre sexologue. Une femme. Un détail qui revêt à cet instant une importance capitale, et même décisive à mes yeux: pour moi, il est impensable qu'un homme puisse comprendre ce que je ressens. Contrairement à une femme. Je prends rendez-vous avec elle, anxieux à l'idée des risques encourus. En effet, à l'époque, avoir ouvertement recours à un psychiatre revient à mettre sa carrière en jeu. À l'évidence, ces médecins sont réservés aux «fous»; c'est du moins ce que j'imagine alors. Bien sûr, je ne dis pas un mot à quiconque de ce rendez-vous. Je n'en parle pas à mes amis ni à mes parents. Seul mon frère est mis dans la confidence, pour la simple et bonne raison que je n'ai pas les moyens de payer moi-même la consultation. Mon frère travaille déjà, je lui demande donc de me prêter l'argent nécessaire.

Je ne lui raconte pas ce que je ressens, mais seulement que je suis mal dans ma peau. En effet, malgré les filles avec qui je m'entends très bien, malgré ma fonction au sein de la direction de l'association étudiante et mes bons résultats à l'université – j'envisage même de faire un doctorat et de me lancer dans une carrière académique –, je ne vais pas bien.

Durant ma première consultation, conformément au cliché, je m'allonge sur le divan. J'évoque mes sentiments féminins et j'explique que j'aime revêtir l'apparence d'une femme. En ce temps-là, je ne suis pas encore certain de vouloir vivre complètement en femme. Mais je me rends compte que mon histoire d'amour en est affectée. Or, j'aime Marianne de tout mon être. Comment concilier ces deux aspects de ma vie ? Je ne garderai pas de souvenirs de mes entretiens avec la psychiatre, mais je me souviendrai qu'elle m'a présenté des planches représentant des taches d'encre irrégulières.

« Dites-moi ce que vous évoquent ces dessins. »

Je lui décris ce que je crois reconnaître dans ces motifs bizarres, qui s'avèrent en fait symétriques, car les dessins d'origine ont été pliés en deux. J'apprendrai plus tard qu'elle m'a soumis au test de Rorschach, élaboré dans les années vingt par Hermann Rorschach, un psychiatre suisse. L'interprétation des dix dessins différents, caractéristiques de ce test, est censée aider le psychiatre à décrypter les motivations et les traits de personnalité profonds de ses patients.

Quoi qu'il en soit, je ne crois pas qu'elle me comprenne, elle ne réagit pas vraiment. Sa seule réponse consiste à me prescrire des médicaments pour apaiser les angoisses – celles de ne pas réussir mes études. Mais je ne ressens pas d'angoisse. Je décide de ne plus retourner la voir.

Alors seulement, j'ose avouer à ma mère que j'ai rendu

visite à une psychiatre. Elle me rembourse aussitôt l'argent de la consultation. À elle, je raconte que j'ai peur de l'échec. Je ne me risque pas à lui dire la vérité. Et je n'oserai pas non plus envoyer la facture à l'assurance maladie.

Je suis déterminé à découvrir par moi-même si mes sentiments sont liés à mon orientation sexuelle, mais je constate que tel n'est pas le cas. Dès que je revêts des vêtements de femme, un sentiment de bonheur m'envahit, mais si des pensées ayant trait à la sexualité s'y ajoutent, rien ne va plus. C'est la féminité qui est en jeu. Et cette plénitude qui l'accompagne. À la même période, je découvre chez ma tante une revue qui propose des tests psychologiques, dont l'un s'intitule : « Êtes-vous plutôt masculin ou féminin ? » D'après les résultats, j'ai un taux de féminité de soixante pour cent et un taux de masculinité de quarante pour cent. Ces pourcentages me troublent, mais ils me rendent aussi joyeux.

Dix ans plus tard, après mon mariage avec Marianne et la naissance de mes enfants, alors que je songerai de plus en plus à sauter le pas, ma méfiance envers les psychiatres me retiendra. Pour être admis comme patient au centre de sexologie et de troubles de l'identité du genre du centre hospitalier universitaire de Gand, il faut alors, à cette époque déjà, consulter une psychiatre. Cette femme a la réputation d'être sévère dans sa sélection. Elle joue en quelque sorte le rôle de chien de garde : elle est là pour surveiller l'accès. Le mot « transgenre » n'est pas encore courant à l'époque, et selon les rumeurs, on se retrouve catalogué de façon plutôt arbitraire comme travesti ou transsexuel. Les travestis sont refusés, au motif qu'ils éprouvent seulement le besoin de porter des vêtements de l'autre sexe – ce qui s'accompagne parfois d'une dimension sexuelle –, mais sans nécessité de devenir physiquement une femme. À ce moment-là, j'ai l'impression de naviguer entre ces deux pôles : je ne fais en aucun cas partie de la première catégorie, mais je ne suis pas encore prêt à intégrer la seconde.

Par conséquent, je n'ose franchir le pas et prendre rendez-vous à l'hôpital de Gand. Beaucoup plus tard, j'aurai par hasard l'occasion de faire connaissance avec la psychiatre en question : elle me laissera une impression charmante et sympathique. Mais des années plus tôt, elle a surtout la réputation d'être « dure et inflexible ». Je ne saurai jamais si c'était mérité, mais j'en éprouve en tout cas bien des appréhensions à l'époque. En 2017, je raconterai mon histoire à son successeur, qui me donnera le feu vert pour entamer ma transition.

Après l'échec de mes premières consultations psychiatriques, j'achève mes études et j'effectue mon service militaire. Lorsque Marianne et moi nous lançons dans nos carrières respectives, la pression sociale se fait sentir : nos familles et amis nous encouragent à nous unir. Il me semble qu'elle attend avec impatience ma demande en mariage. Cependant, je suis toujours en proie à des doutes croissants sur moi-même.

Un programme diffusé sur la chaîne néerlandaise NCRV me convainc de tout lui avouer. Il s'agit d'une émission-débat, *Rondom Tien.* Ce jour-là, elle a pour thème les travestis et les transsexuels : il faut que je la regarde. Peut-être y trouverai-je des réponses, des solutions. Je demande à Marianne de la visionner avec moi. Nous regardons le programme en silence. Une fois l'émission terminée, je lui confesse ce que j'ai sur le cœur : « Moi aussi, je suis comme ça. »

Marianne ne sait pas très bien comment réagir ; je ne lui en laisse pas non plus le temps, m'empressant d'ajouter :

« Mais ça va passer. Notre mariage va tout changer. »

Il n'y a pas de prise de conscience que je suis transgenre. Ce mot ne sera d'ailleurs utilisé qu'à partir des années quatre-vingt-dix. Jusque-là, on parle de « travestis », de « transsexuels » ou de « crossdressers » ; tous s'habillent en femme pour diverses raisons ou se sentent femmes. Et moi, quel terme me convient ? Je n'en sais rien. Tout ce que je sais, c'est que je dois refouler mes sentiments. Je tente de vivre avec et de trouver tout de même le bonheur. Et avec qui d'autre que Marianne pourrais-je y parvenir ?

Beaucoup plus tard, dans la semaine qui suit mon coming out, début février 2018, j'évoque l'émission *Rondom Tien* alors que je suis invitée aux Pays-Bas dans le célèbre talk-show de Matthijs van Nieuwkerk, *De Wereld Draait Door*. Deux jours plus tard, je reçois un message via les réseaux sociaux :

> J'ai entendu votre histoire dans *De Wereld Draait Door*. Il y a trente-deux ans, j'ai participé à la fameuse émission *Rondom Tien*. Voilà plus de trente ans que je suis une femme heureuse.

Ces quelques mots m'émeuvent. L'émission a donc dû être diffusée en 1986. Marianne et moi nous sommes mariés un an plus tard.

Nous trouvons chacun notre place de manière naturelle dans notre relation. Hormis les questions que je me pose au sujet de mon ambiguïté, notre couple est tout à fait normal. Jamais les gens ne pourraient soupçonner quoi que ce soit.

La vie se poursuit, et nous décidons donc de nous marier, ce qui m'amène à jeter mes vêtements féminins pour la énième fois. Je parviens à tenir pendant les deux premiers mois de notre mariage, mais le besoin de vivre en femme devient trop pressant. Je rachète des vêtements en cachette de Marianne. Je jette directement mon dévolu sur une tenue complète, avec perruque. Au début, je n'ose pas lui en parler ; après tout, je lui ai promis que ça me passerait.

Mais ça ne passe pas, et Marianne prend peu à peu conscience que je ne parviens pas à changer, que je continue de lutter. De manière presque tacite, j'investis la chambre au grenier. Dans cette pièce trône une grande armoire à glace remplie de vêtements. Le soir, je m'y enferme et je change de tenue. Marianne le sait, mais nous n'en parlons pas. Elle est au courant, mais n'a pas forcément envie de savoir. Sans mot dire, nous parvenons à une sorte de compromis. Pour notre premier anniversaire de mariage, Marianne m'offre un foulard et une broche. Je lui en suis extrêmement reconnaissant, j'assimile son geste à une forme d'acceptation.

Notre mariage est scellé par la naissance de deux magnifiques bébés, une fille et un garçon. Je n'étais pas convaincu que je voulais des enfants, jusqu'à ce qu'ils soient là. Votre enfant vient au monde et vous voilà conforté dans votre statut d'homme : vous devenez père. J'ai endossé consciencieusement ce rôle. Lorsque notre fille naît, je suis au comble du bonheur ; lorsque j'apprends que notre deuxième enfant est un garçon, je suis un peu effrayé. J'ai l'impression que j'aurais préféré avoir une autre fille, même si je me rends compte que ce sentiment a davantage à voir avec mon propre désir de féminité qu'avec le bébé en lui-même. Plus tard, je serai également comblé d'avoir un fils.

Femme à temps partiel

« On a sonné à la porte, mais je n'attendais personne. J'ai regardé par la fenêtre du premier étage : j'ai aperçu une femme blonde, c'est tout ce que je pouvais voir, d'en haut. J'ai pensé que ce devait être une erreur. J'ai demandé : "Madame, qui venez-vous voir ?" Tu as levé les yeux et dit : "Tu ne sais donc pas qui je suis ?" "Non", ai-je répondu. Tu as répliqué : "On se connaît, pourtant !" Soudain, j'ai reconnu ta voix. "Baudouin ! C'est bien toi ?" Je suis descendue t'ouvrir. Tu m'as expliqué qu'il n'avait pas été facile pour toi de venir sonner à ma porte. C'était pour cette raison que tu ne m'avais pas prévenue de ta visite. Tu m'as aussi dit que tu ressentais le besoin de partager ton secret avec quelqu'un, et que j'étais la première à le savoir, après ta femme. »

Je discute sur Skype avec ma collègue Greet De Keyser pour me rafraîchir la mémoire. Elle occupe depuis des années la fonction de correspondante dans la capitale américaine. Nous travaillions déjà ensemble à la radiotélévision publique avant même la création de VTM en 1989. Mais si aujourd'hui je veux raviver quelques souvenirs en sa compagnie, c'est parce qu'elle a été la première amie à me voir en femme.

Je ris à l'évocation de cette fameuse visite. Je me souviens d'avoir sonné à la porte de Greet, mais pas d'avoir débarqué à l'improviste.

« Je ne t'avais vraiment pas reconnue, et je ne m'y attendais pas du tout. Pourtant, venant de toi, cela ne m'a pas surprise. En effet, à l'époque, nous parlions déjà de mode, de chaussures, et de toutes sortes de sujets qualifiés de “féminins”. Par contre, j'étais étonnée que tu oses te promener ainsi dans la rue. »

Durant ces premières années, j'étais à la recherche de mon propre style, et comme de nombreux autres transgenres qui font leurs premiers pas en public, je ne l'ai pas trouvé tout de suite.

« En fait, tu ressemblais presque à une drag-queen, dit Greet en riant, tu en faisais un peu trop. »

Je le reconnais volontiers :

« Tu as raison.

– Il faut admettre que ce n'est pas simple... Comment s'habiller quand on sort pour la première fois ? s'interroge Greet. On veut par-dessus tout avoir une apparence féminine, alors on a tendance à exagérer. Résultat : poitrine avantageuse, talons hauts et minijupe, parce que tu avais envie de montrer tes belles jambes. »

Nous retrouvons rapidement à quand remonte cette fameuse journée : 1994, soit vingt-cinq ans en arrière.

« Je me souviens avoir été ahurie de constater à quel point ta vie était compliquée, dit Greet. Tu t'étais rendue peu avant en Afrique, pour des reportages sur le conflit en Somalie. Tu m'as raconté que tu logeais dans le camp du commando de parachutistes belge ; là-bas, tu devais te doucher derrière une simple bâche, au milieu des autres hommes. Mais à l'époque, tu t'épilais déjà les jambes, les bras et la poitrine, ce qui aurait pu paraître étrange pour un homme. Tu courais de grands risques de te faire remarquer. Comme il faut se montrer prudent, quand on mène une double vie ! On doit être attentif à tout ce qu'on fait, y compris à des détails qui peuvent paraître insignifiants. Je n'ai jamais oublié cela. »

Quand j'entends ses paroles, tout me revient en mémoire avec précision. Je me souviens que mon voyage en Somalie a eu lieu en décembre 1993, je situe donc ma première visite chez Greet en tenue de femme au printemps 1994. Par la suite, nous avons fait du shopping ensemble à plusieurs reprises, la première fois à Anvers, près de chez nous. Mais ces rendez-vous comportaient un risque.

« À cette époque, les gens connaissaient aussi mon visage, dit Greet. Quelqu'un aurait pu nous identifier dans la rue. »

Si un passant avait vu Greet De Keyser se promener en compagnie d'une femme au look tape-à-l'œil, qui ressemblait à un homme en robe, il se serait sans doute interrogé sur son identité. Et dans le pire des cas, il aurait pu me reconnaître. Je me félicite que les smartphones n'aient pas encore existé en ce temps-là ; les gens ne passaient pas leur temps à tout filmer.

« C'est pourquoi nous avons décidé de faire les boutiques à Bruxelles, la fois suivante, poursuit Greet. On y croisait une majorité de francophones, qui ne regardaient pas la télévision flamande et ne pouvaient donc pas nous reconnaître. »

Greet se remémore d'autres anecdotes : « Peu de temps auparavant, ta voiture était tombée en panne, lors d'une de tes sorties en femme. Tu m'avais raconté que tu craignais toujours d'avoir à faire venir une dépanneuse ou à montrer ta carte d'identité à la police, en cas d'accident. Tu es désormais une femme, et tout le monde est au courant, mais à l'époque… Tu devais toujours préparer chaque sortie avec soin avant de quitter la maison. »

Elle comprenait que je risquais gros.

« Et si quelqu'un t'avait reconnu et l'avait crié sur les toits ? Quelle aurait été la réaction de VTM ? Aujourd'hui, la chaîne te soutient à cent pour cent, mais c'était une autre époque. Les gens n'étaient pas aussi ouverts que maintenant. Tu mettais ta famille et ta carrière en jeu, alors qu'au fond, tu voulais juste être toi-même. Le courage dont tu faisais preuve m'a profondément impressionnée. Et aussi la puissance de ce que tu ressentais : quand on n'est pas transgenre, on ne peut pas se rendre compte de tout ce que cela représente. »

Greet résume ma problématique par une métaphore saisissante : « Si vous avez faim, vous mangez ; si vous êtes une femme, vous vous habillez comme une femme. Mais si vous êtes né dans un corps d'homme et que vous vous sentez femme ? Cette faim-là, vous ne pouvez pas l'assouvir. »

Aussi Greet se réjouit-elle que je sois enfin parvenue à sortir du placard, tant d'années plus tard. « Quand je repense à ta situation, vingt-cinq ans en arrière… Je suis vraiment contente pour toi que ta transition soit une telle réussite. Et que tous ceux qui comptent à tes yeux te soutiennent, qu'ils t'acceptent telle que tu es. Je t'avais toujours connu sous l'identité de Baudouin, mais quand tu m'as annoncé que tu allais devenir Bo, je n'ai pas mis longtemps à m'habituer : à présent, pour moi, tu es Bo, point barre. Le prénom Baudouin me paraît même déjà un peu étrange. »

Quand je me replonge dans mon passé, je m'aperçois que j'ai en effet pris de nombreux risques durant toutes ces années, surtout en raison de ma notoriété. Mais aussi vis-à-vis de ma famille et de mes enfants, de mes voisins et de mes amis. Il m'est arrivé à maintes reprises de croiser une connaissance – voisin, beau-frère, ami homme ou femme – dans mon propre village, alors que je conduisais ma voiture dans des vêtements de femme. En général, on me faisait des appels de phare pour me saluer lorsqu'on reconnaissait ma voiture et ma plaque d'immatriculation. Quel soulagement que la réflexion de la lumière sur le pare-brise ait empêché quiconque de voir qu'une femme blonde était assise au volant ! Ou une brune, du reste, car j'ai plusieurs fois changé de perruque et de couleur de cheveux au cours de ces années.

Mon cœur cognait toujours dans ma poitrine quand je m'apprêtais à quitter mon domicile ; je jetais d'abord un coup d'œil par la fenêtre pour vérifier si aucun voisin n'était dans la rue.

Un jour, alors que mes enfants étaient encore petits, je patientais au feu rouge, près de la sortie de l'autoroute, quand une voiture s'est immobilisée sur la deuxième voie : c'était la nourrice, avec mes enfants, bien visibles sur la banquette arrière. Peut-être étaient-ils trop petits pour reconnaître ma voiture ou étaient-ils trop occupés pour remarquer ma présence.

Au fil des années, à la maison, mes enfants ont failli me surprendre plusieurs fois « en flagrant délit ». Par exemple, le jour où, à cause d'un enseignant malade, ils sont rentrés chez nous à l'improviste, une heure plus tôt que prévu.

« Papa, tu es là ? » ont-ils appelé. Je n'ai pas répondu, mais j'ai foncé dans la salle de bains, mis le verrou et commencé à retirer le maquillage de mon visage sous la douche, en le frottant au savon comme un forcené. Pour paraître devant eux quelques minutes plus tard, frais comme un gardon.

« Ah, tu es à la maison ?

– Pardon, je ne vous ai pas entendus rentrer, j'étais sous la douche. »

Autant de moments où j'ai ressenti un malaise palpable.

À bonne distance de chez moi, dans une autre ville par exemple, je me sentais davantage en sécurité. Là, ma tenue de femme me servait de protection, car personne ne pouvait faire le lien entre notre maison ou ma voiture et celle qui tenait le volant. Pourtant, il restait toujours un risque, comme cette fois où je cherchais une nouvelle robe dans une boutique de vêtements.

« Vous avez été bien occupée, ces dernières semaines », a dit une voix derrière moi.

Je venais régulièrement dans ce magasin sous mon apparence féminine, et j'entretenais de bonnes relations avec la propriétaire. Jamais elle ne m'avait posé la moindre question. Et soudain, cette remarque…

« Que voulez-vous dire ? » ai-je demandé, sidérée et quelque peu inquiète.

« Rien de spécial, juste que votre travail vous a beaucoup accaparée, ces derniers temps. »

Une pensée m'a traversé l'esprit comme un éclair : comment diable pouvait-elle le savoir ? Je ne lui avais jamais raconté ce que je faisais. Cependant, je venais de rentrer en

Belgique après un reportage au sujet de l'accident mortel du funiculaire de Kaprun, une station de ski autrichienne.

« La semaine dernière, je m'affairais dans la cuisine, la télévision était allumée au salon. C'était le journal de VTM. J'ai entendu un compte rendu sur l'incendie du funiculaire et soudain, je me suis dit : je connais cette voix, j'en suis sûre. Je suis allée au salon et j'ai assisté au direct de Baudouin Van Spilbeeck. J'ai alors compris que c'était vous, dans vos vêtements d'homme. »

Que pouvais-je faire, hormis lui donner raison ? Je lui ai raconté mon histoire. J'ai beaucoup apprécié qu'elle garde mon secret. Nous en avons ri par la suite, et j'ai continué de fréquenter sa boutique pendant des années, jusqu'à ce qu'elle se lance dans un autre projet.

Au début, j'osais parfois acheter des vêtements ou des chaussures en étant vêtu en homme, prétendument « pour mon épouse ». Bien sûr, par le plus grand des hasards, elle faisait la même taille que moi. Je pensais naïvement que les vendeuses croyaient mes mensonges, mais en général, elles n'étaient pas dupes. « Oh, ne vous faites aucun souci. Nous recevons régulièrement des clients qui viennent acheter des vêtements "pour leur femme". Nous savons bien qu'en réalité, ils les achètent pour eux-mêmes. Souvent, ils finissent par nous l'avouer, lorsqu'ils sont devenus des clients fidèles et qu'ils sont convaincus de notre loyauté. »

J'ai moi-même eu l'occasion de me « confesser » auprès d'une vendeuse qui avait su gagner ma confiance. Elle possédait un magasin de tenues de soirée que je fréquentais, il y a très longtemps. Elle m'avait aussitôt rassurée : « Vous savez, nous voyons toutes sortes d'hommes qui viennent faire des achats pour eux-mêmes : des hommes d'affaires, des juges, et même des responsables politiques. Tous savent qu'ils sont en sécurité chez nous. Jamais je ne les trahirai. Le jour où je révèle les noms de mes clients, je peux fermer boutique séance tenante. »

Ces aveux m'ont aidé à prendre confiance en moi : ainsi, je n'étais pas le seul. Je n'étais ni un tordu ni un marginal. Au contraire : je me trouvais en bonne compagnie.

À une époque où la vie de journaliste de télévision était moins trépidante que maintenant, j'ai aussi osé sortir habillé en femme plusieurs fois, quand j'étais envoyé à l'étranger pour un reportage. Les occasions étaient rares, car je n'étais pas seul, la plupart du temps : mon cadreur m'accompagnait, ainsi qu'un ingénieur du son ou un technicien satellite, parfois. Après le journal du soir, nous allions manger un morceau, puis il était l'heure de se coucher. Or, je m'imaginais mal laisser tomber mes collègues en prétextant ne pas avoir faim ou ne pas être en forme, pour quitter ensuite l'hôtel en douce dans des vêtements de femme.

Mais quand j'étais tout seul à l'étranger, il m'est arrivé de m'habiller en femme. La plupart du temps, je restais dans ma chambre d'hôtel. Quelquefois, j'osais sortir. Un jour, j'ai atterri dans un club londonien où se rencontraient des personnes « de genre fluide », comme on dirait maintenant. J'avais trouvé le nom et l'adresse du club dans une revue pour personnes transgenres – je ne pense pas que j'avais déjà accès à Internet à l'époque. Je me souviens seulement avoir rencontré un jeune designer londonien des plus sympathique, qui explorait délibérément les limites de sa féminité, sans vouloir toutefois devenir une femme. Je ne me suis pourtant jamais senti à ma place dans ce type de clubs, aussi ai-je assez vite renoncé à ces sorties.

En revanche, j'emportais souvent des vêtements féminins en voyage. « Eh bien, ta valise pèse un sacré poids ! »

ai-je entendu plus d'une fois, lorsque le cadreur chargeait mes bagages dans la voiture.

Je me justifiais: «Que veux-tu, j'ai besoin de plusieurs tenues, au cas où je devrais faire un direct chaque jour.»

Ces vêtements de femme représentaient à mes yeux une sorte de roue de secours, de trousse de premiers soins: ils étaient là pour m'aider en cas d'«urgence». La plupart du temps, je ne les sortais même pas de ma valise: il me suffisait de savoir qu'ils étaient là, près de moi.

Je ne suis pas non plus sortie souvent chez moi, en Belgique. Je n'ai jamais été du genre noctambule, je préférais aller au supermarché en tenue de femme un jour de semaine plutôt que de sortir dans un club le soir pendant le week-end. L'ambiance était rarement bonne, et on y voyait beaucoup d'hommes seuls à la recherche d'une rencontre rapide avec une personne transgenre. J'y croisais aussi des transgenres parfois franchement insoupçonnables.

Un soir, j'ai remarqué de loin une très belle femme, dont j'ai deviné qu'il s'agissait d'un homme. Elle était maquillée et coiffée à la perfection et portait une tenue très sexy. En m'approchant, j'ai entendu sa voix, dont le ton grave a achevé de dissiper mes doutes. Mais surtout, je l'ai reconnue. Je lui ai adressé la parole: «Je pense qu'on s'est déjà rencontrés.»

Elle m'a dévisagée avant de répondre: «Mais oui!»

J'avais vu juste: nous avions fait du sport ensemble autrefois. Au cours de notre conversation, j'ai appris qu'elle n'avait aucune intention de vivre en permanence en femme, et encore moins de changer quoi que ce soit à son corps. Elle aimait simplement extérioriser son côté féminin, de temps à autre. Un choix tout à fait respectable à mes yeux, mais j'en ai conclu que je n'étais pas fait pour ces soirées, car je recherchais autre chose, que je ne trouverais pas là-bas. Je n'ai plus jamais remis les pieds dans un club de ce type.

Un choix trop cornélien

Il y a vingt ans, une de mes collègues a su faire preuve du courage et de l'audace qui me manquaient alors. Sans doute était-elle persuadée depuis longtemps d'être transgenre. Elle était en outre beaucoup plus jeune que moi et n'avait pas encore d'enfants. Hormis la peur de perdre mon emploi, mon âge et ma famille ont toujours formé l'ultime barrière que je n'osais franchir.

Estelle a sauté le pas à l'époque. Voilà aujourd'hui vingt ans qu'elle est une femme heureuse. J'ai appris à la connaître sous les traits d'un jeune journaliste ambitieux. En tant que responsable à l'international, j'étais alors son supérieur direct. À un moment donné, je me suis demandé s'il était bien dans sa peau. Je ne parvenais pas à comprendre ce qui le rongeait, et il ne s'en est pas ouvert à moi, jusqu'à ce que j'entende par personne interposée qu'il avait été vu habillé en femme lors d'une soirée. Dès lors, tous mes sens furent en alerte. J'aurais voulu en savoir plus, mais sans me dévoiler moi-même.

En fin de compte, il m'a proposé de déjeuner avec lui et en a profité pour me montrer des portraits artistiques en noir et blanc. Il m'a demandé si je reconnaissais la femme qu'ils représentaient – un peu comme je l'avais fait avec Greet De Keyser quelques années plus tôt. Ce n'était pas difficile, puisque je connaissais déjà son secret. Il m'a raconté qu'il voulait devenir une femme, qu'il avait choisi le prénom Estelle, mais qu'il n'avait pas osé m'en parler plus tôt parce que j'étais son responsable hiérarchique. Je l'ai aussitôt rassuré et lui ai fait comprendre que j'avais les idées larges. Aujourd'hui, je me trouve lâche de ne pas lui avoir dit la vérité à mon sujet. J'avais peur. Je m'étais toutefois promis de le soutenir autant que je le pourrais.

Nous avions convenu de retourner déjeuner ensemble la semaine suivante. J'ai ainsi appris à connaître Estelle. Elle se trouvait trop grande, mais je voyais en elle une femme, sans l'ombre d'un doute.

D'après mes souvenirs, elle n'a pas pu compter sur un soutien très large. Sur le plan professionnel, son coming out l'a empêchée d'évoluer comme elle l'avait espéré. La direction de l'époque a décidé qu'elle ne ferait plus de reportages et qu'elle ne lirait plus ses propres comptes rendus tant que sa voix et son corps ne seraient pas devenus parfaitement féminins. En revanche, de nombreux collègues l'ont épaulée ; les femmes lui prodiguaient volontiers des conseils vestimentaires. Quand je lui ai rendu visite un an plus tard au centre hospitalier universitaire de Gand, après son opération de réattribution sexuelle, je lui ai remis un beau cadeau de la part de la rédaction : les collègues s'étaient montrés généreux.

Peu de temps après, Estelle a quitté la chaîne, et nous avons fini par nous perdre de vue. Aujourd'hui, nous avons repris contact grâce aux réseaux sociaux. Elle m'a appris que, avant son propre coming out, une rumeur circulait au sujet d'un membre de la rédaction, qui se serait habillé de temps à autre en femme. Elle avait craint que ces bruits ne la concernent, elle.

« Par une ironie du sort, il ne s'agissait pas de moi, mais à l'époque, hélas, je n'ai pas réussi à identifier la personne en question. Je suppose qu'ils parlaient de toi », conclut-elle en riant.

Estelle est à présent une femme pleine d'assurance et d'entrain, qui ne regrette pas d'avoir pris la bonne décision – un choix que je refusais de faire à l'époque, pour toutes les raisons que j'ai déjà citées.

Résigné, j'ai saisi toutes les occasions possibles d'exprimer ma féminité. En cachette à la maison, au supermarché du village, mais aussi lors de soirées costumées, comme durant mes années d'étude. Je consacrais beaucoup de temps à choisir ma tenue – ou plutôt nos tenues, car Marianne me servait toujours plus ou moins d'alibi : j'espérais qu'en débarquant à une fête en duo, j'attirerais moins l'attention sur moi et sur le fait que j'étais – une fois de plus – déguisé en femme. Même si mon costume était toujours un peu trop parfait pour un banal bal costumé, par exemple lors d'une soirée organisée sur le thème des années soixante et soixante-dix. Je proposai de nous y rendre sous les traits de Patsy et d'Edina, les deux amies hilarantes de la série britannique *Absolutely Fabulous*, qui passent leur vie à boire et à fumer en se comportant comme des adolescentes trop gâtées. La série se déroule à notre époque, mais Patsy, avec son look BCBG, ses tailleurs et ses escarpins à talons hauts, semble sortir tout droit des années soixante, tandis qu'Edina, au style plus bobo, rappelle davantage la mode hippie des années soixante-dix. Marianne devait jouer le rôle d'Edina, et je voulais être aussi *absolutely fabulous* que Patsy. J'ai recherché des photos de la série sur Internet, que j'ai imprimées, et j'ai passé des semaines à fouiner pour dénicher les bons vêtements et accessoires. J'ai même acheté une nouvelle perruque, que j'ai fait coiffer exactement comme Patsy.

Nos enfants, encore très jeunes à l'époque, ont sursauté en me voyant, et ma belle-sœur et mon beau-frère, chez qui nous restions dormir, ont été encore plus surpris. Nous avons remporté un franc succès lors de cette soirée, et j'ai même reçu le prix de l'« homme le mieux déguisé ». Dommage que le jury, ne connaissant pas la série, n'avait pas compris que je formais un duo avec Marianne. Nous aurions pu monter ensemble sur l'estrade, en tant qu'Edina et Patsy.

En parallèle, je cherchais à introduire des accents plus féminins dans ma vie quotidienne d'homme. Ma collègue Cathérine Moerkerke m'a permis de faire un pas de plus dans cette direction. Un jour, elle feuilletait le magazine *Elle* pendant la pause de midi, quand elle m'a demandé : « C'est quelque chose pour toi, non ? » J'ai regardé par-dessus son épaule et je suis tombé sur une grande photo où figurait un homme entouré de toute une collection de bottes. Dans l'article, il expliquait qu'il ne portait plus rien d'autre. C'étaient toutes des bottes sans talons ou presque. J'en avais déjà dans mes placards, mais à talons hauts ; l'idée ne me serait pas venue de porter des chaussures plates. Pas avec des vêtements de femme, en tout cas. « Non, ce n'est pas mon style, elles ne sont pas assez féminines », ai-je répliqué. Cathérine connaissait mon secret, aussi pouvais-je lui répondre en toute franchise. Pourtant, une sorte de déclic s'est produit dans ma tête. Ces bottes ne me semblaient pas assez féminines pour une femme. Mais pourquoi ne les porterais-je pas, en tant qu'homme ? Je pouvais difficilement venir travailler en talons aiguilles, mais avec des chaussures plates, pourquoi pas ? Peu après, j'ai acheté ma première paire de bottes sans talons. Un modèle pour femme, car les versions masculines demeuraient introuvables, hormis peut-être au rayon chasse.

Kaat et Caitlyn – Entre réalité et fiction

Dès que nos enfants ont été assez grands pour rester seuls à la maison, je suis remonté sur les planches du théâtre amateur. Nous répétions dans un théâtre d'Anvers, où j'ai fait la connaissance de Leen Dendievel, une jeune actrice débutante. Elle jouait dans la même salle que nous, mais au sein d'une troupe professionnelle. Nous nous sommes rencontrés durant les répétitions. Malgré notre grande différence d'âge, nous nous sommes liés d'amitié et nous sommes restés en contact. Quelques années plus tard, la radiotélévision publique flamande annonce le changement de sexe de Franky, un personnage de la série télévisée populaire *Thuis*, qui s'appellera désormais Kaat. Cette nouvelle met le public en émoi, car même s'il s'agit de fiction, ce sera la première « personnalité flamande » transgenre. Tout le monde se demande qui va jouer le rôle de Kaat. Un acteur masculin ? Une actrice transgenre ? (Mais y en a-t-il en Flandre ?) J'éclate de joie lorsque j'apprends que Leen Dendievel va endosser ce rôle. À mes yeux, elle a le talent nécessaire pour interpréter le personnage de façon crédible. C'est pourquoi, dans la période précédant ma transition, je la mets dans la confidence et lui explique que je m'apprête à faire « dans la vraie vie » ce qu'elle a joué à l'écran.

Pendant ce temps, sur Internet, je découvre de plus en plus de personnes dans ma situation. Je dévore leurs histoires et me pâme devant leurs photos, qui illustrent des transitions souvent très réussies. Le site de vidéos YouTube vient ajouter une dimension supplémentaire à ces témoignages : non seulement je lis les récits des personnes concernées, mais je peux aussi les écouter et les voir les raconter. La plupart des transgenres qui publient des vidéos sont jeunes. Je crois que ressembler à des femmes est plus facile pour eux que pour moi. Je suis l'évolution de certaines d'entre elles depuis des années, comme Andrej Pejic, un jeune mannequin androgyne aux longs cheveux blonds qui s'appelle désormais Andreja. Ou encore le Canadien Gregory Gorgeous, qui s'est transformé sous mes yeux en Gigi Gorgeous, une magnifique femme blonde et qui est à présent suivie par des millions d'abonnés.

Cependant, toutes ont plus de trente ans de moins que moi. Je me dis que j'ai laissé passer ma chance. Jusqu'à ce que je tombe sur l'exemple d'une femme âgée de près de dix ans de plus que moi, Caitlyn Jenner. Lorsqu'« elle » s'appelait encore Bruce, « elle » a remporté aux Jeux olympiques la médaille d'or du décathlon. J'avais alors dix-sept ans et je faisais beaucoup de sport ; dans ma famille, on accordait plus d'importance aux Jeux olympiques qu'à la Coupe du monde de football. Quelques dizaines d'années plus tard, je vois apparaître Bruce dans l'émission de téléréalité américaine *L'Incroyable Famille Kardashian*. Il est marié à Kris Kardashian, avec laquelle il a eu deux filles splendides, Kylie et Kendall. L'une est la plus jeune milliardaire au monde, l'autre le mannequin le mieux payé.

La transition de Bruce en Caitlyn me donne l'élan qui me manquait encore et marque un tournant décisif dans ma vie. Oui, je peux encore devenir une femme à mon âge.

Dès lors, je m'habille délibérément de manière beaucoup plus féminine au travail. Je porte des chemisiers, et non plus des chemises, des vestes pour femme à la place des vestons. En outre, je ne dissimule plus mes bottes sous mon pantalon : je les porte désormais par-dessus. Maintenant que j'ai eu le déclic, je ne me préoccupe plus guère des éventuels commentaires de mes collègues. Pourtant, je me rends compte du risque croissant que l'on découvre mon secret, auquel cas je pourrais bien perdre tout contrôle sur la situation.

Le groupe de plus en plus large de collègues féminines que j'ai mises au courant m'apprend que mes choix vestimentaires androgynes soulèvent bien des questions parmi mes autres collègues qui restent dans l'ignorance. Cependant, je ne veux pas que les téléspectateurs commencent à s'interroger, eux aussi. J'ai toujours mis un point d'honneur à soigner ma tenue à l'écran et je suis déterminé à continuer. Aussi, je veille toujours à garder à portée de main, dans ma voiture, un veston, une chemise pour homme et une cravate, pour le cas où je devrais faire une apparition en direct à l'écran.

En même temps, je continue d'envoyer des signaux contradictoires. En 2016, lorsque la patrouille acrobatique des Breitling Wingwalkers vient en Belgique pour un spectacle de voltige aérienne, je propose de préparer un reportage sur le sujet et de monter moi-même sur l'aile d'un appareil. Un acte audacieux et donc considéré comme plutôt «viril» – mais je ne sais que trop que ces acrobates sont toujours des femmes. Je laisse délibérément notre présentatrice établir le lien entre elles et moi durant le journal: «Les acrobaties aériennes sont en principe exécutées par des femmes, des voltigeuses qui effectuent toutes sortes de cascades sur l'aile d'un vieux biplan. C'est si dangereux que nous n'avons trouvé à la rédaction qu'une seule personne prête à relever le défi: Baudouin Van Spilbeeck.»

Alors que je suis debout sur l'aile de l'avion depuis un moment, j'achève mon reportage sur un clin d'œil: «Les femmes au top!»

On n'a sans doute pas relevé cette allusion voilée, mais dans mon esprit, je fais désormais partie des femmes, je me sens l'une d'entre elles.

À l'automne 2016, l'idée de rechercher une aide auprès du corps médical mûrit peu à peu. En Belgique, les personnes transgenres se tournent inévitablement vers le centre hospitalier universitaire de Gand, mais je n'ose pas encore franchir le pas et prendre rendez-vous avec le psychologue ou le psychiatre de l'équipe chargée des troubles de l'identité du genre. Pourquoi n'emprunterais-je pas une voie détournée, en passant par Petra De Sutter ? Elle est connue pour ses activités de femme politique, de professeure d'université et de médecin. Et si je la contacte en arborant ma casquette de journaliste, je n'éveillerai pas aussitôt les soupçons.

Quelques mois plus tard, le 16 février 2017, une occasion se présente. Je la saisis à deux mains.

Personne n'écrit le moindre mot à mon sujet

« Peux-tu venir dans mon bureau ? » Je m'y attendais. Je suis même légèrement étonnée que Nicholas, mon rédacteur en chef, ait patienté sept jours avant de me convoquer. Nous sommes début septembre 2017, soit une semaine après mon retour de vacances en famille.

J'acquiesce d'un signe de tête et dis : « Bien sûr. » Je sais de quoi il veut s'entretenir. Quelqu'un qui travaille avec moi et connaît mon secret m'a déjà prévenue que Nicholas aimerait me parler personnellement, mais qu'il ne savait pas très bien comment s'y prendre. La question de mon apparence physique, toujours plus féminine, commence à se faire pressante. Hormis quelques cravates et un veston, je prends toujours soin de garder dans ma voiture une chemise blanche et une autre bleu clair, pour le cas où je devrais faire un reportage en direct. Autrement dit, en vue de mes passages à l'écran. En revanche, j'affiche dans les couloirs de la rédaction une apparence androgyne qui commence sans doute à devenir problématique.

«Assieds-toi», me dit Nicholas. Je ne lui laisse pas l'occasion d'ouvrir la bouche : je me mets aussitôt à parler, sans qu'il ait à me poser la moindre question.

«Bien, lui dis-je tandis que lui-même prend place derrière son bureau, je sais que tu as entendu des rumeurs. Elles sont fondées. Je vais franchir le pas. Je veux devenir une femme. Dans quelques jours, j'ai mon premier rendez-vous chez le psychiatre.»

Mon cœur bat à tout rompre. Voilà, je l'ai dit. J'ai craint ce moment pendant des années. Je guette la réaction de mon supérieur. Les dés sont jetés. Je suis terrorisée à l'idée de tout perdre, de ne plus jamais reparaître à l'écran, de ne plus pouvoir exercer ma profession. Je repense à Estelle, mon ex-collègue.

«Ne t'inquiète pas», répond Nicholas. Je suis agréablement surprise. Je me suis donc fait du mauvais sang pour rien ? Je l'interroge du regard.

«Tu es un excellent journaliste, tu le resteras en devenant une femme. Pour moi, cela ne change strictement rien.

– Nicholas, tu viens de me soulager d'un immense fardeau. Je voulais te le dire depuis longtemps, mais je n'osais pas. J'avais peur de perdre mon travail ou d'être reléguée sur une voie de garage.

– Tu peux compter sur moi, me rassure Nicholas. Ta décision n'aura aucune influence sur ton emploi. Je te soutiens à mille pour cent. Si tu as la moindre question, n'hésite pas à passer me voir. Ma porte te sera toujours ouverte.

– Tu n'imagines pas à quel point tes paroles me mettent du baume au cœur !»

Je ne parviens pas à dire un mot de plus.

« Comment réagissent Marianne et les enfants ?

– Plutôt bien, en fait. Je n'irai pas jusqu'à dire que c'est facile, bien sûr, mais ils sont prêts à me soutenir dans mes choix. »

Je quitte son bureau, un large sourire aux lèvres. Quel soulagement ! J'en viens presque à me demander pourquoi je n'ai pas pris plus tôt l'initiative de lui parler, mais en réalité, je connais la réponse à cette question. Si j'ai gardé le silence, c'est sans doute parce que les esprits n'étaient pas mûrs. Peut-être aurais-je pu tenter de sortir du placard il y a deux ans, voire cinq, mais le faire plus tôt aurait été très risqué.

Hormis mon travail, je suis particulièrement absorbée par ma première consultation chez le psychiatre. Une procédure tout à fait standard : elle consiste à vérifier les motivations qui me poussent à vouloir changer de sexe et à s'assurer que je ne souffre pas d'autres problèmes susceptibles d'être résolus sans procéder à une réassignation sexuelle. L'équipe médicale de Gand n'est pas du genre à se lancer à la légère. Elle a besoin d'une certitude absolue.

En premier lieu, Petra De Sutter a pris contact avec le chef de service du centre de sexologie et de troubles de l'identité du genre, le professeur Guy T'Sjoen. Il est aussi endocrinologue : c'est lui qui me fournira d'ici quelques mois une ordonnance pour ma cure d'œstrogènes. Cependant, le professeur T'Sjoen a répondu à Petra que je devais commencer par une série d'entretiens avec le psychiatre.

Lorsque je l'ai appris, j'ai d'abord été déçue. Depuis que j'ai pris ma décision, je veux aller de l'avant, je n'ai aucune envie que l'on me freine. Sur Internet, j'ai lu qu'il fallait souvent six à neuf entretiens avec un psychiatre ou un psychologue pour obtenir le feu vert et entamer le traitement hormonal. Dans mon cas, cela signifierait un délai de six mois à un an. Mais je n'ai aucune envie d'attendre. Les années défilent, et je ne rajeunis pas.

En outre, je ne nourris pas le moindre doute. J'y songe depuis si longtemps ! Je me suis suffisamment demandé si je ne pouvais pas me contenter de me travestir et de passer une journée dans la peau d'une femme de temps à autre. J'en suis arrivée à la prise de conscience, et même à la conviction que cela ne me suffit plus. Je dispose d'une heure pour persuader le psychiatre de ma « dysphorie de genre », comme on dit dans le jargon. Alors que l'euphorie est un sentiment de bonheur intense, la dysphorie signifie que l'on se sent profondément malheureux. Je souffre à cause de mon genre, du sentiment incessant d'inadéquation entre mon sexe physique et mon sexe mental.

À l'approche de cette consultation, je traverse des moments difficiles à la maison. Lorsque j'ai évoqué il y a quelques mois l'idée de vivre en permanence en femme, Marianne m'a fait comprendre que cette décision ne l'enchantait pas, loin de là. Après tout, c'est un homme qu'elle a épousé.

Cependant, je l'aime toujours de toute mon âme, et je ne veux pas la perdre. Je ne vois qu'une seule solution : il me faut tenter de la convaincre d'accepter ma transition d'homme à femme. En effet, je refuse d'envisager une séparation. Je ne veux même pas y penser. Suis-je égoïste ? Peut-être bien. Aujourd'hui encore, j'éprouve un sentiment de culpabilité. Toutefois, j'ai atteint un point de non-retour : il est hors de question de faire marche arrière, je ne pourrais pas le supporter sur le plan psychologique. C'est du moins ce que je crois.

J'annonce avec d'infinies précautions à mon épouse que j'ai pris mon premier rendez-vous au CHU de Gand. Avec le psychiatre, pour commencer. Plus tard, je comprendrai que je ne me suis pas montrée assez claire. Peut-être des motivations inconscientes m'ont-elles poussée à rester vague. Selon moi, Marianne s'imagine à ce moment-là que le psychiatre me fera changer d'avis, ou du moins l'espère-t-elle. Elle aimerait qu'il me persuade de reculer.

Nerveuse, je me balance sur ma chaise dans la salle d'attente du psychiatre. Suis-je présentable ? Et surtout : suis-je suffisamment féminine pour donner le change ? À la maison, j'ai longuement fouillé ma garde-robe. J'ai finalement opté pour un pull confortable et une jupe large qui descend jusqu'en dessous du genou. Le tout accompagné de chaussures à talons, mais pas trop hautes. Je ne dois surtout pas donner une mauvaise image de moi-même. Je veux être une femme élégante et ordinaire. Pas question de m'attifer pour ressembler à une poupée Barbie trop sexy.

Il s'agit de mon tout premier rendez-vous avec un médecin dans mon parcours de réattribution sexuelle. En outre, le psychiatre joue un rôle crucial : c'est lui et lui seul qui donnera le feu vert pour entamer une cure d'hormones féminines. Et il me faudra prendre ces substances pendant un an avant de pouvoir prétendre à une opération de changement de sexe.

« Entrez, Madame. » Je serre la main du psychiatre. Le professeur Gunter Heylens est un homme dont la barbe noire et la chevelure sont fournies ; il porte des lunettes à monture épaisse. Il a tout de l'image stéréotypée que je me fais des hommes pratiquant sa profession, mais en plus amical. Il semble serein et m'inspire immédiatement confiance.

« Asseyez-vous, Madame Van Spilbeeck », dit-il avec un accent gantois perceptible, qui me met encore plus à l'aise. Il n'a pas le ton hautain d'un médecin qui saurait tout mieux que son patient : il s'exprime comme un homme ordinaire.

« Dites-moi tout, je vous écoute. » Il ne commence pas par une liste de questions standard, mais me laisse presque immédiatement débiter mon histoire. Et j'ai beaucoup à raconter. Toute une vie, en réalité. De mes plus jeunes années, de mes premiers sentiments de ne pas trouver ma place, jusqu'à maintenant.

« Jusqu'à devenir incapable de poursuivre mon existence dans un corps d'homme », m'entends-je lui dire.

Le psychiatre hoche la tête. Je m'attendais à ce qu'il procède à une sorte d'interrogatoire critique, et même à ce qu'il me pose des questions pièges, pour évaluer la sincérité de mon désir. Ou pour vérifier que je ne fais pas semblant de vouloir être une femme. J'y ai réfléchi à l'avance, mais en toute franchise, je ne vois pas ce que je pourrais lui dire, hormis ce que je ressens. Je n'ai pas élaboré de stratégie pour contrer d'éventuelles interrogations insidieuses. Je continue donc de parler.

Lorsque je pense avoir évoqué l'essentiel, je m'aperçois que deux heures se sont écoulées. Autrement dit, le double de la durée prévue.

Le psychiatre n'a pas posé de questions pénibles. Au lieu de cela, il saisit une feuille de papier.

« Je vais demander qu'on vous fixe quelques rendez-vous », dit-il. Il les énumère tout en écrivant. Avec l'endocrinologue pour les hormones. Avec le chirurgien esthétique pour votre visage. Et avec le chirurgien qui effectuera l'opération de réattribution sexuelle. Je vais aussi planifier deux nouvelles consultations avec moi, termine-t-il. Ensuite, nous referons le point. »

J'acquiesce avec enthousiasme et reconnaissance. En attendant, je vois l'avenir en rose.

Sur le chemin du retour, j'ai besoin de me pincer le bras pour m'assurer que je ne suis pas au beau milieu d'un rêve. Je fais désormais officiellement partie des patients du célèbre centre de sexologie et de troubles de l'identité du genre du centre hospitalier universitaire de Gand. Plus important encore, je viens d'entamer le long voyage qui finira par me mener jusqu'à mon but. Devenir une femme, des pieds à la tête.

Le lendemain de ma première consultation avec le psychiatre, je reçois un e-mail de l'hôpital. Il s'agit d'un récapitulatif de tous mes rendez-vous – presque une page entière. J'ai du mal à y croire. J'ai devant moi le parcours tout tracé de ma transition, noir sur blanc.

Mes consultations avec l'endocrinologue, le spécialiste en chirurgie du visage, et dans six mois, un premier entretien avec le professeur Stan Monstrey.

Une excellente nouvelle : le professeur Monstrey est le pionnier de la chirurgie de réattribution sexuelle en Belgique. Incroyable !

Je montre le message à quelques collègues. Certains connaissent ma double vie depuis des années, mais ont toujours gardé le silence. D'autres n'étaient pas encore au courant, mais je leur fais confiance. Et puis, je me sens si heureuse aujourd'hui que je suis prête à tout leur raconter, à eux aussi. J'informe une poignée de collaborateurs de ce qui m'attend.

«Je m'en doutais, dit quelqu'un. Il y a quelques semaines, par hasard, je t'ai entendu en parler. J'étais assis un peu plus loin. Je n'avais pas l'intention d'intercepter une conversation privée… En tout cas, je le sais depuis ce moment-là.»

Je n'en parle plus avec mes collègues au cours des semaines suivantes, mais la nouvelle commence tout de même à se répandre. J'ai eu la naïveté de croire qu'on ne ferait pas toute une histoire de ma décision. Peut-être que mes collègues ont été tellement surpris en apprenant que j'avais commencé ma transition et que j'irais jusqu'au bout, c'est-à-dire jusqu'à l'opération de réattribution sexuelle, qu'ils n'ont pas réussi à garder mes révélations pour eux. Que Baudouin s'amuse à s'habiller en femme de temps en temps, passe encore. Mais qu'il ait l'intention de changer réellement de sexe, c'est un scoop, même pour ses collègues journalistes. Or, les scoops sont faits pour être ébruités.

Le 1er octobre, je dois faire un compte rendu pour le journal depuis Barcelone. Quelques jours plus tard, je relate à nouveau les faits, en direct de là-bas; notre nouveau présentateur, Freek Braeckman, me donne la réplique depuis les studios de VTM. Dès son arrivée, il a entendu de nombreux collègues m'appeler Bo plutôt que Baudouin; durant le direct, à chacune des trois questions qu'il me pose, il me nomme systématiquement Bo.

Je l'appelle aussitôt après. «Bonjour Freek, tu viens d'utiliser mon surnom, Bo, mais à l'écran, il vaut mieux m'appeler Baudouin.»

En fait, certains me surnomment Bo depuis des années, ma femme le fait même depuis que nous nous sommes rencontrés durant nos études, il y a trente-cinq ans. J'ai toujours affectionné ce sobriquet. Ce n'est pas seulement un diminutif courant de Baudouin, il s'agit aussi d'un prénom féminin. Voilà près de quarante ans, en 1979, l'actrice américaine Bo Derek crevait l'écran dans la comédie romantique *Elle*. C'est à ce moment-là que j'ai décidé de me faire appeler Bo. Je n'étais pas particulièrement fan de la star, mais je voulais porter le même prénom. Je n'ai jamais évoqué son ambiguïté, mais mon choix ne devait rien au hasard. J'ai toujours été consciente de sa féminité.

Peu après mon explication avec Freek, je reçois un appel d'un numéro inconnu : il s'agit d'un journaliste de la presse écrite.

« Baudouin, j'ai quelque chose à vous demander. C'est un peu délicat, mais votre collègue, le présentateur du JT, s'est adressé à vous à trois reprises en vous appelant Bo pendant la diffusion du journal. Pourquoi ? »

Je secoue la tête, j'ai chaud et froid tout à la fois. L'idée d'une fuite ne m'est pas venue à l'esprit pendant le direct, mais à présent, je pressens que mon interlocuteur soupçonne quelque chose. Cependant, je ne suis pas prête à jeter le masque.

« Oh, ça ! Vous savez, on me surnomme ainsi depuis des années », dis-je en maîtrisant ma voix autant que possible. « D'ailleurs, Boudewijn[1] De Groot aussi se fait appeler Bo par ses amis. Pour de nombreux collègues, je suis Bo. Freek est nouveau, il ne savait pas qu'en principe, on utilise mon prénom complet à l'écran. »

1. Boudewijn est le prénom néerlandais correspondant à Baudouin.

Je déglutis. Un ange passe. J'imagine le journaliste en train de se balancer inconfortablement sur sa chaise, le téléphone en main. Va-t-il en rester là ?

« J'ai une question embarrassante à vous poser, avance-t-il avec prudence. Le bruit court que vous allez changer de sexe… et que ce changement de prénom serait la première étape. »

Je m'efforce de garder mon calme. Mon cœur bat à tout rompre. Je n'ai aucune intention de lui annoncer que je vais subir une opération de réassignation sexuelle. En outre, il est inexact que Freek m'ait appelée Bo dans le cadre d'une stratégie de préparation de ma transition. Je me sens dans une position assez forte pour faire preuve de fermeté.

« Non, c'est absolument faux, dis-je. Je suis Bo pour mes amis, Baudouin à l'écran. Le présentateur du JT n'était pas au courant, voilà tout.

– Très bien. Merci et bonne continuation. »

Fin de la conversation. J'ai désamorcé la crise. Pour l'instant.

Le même soir, je reçois un e-mail de Luc, un cadreur avec qui j'ai souvent tourné autrefois. Il travaille depuis longtemps déjà pour la VRT, la radiotélévision publique. Je n'ai plus de nouvelles de lui depuis des années.

> Salut Bo,
> Eh bien ! On peut dire que tu as réussi à me faire tomber de ma chaise ! Un cadreur m'a raconté récemment que tu t'apprêtais à changer de vie. Je n'ai pas compris tout de suite de quoi il parlait, mais je reconnais avoir été un peu déconcerté par les précisions qu'il m'a fournies.

Il explique ensuite en détail qu'il a réalisé des reportages sur des personnes transgenres et qu'un monde nouveau s'est alors ouvert à lui, de sorte qu'il comprend à quel point la situation doit être pénible pour moi et ma famille. Il termine par des propos chaleureux qui me vont droit au cœur.

Vraiment, tu as tout mon respect !
Je te souhaite le meilleur !
Bien à toi,
Luc

Je relis le message, encore et encore, je n'en crois pas mes yeux. Je devine que l'autre cadreur lui a présenté les choses comme si tout le monde était déjà au courant, et que je m'apprêtais à sortir du placard en public dans les jours à venir. Pris de panique, j'appelle Luc dans la minute qui suit. J'admets que j'envisage effectivement de franchir le pas, et je tente de le sonder pour apprendre qui a vendu la mèche. Il a promis à sa source de ne pas divulguer son identité, mais il me fournit tout de même assez d'informations pour que je puisse à peu près subodorer d'où vient la fuite. J'entrevois soudain le risque que j'encours : les journalistes parlent aux journalistes, les cadreurs aux cadreurs.

Et pendant ce temps, personne ne saisit combien il est important pour moi que l'affaire ne s'ébruite pas.

La fuite apparaît vite impossible à contenir. Moins d'un mois après l'évocation de mes projets de transition avec quelques collègues, toutes les rédactions de Belgique néerlandophone savent que je consulte le centre hospitalier universitaire de Gand dans le but de devenir une femme. Au cours des premiers jours et semaines, notre service de presse commence par esquiver les questions :

« Nous ne faisons aucun commentaire sur la vie privée de nos journalistes. »

Cependant, la situation s'avère vite intenable. Les appels ne cessent d'affluer. Pourtant, la nouvelle ne paraît pas dans les journaux. Je comprendrai plus tard pourquoi : mes rédacteurs en chef et notre porte-parole ont changé de tactique à mon insu, dans le but de me protéger. Ils appellent leurs relations dans le monde des médias et leur transmettent un double message :

« Oui, Baudouin prépare sa transition en vue de devenir une femme. En revanche, nous ne souhaitons pas que vous publiiez cette information tout de suite. Nous vous préviendrons le moment venu, et nous vous fournirons la matière pour écrire des articles détaillés à ce sujet. »

La stratégie fonctionne. Je ne pourrai jamais assez remercier mes collègues pour leur soutien. Entre début octobre 2017 et fin janvier 2018, aucune information n'est diffusée. Personne n'écrit le moindre mot à mon sujet. Je peux continuer à travailler normalement. Pendant des mois, je relate l'évolution de la question catalane depuis Barcelone.

Je ne saurai jamais pourquoi la presse a obtempéré à la demande de VTM et tenu sa langue. Peut-être est-ce le fruit d'une combinaison de facteurs. Une question de déontologie, qui impose de respecter la vie privée de ses pairs ? Une certaine considération pour ma personne et pour ce que j'ai accompli dans le domaine journalistique depuis plus de trente ans ? Au fond, peu importe : le silence des médias me procure la paix intérieure dont j'ai désespérément besoin à ce moment-là. Je ne reçois plus aucun appel gênant, je n'ai plus à me mettre en quatre pour me justifier.

En passant leurs coups de fil et en demandant une faveur à leurs confrères et consœurs, Sara, la porte-parole, et Kris, mon rédacteur en chef, me protègent. Volontairement. Et ce, avant même que je ne les aie informés en personne de mes projets. Seul Nicholas est au courant, et il les a sans doute prévenus. Parce qu'il a compris que cette information, si elle était divulguée trop tôt, ferait l'effet d'une bombe dans le paysage médiatique. Je n'apprendrai que plus tard la façon dont ils ont pris le taureau par les cornes.

Même si je ne dissimule plus à mes collègues et amis journalistes mon intention d'aller jusqu'au bout de ma transition, je n'ose pas encore communiquer officiellement ma décision à mes supérieurs, hormis à Nicholas. Ils devront me forcer à annoncer la couleur. Lors du pot de départ d'un collègue, je suis abordée par Peter, notre attaché de presse.

« Tu as un instant ? » Nous nous isolons dans un coin. « Je crois que nous devrions parler, non ? Demain, par exemple ? »

Le lendemain, je lui raconte mon histoire. Il a longtemps été simple journaliste, et donc mon collègue direct ; lui aussi nourrissait des soupçons depuis des années.

Je lui demande si Sara est au courant, car je l'ignore toujours.

« Oui, elle sait.

– Je voudrais lui parler le plus tôt possible. Quand pourrait-elle me recevoir ? »

Deux heures plus tard, j'entre dans le bureau de Sara.

« Je n'en ai que pour dix minutes, Sara. Je souhaite juste te fournir quelques explications. »

À ma grande surprise, elle écoute mon témoignage avec la plus grande attention. Je parle, je parle, et les dix minutes se transforment bientôt en une heure.

« Ton histoire est très émouvante, conclut-elle. Tous nos spectateurs l'accueilleront avec enthousiasme. Je te soutiens sans réserve, et la chaîne aussi, j'en suis certaine. Nous serons avec toi, nous t'épaulerons. »

Sara m'explique comment elle envisage de communiquer avec la presse et le public. Je ne la crois pas quand elle affirme que les gens accepteront ma décision.

« Un tiers fera preuve de bienveillance, un tiers d'indifférence, et le dernier tiers ne se privera pas d'épancher sa bile sur moi », dis-je. J'en suis réellement convaincue.

« Non, fais-moi confiance. Tu verras, le public réagira beaucoup mieux que tu ne le penses. Laisse-moi le temps de réfléchir à la façon dont nous allons nous y prendre, et nous nous reverrons à ce moment-là. »

Je ressors de son bureau au bout de deux heures. Je me sens de nouveau plus légère. Sara pourrait-elle avoir raison ? Porte-parole de talent, elle jouit de longues années d'expérience et surtout d'un véritable sens de la communication. Mais mon cas n'a rien à voir avec la promotion d'un nouveau jeu télévisé. Les téléspectateurs voient en moi un journaliste sérieux, ils sont sans nul doute à mille lieues d'imaginer que je puisse être une femme transgenre.

Un peu plus tard, je reçois une invitation à un entretien individuel avec Kris, mon rédacteur en chef. Devinant la raison de ma convocation avec une probabilité qui frise la certitude, j'ai les jambes en coton lorsque j'entre dans son bureau. Notre porte-parole l'a informé de ma situation, ce qui relève de son devoir et de sa mission. Je suis craintive, nerveuse. Comment va-t-il réagir ?

Je m'imagine déjà mis au placard ou sur une voie de garage. Dans tous les cas, je crains que ma carrière de reporter pour la télévision ne s'arrête ici et maintenant. Je le laisse prendre la parole, je n'ose pas dire un mot. Il me dévoile aussitôt le fond de sa pensée.

« Tu es un excellent journaliste, je ne vois pas pourquoi cela changerait à l'avenir. En ce qui me concerne, tu peux continuer d'exercer ton métier de reporter, y compris à l'écran. »

J'ai du mal à le croire. Il m'apporte tout son soutien et m'autorise à être moi-même, à poursuivre mes activités. Je pourrai encore montrer mon visage à l'écran, faire des directs. Je pourrai bientôt faire des reportages depuis Paris, Barcelone ou n'importe quelle autre ville, en tant que femme.

« Pour quand ton opération est-elle prévue ?

– Quelques mois après mon coming out. »

Je ne sais pas encore très bien moi-même quand j'annoncerai officiellement la nouvelle. Dans ma tête, je l'imagine dans un futur encore lointain, mais en fin de compte, tout ira beaucoup plus vite que prévu.

« J'envisage de faire mon coming out dans quelques mois. À partir de là, je vivrai et je travaillerai sous mon identité féminine. Ensuite, je prévois de subir une première opération pour féminiser les traits de mon visage, et je pense que la chirurgie définitive de réattribution sexuelle aura lieu d'ici un an à un an et demi.

– Je suggère que tu ne te montres pas à l'écran pendant quelques mois, entre ton coming out et l'opération de chirurgie faciale. En revanche, je ne vois aucun inconvénient à ce que tu reprennes ensuite les directs et les apparitions télévisées. »

De nouveau, quel soulagement ! Il semblerait que ma décision ne suscite que des réactions positives, mais il est vrai que je travaille au sein d'une rédaction qui rassemble des esprits libres, des personnes aux idées larges qui font souvent preuve d'une grande tolérance pour les questions sociétales. Et qui sont donc peut-être particulièrement enclines à m'accepter comme je suis.

Mes collaborateurs sont désormais au courant, contrairement à une partie de ma famille et de mon cercle d'amis. Sans parler de nos téléspectateurs. Comment réagiront-ils ? Une lourde tâche m'attend pour les mois à venir.

Novembre 2017. Je ne sais pas encore que dans deux mois, je commencerai à vivre pour de bon en femme. Je ne me rends encore compte de rien.

Marianne célèbre son anniversaire fin novembre. Pour lui faire une surprise, j'ai réservé un séjour bien-être dans un hôtel avec restaurant deux étoiles, dans le Limbourg. Nous partageons des moments fantastiques tous les deux. Nous faisons une inoubliable promenade en forêt et nous savourons des repas délicieux, et même exceptionnels.

Je ne comprendrai que plus tard que ces merveilleux instants étaient en même temps une sorte d'adieu. C'est la dernière fois que ma femme profite de Baudouin, de l'homme, du père, de l'époux dont elle partage la vie depuis déjà trente ans. De celui qu'elle aime, avec qui elle a deux magnifiques enfants. Je ne m'aperçois pas non plus que nous arrivons à la fin de notre relation de mari et de femme. Qu'à partir de ce moment-là, rien ne sera plus jamais comme avant.

Ce n'est pas une mince affaire sur le plan psychique. Malgré tout, je suis de plus en plus convaincue d'avoir pris la bonne décision. Elle était inéluctable. Je dois devenir une femme le plus vite possible. J'y pense beaucoup, et même constamment. Au cours de l'année écoulée, j'ai passé de nombreuses nuits à l'hôtel, en raison de mes reportages à l'étranger. Après le travail, j'allais manger un morceau avec mon cadreur, mais ensuite, je me retirais seule dans ma chambre. J'ai eu énormément de temps pour réfléchir, me torturer l'esprit à propos de ce que je voulais, de la direction à prendre, des conséquences pour ma famille, mes amis, mon travail. Que devais-je faire ?

Continuer à mener cette insupportable double vie ou trancher enfin le nœud gordien ? J'ai finalement choisi la seconde option. Heureusement, car ma situation était peu à peu devenue intenable. J'en ai fait la douloureuse expérience à deux reprises.

À la mi-octobre, alors que je séjourne à Barcelone, la rédaction m'envoie au Portugal. De terribles incendies de forêt y font rage. Je ne me plains pas, au contraire : en tant que reporter, je pratique volontiers la chasse aux nouvelles, j'aime être au cœur de l'actualité, y compris géographiquement. Cependant, une longue journée de pluie ininterrompue met vite fin aux incendies, et me voilà rappelée en Belgique. Comment cela ? Je ne dois pas retourner à Barcelone ? La crise catalane n'est pourtant pas terminée ?

Je vois tout de suite un avantage à rentrer chez moi. J'ai dû annuler un rendez-vous avec le professeur Gunter Heylens, mon psychiatre, parce que j'étais à l'étranger. Peut-être pourra-t-il tout de même me recevoir à la date initialement prévue. Je lui envoie un e-mail ; par chance, il est encore disponible jeudi, le lendemain de mon vol pour Bruxelles.

Le jeudi matin, je me lève, je me rase, je prends une douche et je me maquille. En femme. Depuis le début de ma transition, je me rends à l'hôpital de Gand sous mon apparence féminine, bien sûr. Je ne le vis d'ailleurs pas comme une épreuve, mais plutôt comme un soulagement. À 10 heures, je suis prête à partir. J'ai mis du rouge à lèvres, du mascara et du blush, je porte une jupe et des talons... Je m'asperge d'une bonne dose de parfum pour femme et je me hâte de quitter la maison. À ce moment précis, la sonnerie de mon téléphone retentit. Je vois apparaître sur l'écran le nom du directeur de l'information, ce qui signifie que l'appel est urgent. Je décroche.

« Bo, peux-tu sauter dans le premier avion pour Barcelone ? Il décolle à 13 h 30. »

Je baisse aussitôt les yeux vers mes talons, ma jupe. J'hésite.

« Il y a du nouveau, poursuit-il. Koen, ton cadreur, peut passer te prendre dans vingt minutes. »

Je ne parviens pas à articuler le moindre mot. Je voudrais rentrer sous terre, je ne sais vraiment pas quoi faire. Je n'ai toujours pas osé mettre Koen au courant de ma situation, mais je ne pourrai jamais retirer mes artifices féminins et me retransformer en un journaliste viril crédible en vingt minutes... Et encore moins si je dois faire ma valise, pardessus le marché ! Pourtant, je n'ai pas le choix. J'essaie de couper court au tourbillon de mes réflexions et je passe à l'action. Je me précipite dans la maison, où j'entreprends de me changer. Je retire les chaussures à talons, la jupe. La perruque. Le maquillage.

Vingt minutes plus tard, je suis devant la porte d'entrée

avec ma valise, mon costume, ma cravate… et un nuage de parfum pour femme qui flotte encore autour de ma tête, sans oublier les traces de fard à paupières noir sous mes yeux. Koen ne me fait aucune remarque. Dans l'avion, je meurs de honte devant le personnel de cabine. Impossible qu'ils n'aient pas décelé les effluves de mon parfum.

Vers la mi-décembre se produit un incident similaire. J'ai rendez-vous avec une diététicienne au centre hospitalier universitaire d'Anvers, ma ville natale. Je m'y rends aussi depuis un bon moment en vêtements de femme. Lotte, la diététicienne, connaît mon histoire et me soutient. Afin de rendre mon corps plus féminin, je dois perdre quelques kilos. Ma consultation est prévue à 11 h 30. À 11 h 15, j'accède au parking. L'automate est en train d'éjecter le ticket quand mon téléphone se met à sonner. C'est mon chef d'édition.

« Es-tu au courant que le mandat d'arrêt européen lancé contre le dirigeant catalan Carles Puigdemont vient d'être retiré ? » Inutile de m'étendre sur la question politique : je dois me mettre au travail. Et vite.

« Tu as la possibilité de faire un direct devant le palais de justice de Bruxelles, à 13 heures. C'est bon pour toi ? »

De nouveau, je ne sais que répondre ni comment réagir. Un rapide calcul me convainc que c'est irréalisable. Impossible de rentrer chez moi en voiture depuis l'hôpital d'Anvers, de me changer et remettre des vêtements d'homme, pour reprendre ensuite la route en direction du cœur de Bruxelles, avec tous les risques d'embouteillages qu'un tel trajet comporte. Je ne serai jamais là-bas pour 13 heures.

Cependant, je refuse de laisser ma vie privée influencer mon travail. Je propose une solution alternative :

«Je pourrais peut-être expliquer la situation depuis le studio du journal ?» Cette option me permettrait de gagner une demi-heure.

«Très bien, à tout à l'heure !» Il a donné son accord. J'ai réussi à sauver ma peau. Je fais aussitôt demi-tour. Une fois à la maison, je me rhabille en homme, puis je me précipite au studio de VTM. Comme tout le monde, le chef d'édition sait que je prépare ma transition et, par bonheur, il fait preuve de compréhension à mon égard. Alors que je suis assis dans la chaise de maquillage, on me demande subtilement de retirer mon mascara avec plus de soin, à l'avenir. Les collaborateurs chargés de la coiffure, du maquillage et des vêtements savent depuis très longtemps qui je suis, et tous gardent mon secret. Je leur en suis profondément reconnaissante. Ils m'ont soutenu dès le début.

En fin de compte, à 13 heures, vêtu d'un costume cravate, je fais face aux caméras pour expliquer la façon dont les cartes sont en train d'être redistribuées en Espagne et en Catalogne.

Pour la deuxième fois, je suis parvenue à éviter d'être pris en défaut sur le plan professionnel. Personne ne peut me reprocher quoi que ce soit, mais mon sentiment de malaise persiste. C'est la deuxième fois que j'ai dû enlever mon maquillage et changer de vêtements en catastrophe, parce que mon travail m'appelait : la situation est en passe de devenir intenable. Je ne peux plus faire face psychologiquement. Je ne peux pas continuer comme ça, je ne le sais que trop bien.

Il/elle est une personne transgenre

« Suis-je de genre féminin ? Oui. Suis-je une femme ? Non. Pas encore. »

La langue permet d'introduire toutes sortes de nuances, et, dans cet exemple, de faire la différence entre le fait de se sentir femme et d'être de sexe féminin.

Je suis une femme sans l'être vraiment, d'une certaine façon. Je suis une femme transgenre. Un adjectif qui ne me qualifiera pas indéfiniment, je l'espère, mais il subsistera toujours plusieurs différences entre les femmes qui sont nées femmes et moi. Elles possèdent un utérus, ont leurs règles, mettent au monde des enfants. Ce n'est pas mon cas. Je suis née dans un corps d'homme et, grâce à la médecine, j'ai pu devenir la femme que je rêvais d'être. Par conséquent, ma féminité n'est pas de même nature que celle d'une femme cisgenre, c'est-à-dire née femme. Aussi mes attentes vis-à-vis de la féminité diffèrent-elles de celles des autres.

En tant que transgenre, on vit toujours avec une image

idéalisée de « la femme » et de celle que l'on voudrait être. Lorsqu'on naît avec un sexe féminin, on intègre aussitôt une sorte de processus d'apprentissage. On apprend à devenir une femme. Je me rends compte de mon retard en la matière, et j'essaie de le rattraper. Il se niche dans ma façon de marcher et de parler, dans mon attitude. Ce sont des détails, mais ils font la différence. Je continue de progresser, mais je ne me trouve pas encore assez féminine, je n'ai pas fini de m'approprier tous ces « automatismes ». À cet égard, je suis frappée de constater que mon comportement, que l'on qualifiait souvent de « féminin » lorsque j'étais un homme, semble à présent manquer de féminité.

« Tes gestes sont trop amples. »

« Ta démarche n'est pas assez féminine. »

Il m'est parfois difficile de supporter que l'on me corrige, même si cela part d'une bonne intention. Mais en même temps, j'en éprouve de la gratitude, car ces remarques m'aident à progresser. Mon épouse en formule régulièrement, ainsi que certaines de mes collègues.

Il y a peu, je discutais avec des gens dans la rue, quand j'ai vu passer quelqu'un que je connaissais. Cette personne ne nous avait pas vus, aussi ai-je eu le réflexe de l'interpeller. Mais une femme ne crie pas ainsi en pleine rue, et encore moins avec une voix trop masculine. J'en ai éprouvé de la honte. D'une manière ou d'une autre, j'ai vécu cet incident comme un échec.

Ce qui compte, c'est que mon sexe mental est féminin. La dysphorie de genre n'est pas une question d'orientation sexuelle. Il s'agit d'un malaise, d'une sorte de court-circuit entre le corps et l'esprit. La dysphorie est le contraire de l'euphorie.

Depuis mon coming out, j'éprouve un sentiment manifeste d'euphorie, de victoire, d'enrichissement permanent. Je n'ai même pas la sensation d'avoir perdu quoi que ce soit. Au contraire. Mais je me rends compte qu'il en va autrement pour les personnes de mon entourage. Elles ont dû faire leurs adieux à Bo, l'homme ; de lui, il ne leur reste que des souvenirs. Par exemple, depuis des années, ma femme conserve les cartes d'accréditation que je reçois dans le cadre de mes missions de journaliste. Elle les a rassemblées dans une boîte à biscuits en fer-blanc. J'ai l'impression que ces badges, où figure une photo de moi en homme, revêtent à présent une importance encore plus spéciale qu'autrefois. Je le comprends tout à fait. Depuis mon opération de réattribution sexuelle, Marianne a perdu son mari, l'homme dont elle est tombée amoureuse il y a trente-cinq ans, celui qu'elle aimait toujours. Il a cédé la place à une femme en devenir, qu'elle doit encore apprendre à aimer – et qu'elle ne pourra jamais aimer tout à fait de la même façon. À mes yeux, je suis restée la même personne.

Je pose souvent la question :

« Je n'ai pas changé, n'est-ce pas ?

– Si, tu as vraiment changé, je t'assure », répond toujours ma femme.

Et à présent, je me rends compte qu'elle a raison.

Dans ma tête, je suis toujours Bo, avec les mêmes qualités et les mêmes défauts. Mais aujourd'hui, je sais que les autres ont une vision différente. Pour le monde extérieur, s'habituer à ce changement n'est sans doute pas insurmontable, mais pour mes proches, le bouleversement est profond. Ils font une distinction claire entre « l'avant » et « l'après », entre Bo homme et Bo femme. Et cette coupure s'est manifestée de manière très soudaine, en raison de la rapidité de ma transition.

De nombreux transgenres évoluent peu à peu du pôle masculin vers le féminin, ou inversement. Ma profession, pour laquelle je dois souvent paraître à la télévision, m'a forcée à changer beaucoup plus vite, et même à passer d'une identité masculine à une identité féminine en un seul jour. Je suivais déjà un traitement depuis des mois, et j'ai attendu aussi longtemps que possible. Jusqu'à ne plus pouvoir continuer sans divulguer mon secret, à cause de mon apparence androgyne. Cela peut paraître contradictoire, mais en fait, en agissant de la sorte, j'ai accéléré ma transition. En septembre 2017, quand j'ai rencontré pour la première fois le psychiatre en vue d'obtenir le feu vert pour la cure d'hormones, je pensais que ma transition ne s'achèverait pas avant au moins deux ou trois ans.

En fin de compte, tout est allé très vite, et j'ai commencé le traitement hormonal dès le mois de décembre. Durant cette période, j'apparaissais encore souvent à l'écran en homme, même si je sortais depuis des années avec des vêtements de femme.

Je me souviens bien de la première fois où je me suis présentée sous mon apparence féminine à quelqu'un qui me connaissait déjà sous mon identité masculine, mais qui n'était pas encore au courant de ma situation. C'était une victoire. En effet, d'habitude, je m'appliquais avec soin à dissimuler le lien entre ces identités. Car on est censé être l'un ou l'autre. J'ai longtemps combiné les deux.

Je devais me rendre à une consultation avec ma diététicienne au centre hospitalier universitaire d'Anvers. Mon gendre m'avait conseillé de prendre rendez-vous parce que je souffrais d'apnée du sommeil ; selon lui, perdre un peu de poids m'aiderait à résoudre mes problèmes de ronflement. J'ai suivi ses recommandations, tout en me réjouissant en secret de cette occasion de féminiser ma silhouette en mincissant un peu. Je m'entendais bien avec Lotte, ma diététicienne. J'avais confiance en elle. À chaque rendez-vous, je portais des vêtements de plus en plus féminins. Les premières fois, je ne disais rien ; elle aussi gardait le silence. Jusqu'à ce que je n'en puisse plus.

« Vous n'avez rien remarqué dans ma manière de m'habiller ? lui ai-je demandé.

– Pas lors de nos premiers rendez-vous, mais je me pose des questions depuis quelque temps. »

Il ne m'en fallait pas davantage pour lui raconter mon histoire : « Je me sens de plus en plus mal dans mon corps d'homme. Je veux vivre ma vie comme une femme. Voilà des années que j'éprouve le sentiment d'être une femme, des années que je m'habille parfois en femme pour sortir.

– Cela ne me pose aucun problème », m'a-t-elle assuré.

Elle a compris que je ne voulais pas seulement perdre du poids à cause de mes problèmes de ronflement, mais que je voulais aussi m'occuper de ma ligne.

Alors que mon prochain rendez-vous était déjà fixé, j'ai décidé de marquer le coup : je m'y rendrais en femme. Je savais que je prenais un risque : ce serait la toute première fois que je ferais officiellement mon coming out devant une personne extérieure, en me présentant sous une apparence féminine, alors que je vivais encore sous mon identité d'homme.

J'ai téléphoné à Lotte pour la prévenir qu'elle me verrait débarquer en femme, cette fois-ci. J'étais très nerveuse, beaucoup plus que d'ordinaire lorsque je revêtais une tenue féminine pour aller faire des emplettes, par exemple. Mon maquillage, ma tenue : tout devait être parfait. Mes préparatifs m'ont pris du temps, de sorte que je suis arrivée en retard.

D'autres personnes patientaient dans la salle d'attente. Je devais éviter d'être reconnue en me présentant à l'accueil. La femme derrière le guichet s'est montrée aimable, comme toujours. Je lui ai donné ma carte d'identité, de la même manière que les autres fois. Avec mon prénom masculin et ma photo d'homme dessus. Elle n'a pas bronché.

« J'ai rendez-vous avec la diététicienne. »

J'ai tenté de maîtriser au mieux ma voix, afin qu'elle ne soit pas trop grave. La réceptionniste a hoché la tête.

« Inutile de prononcer mon nom de famille à voix haute. »

La femme a de nouveau acquiescé. Elle a semblé comprendre la situation.

« Vous n'avez qu'à dire que Bo est là. »

Encore un hochement de tête compréhensif. Elle a saisi le téléphone.

« Lotte, Bo est ici pour votre rendez-vous. »

J'aurais pu la serrer dans mes bras, tant je lui étais reconnaissante ! Elle venait de faire preuve de finesse et de tact pour préserver mon anonymat. Je me trouvais devant un seuil à franchir, et elle m'avait aidée à faire le pas, sans même deviner qu'il s'agissait de ma première fois. J'ai vécu ce moment comme une victoire. Sur moi-même. Sur le monde entier. À partir de là, j'avais le droit d'être une femme, malgré ma carte d'identité.

Lotte, ma diététicienne, s'est elle aussi comportée comme si de rien n'était.

« Bonjour Bo, vous avez l'air en forme. »

Comme toujours, elle m'a demandé de monter sur la balance.

« En fait, je devrais d'abord retirer mes faux seins, ils doivent bien peser un kilo à eux tous seuls », ai-je lancé en plaisantant à moitié.

« Ça ne va pas changer grand-chose au résultat, a répondu Lotte, mais je vais en tenir compte. »

En rentrant chez moi, j'étais aux anges. À partir de ce jour-là, j'ai toujours revêtu une apparence féminine pour me rendre chez ma diététicienne.

Quelques mois plus tard, alors que je viens d'être officiellement prise en charge par le centre hospitalier universitaire de Gand, j'ai appris que je pouvais demander à Information Transgenre, un centre d'aide aux personnes transgenres, de me fabriquer une carte spéciale, à savoir un « passeport genre » qui mentionnait mes deux identités, avec nom et photo :

Il/elle est une personne transgenre. Son apparence physique peut différer de celle sur la carte d'identité ou le passeport.

Nom : Van Spilbeeck

Prénom : Baudouin

Nouveau prénom : Bo

Deux photos d'identité figuraient côte à côte sur la carte, une de moi en homme et l'autre de moi en femme.

Les deux photos montrent la même personne.

À ce moment-là, ce passeport revêtait pour moi une importance capitale. Il me donnait de l'assurance et me procurait un sentiment de sécurité. C'était écrit noir sur blanc. J'y voyais une forme de reconnaissance. Pendant des années, j'avais craint que la police ne m'arrête lors d'un contrôle, ou qu'un accident m'oblige à montrer mes papiers. Mais désormais, je pouvais prouver qui j'étais. En outre, je me sentais assez forte pour pouvoir m'expliquer en cas de contrôle : « Écoutez, je suis née dans un corps masculin, c'est vrai, mais je sors habillée en femme. Et je n'en ai plus honte. »

Durant l'été de ma transition, ce passeport m'a souvent servi. Entre-temps, j'avais obtenu ma nouvelle carte d'identité et mon permis de conduire avec mon genre féminin, mais sur ces documents figurait toujours mon prénom masculin, car la procédure de changement de prénom n'était pas encore achevée. En outre, ma nouvelle carte de presse était toujours en cours de fabrication. Lors d'une visite au musée, j'ai donc dû présenter ma carte de presse masculine. Je n'étais pas sûre que la personne au guichet croirait que l'homme sur cette carte était bien la même personne que la femme qui se tenait devant elle, aussi ai-je spontanément sorti ma nouvelle carte d'identité féminine et mon « passeport genre ». Pas une seule fois un réceptionniste n'a refusé ma carte de presse ni même émis le moindre commentaire. Je ne m'attendais pas à ce que ce soit si simple – et je trouve cela fantastique.

Les personnes transgenres qualifient parfois leur dysphorie de genre d'« erreur de la nature ». En ce sens, une transition n'est pas tant un changement de sexe qu'une correction de cette erreur. Je me reconnais en partie dans cette vision, même si je n'en ai pas toujours été consciente. Quoi qu'il en soit, aujourd'hui, j'ai vraiment la sensation d'avoir rectifié quelque chose, et même un pan majeur de ma vie.

Je sors de ma cachette

Quelques personnes sont rassemblées devant l'entrée. Certaines discutent entre elles, d'autres s'affairent sur leur smartphone, s'engouffrent à l'intérieur ou hésitent en jetant des regards incertains à la ronde. Comme moi. Je me trouve au beau milieu d'une foule hétéroclite : des jeunes et des vieux, des homosexuels et des lesbiennes, des femmes qui ressemblent à des hommes et des hommes qui ressemblent à des femmes. À première vue, je suis la plus âgée, même si j'espère paraître un peu plus jeune en femme que mon âge réel, c'est-à-dire cinquante-huit ans.

Avec discrétion, je tente de dresser l'inventaire des personnes qui m'entourent. La femme aux grosses chaussures, adossée au mur, est peut-être lesbienne. Cet homme aux longs cheveux blonds porte une perruque, je crois ; il doit être transgenre. J'hésite un instant : ne suis-je pas en train de me laisser aveugler par de vieux préjugés ? Cependant, je suis certaine que mon regard reste bienveillant et que je ne stigmatise personne. Je me réjouis qu'une telle diversité puisse exister. Après tout, j'en fais moi-même partie. Les autres aussi auront envie de me percer à jour en me voyant, je m'en rends compte. Une femme transgenre. Être affublée d'une étiquette, tel est mon destin. Mais je suis prête à lui faire face.

L'impressionnante porte en métal ornée d'une grille élégante est grande ouverte. Il ne me reste plus qu'à entrer. Quelques années en arrière, ce majestueux bâtiment classique anversois abritait encore la plus célèbre école de théâtre du pays, le studio Herman-Teirlinck.

Mais aujourd'hui, le 19 novembre 2017, ce lieu accueille le T-Day, la Journée des personnes transgenres. Je ne sais pas encore qu'elle marquera un nouveau tournant dans ma transition. Le T-Day est une journée dédiée aux transgenres et à leur entourage, organisée par Çavaria, une association qui lutte pour l'égalité des chances. Toutes sortes d'ateliers et de conférences sont prévus pour aider les transgenres à trouver leur voie sur le plan légal et médical, mais aussi pratique : comment féminiser sa voix ? Quelles tenues privilégier ? Il y a même une sorte de bourse d'échange de vêtements, ainsi qu'un défilé de mode. De nombreuses organisations tiennent en outre un stand, en particulier des associations LGBT – un acronyme compliqué qui désigne le mouvement lesbien, gay, bisexuel et transgenre. Cependant, des ONG telles qu'Amnesty International sont aussi présentes.

Des bénévoles m'abordent :

« Excusez-nous, pouvons-nous vous demander votre signature ? C'est dans le cadre d'une pétition pour les droits des personnes transgenres en Finlande.

– Bien sûr. »

Je signe la pétition avec un brin d'étonnement, car je pensais que les transgenres étaient mieux acceptés là-bas qu'en Belgique.

Heinz, le styliste en chef de VTM, m'a fait découvrir l'existence du T-Day il y a quelques semaines. Il m'a expliqué qu'il y prodiguait chaque année des conseils vestimentaires aux personnes transgenres. Il œuvre à l'étage, dans la grande salle de ballet, entre les portants à vêtements.

« Il y a une bourse d'échange et je joue le rôle de styliste, y compris pour le défilé de mode à la fin, m'a-t-il dit. C'est toujours une journée sympathique, où l'on peut glaner toutes sortes d'informations utiles. N'hésite pas à venir y faire un tour ! »

Heinz sait qui je suis vraiment. Je pense qu'il soupçonnait mon secret depuis des années. Il le voyait et le pressentait en moi, même si je ne lui en ai parlé officiellement que cette année, il y a assez peu de temps. Je lui ai raconté que je m'habillais en fille depuis ma puberté, que je sortais régulièrement en femme depuis vingt-cinq ans, et que je venais enfin de prendre la décision de devenir celle que j'ai au fond toujours été : une femme.

Quelques semaines après notre conversation, il m'envoie un e-mail. Très bref. Peut-être veut-il éviter de trop s'étendre. D'ailleurs, il m'écrit à mon adresse professionnelle. Voilà ce que dit son message :

T-Day : dimanche 19 novembre. N'hésite pas !

Je suis enchantée qu'il ait pensé à moi, qu'il cherche à m'aider, à sa façon. Cette idée suffit à me convaincre. Je recherche aussitôt des informations sur la journée en question. Sur le site de Çavaria, je constate qu'un grand choix d'activités est proposé. Je pourrai suivre quatre ateliers au maximum : deux le matin, deux l'après-midi.

L'un porte sur les implications juridiques de la transition, un domaine qui s'apprête à changer en profondeur, car une nouvelle loi sur les personnes transgenres entrera en vigueur le 1er janvier 2018 en Belgique. J'en ai déjà entendu parler, mais je suis curieux de découvrir ce qu'elle signifie concrètement. Je choisis de m'inscrire ensuite à une conférence qui traite des aspects médicaux de la transition. Là, j'en apprendrai davantage sur les possibles interventions et leurs conséquences, et sur d'autres traitements ou soins, telles l'orthophonie destinée à féminiser la voix, ou l'épilation. Point tout aussi crucial, les conférenciers distingueront ce qui est remboursé de ce qui ne l'est pas et décriront les procédures à suivre auprès de l'assurance maladie.

J'apprends même un nouveau terme, qui fait aussi l'objet d'un atelier : celui de « non binaire », qui se réfère aux personnes qui se sentent parfois femmes, parfois hommes, ou qui ne se reconnaissent dans aucun des deux genres.

D'autres conférences ne me concernent pas, par exemple celle destinée aux jeunes transgenres. Pour autant, je juge essentiel que de jeunes gens, mal à l'aise dans leur corps depuis leur naissance, puissent entendre parler suffisamment tôt des possibilités envisageables.

Moi-même, pendant des années, j'ai recherché toute seule les informations dont j'avais besoin. J'ai consulté un nombre considérable de livres sur la transidentité, la transsexualité et sur tous les autres termes liés à la dysphorie de genre et à ce qui y est associé. J'ai lu les récits de vie de dizaines de personnes transgenres, surtout avant l'ère d'Internet.

Si j'avais pu accéder il y a quarante ans à toute l'information disponible aujourd'hui, si j'avais pu surfer sur le Net à l'époque, ma vie aurait peut-être pris une tout autre tournure. Et pourtant… je ne peux m'empêcher de songer que je n'aurais peut-être jamais rencontré ma femme ni eu mes deux enfants. J'ai de la chance qu'ils soient là, près de moi, car ils représentent mon principal soutien.

De nos jours, tout est beaucoup plus facile. Il suffit de taper le titre d'un livre pour obtenir aussitôt une longue liste de suggestions d'ouvrages similaires. J'ai dévoré beaucoup de publications sur le sujet, mais j'en ai fini pour l'instant. Maintenant que ma transition a officiellement commencé, je sais ce que c'est. Je sais ce que l'on ressent. Je suis en train de le vivre. Je suis même au beau milieu du processus. Il y a peu, j'ai retrouvé une pile d'ouvrages que j'avais commandés en ligne. Mais je n'éprouve plus le besoin de lire comment d'autres ont vécu leur transformation. Les seules publications qui trônent désormais sur ma table de chevet sont des guides pratiques, comme celui d'Anne L. Boedecker, qui évoque les clés d'une transition réussie (*The Transgender Guidebook. Keys to a Successful Transition*), ou encore *Osez… changer de sexe*. Ce dernier en particulier a éveillé ma curiosité, à cause de son titre qui semble lancer aux lecteurs un défi de but en blanc. Ce défi, je l'ai relevé. Ces ouvrages décrivent la réalité sans fard, y compris au sujet des opérations. Je les considère comme des modes d'emploi. Leur lecture m'aide à me préparer mentalement à faire face à tout ce qui m'attend.

Au fil des ans, mes connaissances ont évolué ; depuis mon déjeuner avec Petra, il y a quatre mois, j'effectue des recherches beaucoup plus ciblées, car j'ai besoin d'informations spécifiques. Je veux me renseigner sur les aspects médicaux de la transition, tant sur le plan physique que psychologique. À quoi dois-je m'attendre en matière de traitement, d'hormones ? Et d'interventions telles que la chirurgie faciale, l'augmentation mammaire et l'opération de réattribution sexuelle ? Sur Internet, je retrouve souvent les mêmes sites, et le centre hospitalier universitaire de Gand m'a remis une brochure quelque peu obsolète : elle date de 2011. J'ai conscience de l'étendue de mes lacunes, c'est pourquoi j'absorbe toutes les informations que je déniche, tout ce qui est susceptible de m'apporter les réponses que je cherche. Si elles peuvent m'être servies toutes ensemble sur un plateau, le même jour au même endroit, je veux absolument être là.

Une demi-heure après le message de Heinz sur le T-Day, j'ai déjà rempli le formulaire d'inscription. Mais pas sous le nom de Baudouin.

Je dois maintenant me présenter à l'accueil. J'inspire profondément : « Bonjour, je m'appelle Bo. Je suis inscrite. »

La femme qui est en face de moi consulte la liste des personnes inscrites.

Elle m'adresse un signe de tête compréhensif, un sourire. Pas de questions. Je suis heureuse de pouvoir être moi-même.

« Vous préférez que je colle un point vert ou un point rouge sur votre badge ? me demande-t-elle ensuite. Le point vert donne l'autorisation au photographe de l'événement de vous prendre en photo ; si vous choisissez le point rouge, il fera en sorte, avec tact, que vous n'apparaissiez pas sur les images.

– Le point rouge, s'il vous plaît. »

Je préfère rester discrète. Selon moi, le monde n'est pas

encore prêt à faire la connaissance de Bo en femme. Ou plutôt, je ne suis pas encore prête à la lui présenter. Je verrai bien comment la journée se déroulera, quelles personnes je croiserai ou je rencontrerai. Et si je sortirai ou non de ma cachette.

« Et voilà. » La jeune femme fait glisser dans ma direction le badge orné d'un point rouge, que je colle sur mon pull.

Dans la salle de théâtre où je dois assister à mes deux premières conférences, toutes les lampes sont encore allumées. À l'évidence, je suis en avance. Les quelques spectateurs déjà assis sont plongés dans une conversation animée. Une femme transgenre et ses deux amis, sans doute gay, me dis-je. La transgenre me fait l'impression d'être très exubérante et extravertie. Elle ressemble à une drag-queen et paraît assez flamboyante. Je suis quelque peu intimidée. Je ne connais personne, je suis venue toute seule. Et je ne veux en aucun cas me faire remarquer, j'espère simplement qu'on me trouvera présentable et féminine. Craignant d'être reconnue, je monte les marches de la tribune pour aller m'asseoir au fond de la salle, à l'avant-dernier rang. Suffisamment haut pour profiter d'une vue d'ensemble. Les sièges à côté de moi sont encore libres, il reste des places inoccupées devant moi également. Cependant, les participants continuent d'affluer. Les allées et venues me distraient, mais me forcent une fois de plus à regarder la vérité en face. C'est la Journée des personnes transgenres. Et je suis ici parce que j'ai entamé ma transition. J'en ressens une forme de fierté, mais aussi une certaine peur de l'inconnu.

J'observe les nouveaux venus avec curiosité. Le public est très hétéroclite. Tout comme les raisons de chacun d'être présent aujourd'hui, me dis-je. Une jeune fille prend place au premier rang, près d'autres personnes. Elles entament aussitôt la conversation, je suppose qu'elles se connaissent. La jeune fille porte un bandage autour de la tête, comme un nœud rose autour d'un œuf de Pâques. Je présume qu'elle vient de subir une opération de chirurgie faciale, mais je n'en suis pas certaine. Soudain, je prends conscience que je ne sais encore presque rien de ce qui m'attend.

La première conférence va commencer dans cinq minutes. Entre-temps, la salle s'est remplie, les conférenciers attendent déjà près de la scène. Quant à moi, je me balance avec nervosité sur ma chaise. J'ai les mains moites, mon cœur bat plus vite que je ne le voudrais. Je me sens très mal à l'aise, comme un poisson hors de son élément. Cela étant, je n'éprouve aucun regret d'être ici, car dès que la conférence commence, j'apprends toutes sortes de choses.

Les deux premières sessions sont complémentaires : elles portent sur les implications juridiques et médicales d'une transition – tout à fait le genre d'informations que je recherche à ce moment-là. Différents professionnels de santé interviennent, j'écoute avec attention ce qu'ils ont à dire. J'enregistre les moindres détails dans ma tête, je ne veux rien manquer. Ce sont en quelque sorte les leçons qui vont me permettre de progresser. Car je suis plus que jamais décidée à avancer. J'ai déjà eu deux entretiens avec le psychiatre, j'ai largué les amarres, j'ai entamé ma traversée.

Je suis submergée par une foule de données utiles et de montants chiffrés. Les frais ne sont pas les mêmes pour les femmes transgenres (des hommes qui veulent devenir des femmes) que pour les hommes transgenres (des femmes qui veulent devenir des hommes) : la transition de femme à homme est une opération plus complexe, et donc plus coûteuse. Heureusement, la part financée par les patients est identique, qu'ils soient hommes ou femmes.

Après la conférence, alors que je me rends aux toilettes – « neutres », bien entendu –, je croise la jeune fille au bandage autour de la tête. Je lui donne vingt ans, vingt et un tout au plus. Elle est blonde et porte une veste rose vif. Malgré ses mâchoires et ses lèvres gonflées, elle est incroyablement féminine.

« Bonjour », dis-je. Je me sens maintenant plus à mon aise et, par chance, je suis assez extravertie pour entamer moi-même la conversation. Je lui pose une question :

« Ce bandage, c'est parce que vous venez de subir une chirurgie faciale ? »

Elle acquiesce. Je me jette à l'eau :

« Puis-je vous demander combien coûte une telle opération ?

– Eh bien, cela dépend de l'hôpital et aussi du chirurgien, mais disons qu'il faut compter à peu près le prix d'une petite voiture », répond-elle, un peu embarrassée.

Je hoche la tête. Je sais qu'en Belgique la chirurgie faciale est considérée comme une intervention d'ordre esthétique, et qu'à ce titre, elle ne fait l'objet d'aucun remboursement. Une situation regrettable pour les transgenres qui n'ont pas de grands moyens financiers et ne peuvent se permettre une telle opération.

La chirurgie de féminisation faciale, ou FFS (*facial feminization surgery*), comme l'appellent les personnes transgenres entre elles, est remboursée en intégralité ou en partie dans certains pays, par exemple en Allemagne et aux Pays-Bas.

Pendant la pause de midi, je vais manger un morceau au bar. Les participants aux ateliers s'y retrouvent pour déjeuner. Dans un coin, je repère une jeune femme élancée. Elle a quelque chose d'androgyne, ce qui me fait aussitôt soupçonner qu'elle aussi est née garçon. Je suis frappée par ses beaux yeux d'un bleu gris profond.

« Bonjour, dis-je, puis-je m'installer ici ?

– Bien sûr », répond-elle.

Grande et mince, elle ne porte pas de vêtements résolument féminins, mais un simple jean et des chaussures à talons moyens. Pourtant, il ne fait aucun doute que la personne qui se tient devant moi est une jeune femme. Elle doit avoir à peu près l'âge de notre fille. Vingt-huit ans, peut-être un an de plus ou de moins.

« Je m'appelle Tammi », dit-elle. Ses yeux brillent.

Je lui réponds sur un ton amical : « Moi, c'est Bo. » Je me réfugie encore derrière mon pseudonyme pour l'instant. Nous parlons des conférences, mais la conversation prend vite une tournure plus personnelle. Tammi a suivi une formation théâtrale et joue dans une petite troupe. Mais si j'ai bien compris, il s'agit d'une activité bénévole, non rémunérée. Avec sa voix douce, elle me donne l'impression d'être quelqu'un de gentil et de bienveillant. Voilà huit mois qu'elle prend des hormones féminines, qui affectent vivement ses émotions. « Les inhibiteurs de la testostérone ont aussi un effet catastrophique sur ma libido, m'explique-t-elle.

– Je ne prends pas encore d'hormones, dis-je. Mais j'espère obtenir le feu vert lors de ma prochaine visite au centre hospitalier universitaire de Gand, début décembre. »

Je lui raconte que le CHU a déjà planifié tout mon parcours : l'endocrinologue pour les hormones, le chirurgien pour l'opération du visage, le chirurgien esthétique qui effectuera mon opération de réattribution sexuelle. J'évoque avec Tammi les longs délais d'attente pour cette dernière intervention.

« Parfois deux ou trois ans, à ce qu'il paraît.

– C'est vrai, mais rien ne t'oblige à subir l'intervention à Gand, répond-elle. L'un des anciens assistants du grand professeur gantois s'est lancé à son compte, il y a quelques années. Le docteur Philippe Houtmeyers. Il travaille à Saint-Nicolas, entre Anvers et Gand. J'ai entendu dire le plus grand bien de lui. »

J'enregistre le nom Houtmeyers dans ma mémoire, sans grande conviction. Mon premier rendez-vous avec le chirurgien de Gand est déjà fixé ; pour moi, c'est une affaire réglée.

Avant d'assister à l'atelier de l'après-midi, je décide d'aller voir Heinz. Il passe toute la journée dans la salle où s'échangent les vêtements et où doit avoir lieu le défilé de mode. Il me faut emprunter l'escalier pour m'y rendre ; à chaque marche que je gravis, mon sentiment de malaise s'intensifie. Heinz ne m'a encore jamais vue en femme. Je prends conscience de l'image que je renvoie. Va-t-il l'approuver ? Après tout, il est styliste. Et il a l'habitude de me voir dans des vêtements d'homme. Je porte un pull duveteux, une veste rouge et une jupe plissée de couleur anthracite, légèrement pailletée. De loin, on pourrait croire que c'est du cuir. Je cesserai d'ailleurs de la porter plus tard, car j'aurai l'impression d'en faire trop, mais ce jour-là, je me sens bien dedans. J'ai aux pieds des bottes à talons étroits d'environ huit centimètres de haut. Selon moi, elles me donnent une allure très féminine. Je porte aussi ma perruque blonde, que j'ai achetée un jour à Anvers pour vingt-neuf euros. Peut-être pas ce qui se fait de mieux, mais c'est tout ce que j'ai pour l'instant.

« Bonjour, Heinz », dis-je avec circonspection lorsque je me trouve enfin devant lui. Je dois attendre mon tour, car il est très occupé avec les visiteurs, hommes et femmes, et leurs vêtements. Il est accompagné d'une femme transgenre extravagante et extravertie, qui occupe tout l'espace de sa présence. Je suis quelque peu intimidée, mais j'essaie de me montrer sûre de moi.

« Bo ! » me lance-t-il, ravi. Il m'examine de manière ostensible, ce dont je ne m'offusque nullement, venant de sa part. Dans ses yeux, je lis de l'approbation. Plus tard, j'apprendrai que ses collègues du studio l'ont interrogé avec curiosité au sujet de mon apparence, et qu'il a répondu m'avoir trouvée élégante et féminine.

Avant que nous puissions entamer une réelle conversation, on tire de nouveau Heinz par le bras. Il doit habiller quelqu'un, faire ce pour quoi il est venu.

« À plus tard, bon courage ! » dis-je. Je ne veux pas le retarder ; je me presse en direction de l'atelier suivant.

Je m'assois une fois de plus au dernier rang, en lieu sûr. J'observe l'assistance. Au deuxième rang, j'aperçois quelqu'un qui ressemble à un homme, sans l'ombre d'un doute. Mais il porte un pull pour femme. Un peu plus loin est assise une personne à l'apparence très féminine. Là encore, je peux à peine en croire mes yeux. La diversité du public continue de me surprendre, même si elle me donne aussi beaucoup d'espoir. Certains transgenres sont vraiment superbes. Moi aussi, je veux être superbe. Quelques personnes sont assises derrière moi. Je me retourne discrètement et remarque un jeune homme aux traits fins, mais à l'apparence tout de même masculine.

«Je m'appelle Katrien, dit l'orthophoniste. Je vais vous demander à tous de lire quelques mots.» Elle anime l'atelier sur la voix. Celle-ci est censée devenir plus féminine chez les femmes transgenres et plus grave chez les hommes transgenres. L'orthophoniste me paraît très jeune, mais elle dégage une énergie et un dynamisme inouïs. Je me concentre.

«Pendant que vous allez lire la phrase un par un, je demanderai aux autres de garder les yeux fermés.»

Elle fait passer une feuille plastifiée dans l'assistance; un homme au premier rang commence, je ferme les yeux.

«La voix humaine est le plus bel instrument de tous, mais c'est le plus difficile à maîtriser.» Il s'agit apparemment d'une citation du compositeur Richard Strauss. Celui-ci est surtout connu du grand public pour la musique que Stanley Kubrick a utilisée dans la première séquence du légendaire *2001, l'Odyssée de l'espace*; mon tout premier trente-trois tours, acheté quand j'avais quinze ans. C'était un disque vinyle, les CD n'existaient pas encore à l'époque. Mais je m'égare; je tente de focaliser mon attention sur les voix qui retentissent tour à tour.

J'ai repéré que c'est un homme qui lit à présent la phrase, mais sa voix est-elle masculine? Il me semble que oui, peut-être justement parce que je l'ai vu.

Les yeux fermés, j'attends que la personne suivante commence à lire. Une voix féminine, qui sied à sa propriétaire. La suivante a des accents plus virils. Ainsi, chaque membre de l'assistance fait entendre sa voix aux autres, à tour de rôle. Après une quinzaine de personnes dont la plupart ont une voix de femme, c'est à moi. Je veux absolument réussir l'exercice, et parler avec une voix aussi féminine que possible.

Je prends une profonde inspiration, puis je prononce les mots suivants : « La voix humaine est le plus bel instrument de tous, mais c'est le plus difficile à maîtriser. »

Je fais de mon mieux pour que mon timbre ne soit ni trop grave ni trop aigu. Katrien hoche la tête en signe d'approbation, mais sans ajouter un mot.

Lorsque vient le tour du jeune homme assis derrière moi, je m'attends à entendre une voix masculine. Mais le résultat est tout autre : il déclame la citation avec une voix extrêmement féminine.

« Je suis née fille et je n'ai pas encore commencé le traitement hormonal. Voilà pourquoi j'ai encore une voix de femme », explique-t-il. D'autres lui posent des questions.

« À quelles interventions pensez-vous procéder ? » lui demande quelqu'un.

Sa réponse est claire : « Tout ce qui s'avère nécessaire pour me rendre plus masculin. Afin que mon corps corresponde à ce que je ressens. »

Un silence s'installe. Je crois que chacun comprend tout à fait ce qu'il veut dire.

L'atelier touche à sa fin. Alors que tout le monde a rangé ses affaires, je vois entrer quelqu'un que je connais. Ou plutôt que je reconnais. Il s'agit de Julie, une femme transgenre qui a coaché Leen Dendievel, mon amie actrice, pour son rôle de femme trans dans *Thuis*, la série de la chaîne télévisée Een. Je me dirige aussitôt vers elle.

« Bonjour », lui dis-je en souriant.

Le courant passe tout de suite entre nous.

Autrefois, Julie a elle aussi travaillé dans le monde de la

télévision, d'abord en tant que cadreur, puis cadreuse ; elle est désormais une factrice heureuse. Une histoire à peine croyable ! Quoi qu'il en soit, je trouve formidable de vivre dans un pays où de plus en plus de gens ont la possibilité d'être eux-mêmes tout en pratiquant toutes sortes de métiers, sans être montrés du doigt ou exclus.

Avant de partir, je souhaite échanger quelques mots avec Katrien, l'orthophoniste. Elle est entourée de deux jeunes hommes. Je me dirige vers elle et j'engage la conversation.

« Votre élocution m'a frappée tout à l'heure, lorsque vous avez prononcé la phrase, dit-elle, vous avez une belle voix de radio. »

Je ris. Je ne sais pas très bien quoi répondre. Dois-je lui révéler qui je suis ? J'hésite et décide d'attendre un peu. Nous poursuivons la discussion.

Je lui explique que je souhaite consulter un orthophoniste au centre hospitalier universitaire de Gand, mais que je n'ai pas encore pris rendez-vous. Katrien me dit que son cabinet se trouve à Anvers.

Je réfléchis. Anvers est à moins de trente minutes de chez moi, Gand à plus d'une heure, voire une heure trente ou même deux heures selon la circulation. Et il faudra faire le trajet chaque semaine ? Je pourrais gagner beaucoup de temps en me rendant chez Katrien. En outre, je me sens tout de suite à mon aise avec elle ; je suis prête à tenter le coup.

« Très bien, dis-je, je prendrai rendez-vous avec votre cabinet. »

Je fais aussi connaissance avec les deux jeunes hommes qui l'accompagnent. L'un est un collègue orthophoniste et, semble-t-il, un ami proche de Katrien. L'autre s'appelle Stijn : il est rédacteur en chef de *ZIZO*, le magazine LGBT le plus important de Flandre.

Tandis que nous discutons tous ensemble, je prends confiance en moi. Soudain, j'ai une prise de conscience : je veux me montrer honnête, avoir le courage d'assumer ouvertement qui je suis. En outre, j'éprouve une certaine fierté à l'idée que personne ne m'ait reconnue jusqu'à présent.

« Je dois vous avouer quelque chose », dis-je. Trois paires d'yeux curieux se tournent vers moi.

« Je suis Baudouin Van Spilbeeck, du journal de VTM. »

Voilà, je suis sortie de ma cachette.

À présent, je lis la surprise dans le regard de mes interlocuteurs : ils sont bouche bée.

« Ma mère est votre plus grande fan ! » lance Stijn avec un large sourire, ce qui me fait rire, moi aussi. En partie de soulagement, et aussi à cause de la fierté que je ressens. Non seulement parce que la mère de Stijn semble apprécier mon travail, mais aussi parce que je ne dissimule plus rien. Je me sens si bien que je suis prête à leur dire qui je suis vraiment. Ou plutôt qui je ne suis pas... Et ils manifestent le plus profond respect pour mes révélations.

Je comprendrai plus tard que cette conversation a eu un effet décisif sur ma transition. En me tournant vers Katrien, j'emprunterai un chemin différent de celui que j'avais en tête. Désormais, Gand ne sera plus au centre de l'ensemble du processus qui m'attend.

Le T-Day se termine, je prends congé. Je sors du bâtiment en compagnie de Stijn. Je suis aux anges, et je me sens bien mieux informée que lors de mon arrivée, ce matin.

« Début avril 2018, nous publierons un numéro spécial de *ZIZO*, dit Stijn avant de me quitter. Il sera entièrement consacré aux personnes transgenres. Pourrais-je vous interviewer d'ici là ?»

J'hésite. Peut-être vais-je justement faire mon coming out en avril. Ou pas. Dans les deux cas, quelles seront les conséquences ?

«Je ne sais pas si je serai déjà sortie du placard à ce moment-là, dis-je en toute franchise. Si ce n'est pas le cas, je me verrai dans l'obligation de refuser.»

Stijn comprend tout à fait. Il sait faire preuve de discrétion.

J'ajoute : «Mais, qui sait… Peut-être aurai-je déjà franchi le cap.»

La demande de Stijn, la journée dans son ensemble, tout cela tourne dans ma tête. Cinq mois : une période courte et longue à la fois. Je n'ai pas la moindre idée de ce qui m'attend. Comment savoir à quel moment je ferai mon coming out dans ces conditions ? Le T-Day m'a surtout permis de comprendre qu'il me reste beaucoup à apprendre avant de sauter le pas. Mais cette journée de rencontres m'a aussi définitivement mise sur la bonne voie, comme l'avenir le montrera.

Quelques mois plus tard, après mon coming out durant le journal de VTM, un article paraîtra sur le site web de *ZIZO* : «Le journaliste "Bo" Van Spilbeeck annonce publiquement qu'il est transgenre.»

Un magnifique cadeau de Saint-Nicolas

6 décembre, jour de la Saint-Nicolas. Je dois me rendre au centre hospitalier universitaire de Gand pour deux rendez-vous. Le premier avec mon psychiatre, le professeur Gunter Heylens. La dernière fois, notre entretien a duré deux heures. Sur Internet, j'ai lu que quatre autres rendez-vous seront nécessaires avant le début du traitement hormonal.

J'interroge le professeur avec empressement :

« Lors de notre premier entretien, vous ne m'avez posé aucune question embarrassante. Vous ne m'avez pas non plus signifié que le chemin de la transition pour devenir une femme serait long et difficile. S'agissait-il d'une tactique ? Espériez-vous que je comprendrais de moi-même qu'une transition n'était pas la solution qui me convenait ?

– Non, mon attitude n'avait rien d'une tactique, répond-il avec calme. La dernière fois, votre exposé détaillé m'a vite convaincu de la sincérité de votre souhait de devenir une femme. Ce désir m'apparaît réfléchi et très profondément ancré en vous. Après une si longue lutte, votre décision est, me semble-t-il, inéluctable. Je n'ai pas le moindre doute là-dessus. »

De nouveau, quel soulagement ! Je craignais que ma transition s'arrête ici et maintenant, en raison d'une fin de non-recevoir opposée par le psychiatre. À la fin de la consultation, je m'attends à ce qu'il me fixe un nouveau rendez-vous, au cours duquel nous pourrons peut-être évoquer la prise d'hormones. Mais sa réponse me stupéfait : « Je ne vois aucune raison d'attendre davantage pour démarrer le traitement hormonal. Je vais de ce pas proposer à mon collègue, le professeur T'Sjoen, de donner son feu vert. Puisque vous le voyez tout à l'heure, il pourra vous fournir votre première prescription dès aujourd'hui. »

Ces paroles m'enchantent. En quittant le cabinet, je suis partagée entre une joie immense et l'incrédulité.

Mon deuxième rendez-vous de la journée est en effet prévu avec le professeur Guy T'Sjoen, l'endocrinologue. Il s'agit d'un premier entretien, pour lequel j'ai dû faire du forcing. Selon le planning initial, je devais le rencontrer seulement fin mars, soit six mois après le début officiel de ma transition. Cette période correspond au déroulement normal de la prise en charge, puisque je devais consulter le psychiatre encore trois ou quatre fois dans l'intervalle. Mais aussitôt après mon tout premier rendez-vous, début septembre, j'ai demandé par e-mail au psychiatre s'il était possible d'avancer cette consultation. En effet, le délai de six mois me paraissait alors infiniment long ; d'ici là, j'aurais déjà célébré mes cinquante-neuf ans.

Qui ne tente rien n'a rien. Sachant que les délais d'attente pour un rendez-vous avoisinaient une année, j'espérais que le professeur T'Sjoen tiendrait compte de l'argument de mon âge. L'opération de réattribution sexuelle ne pouvant avoir lieu qu'après un an de traitement hormonal, j'aurais dû attendre mes soixante ans. Une perspective peu réjouissante.

À ma propre surprise, j'ai vite reçu une réponse à mon e-mail de septembre. La secrétaire médicale me confirmait que le rendez-vous était avancé au 6 décembre. J'avais gagné trois mois.

La consultation est donc prévue aujourd'hui, après mon entretien avec le psychiatre. Je n'espérais pas encore une ordonnance pour commencer le traitement, mais un premier rendez-vous avec le professeur T'Sjoen me mettrait sur la bonne voie, car c'est lui le chef de service du centre de sexologie et de troubles de l'identité du genre du CHU de Gand.

« Bienvenue, je suis le professeur Guy T'Sjoen. Asseyez-vous. »

L'endocrinologue semble être un homme très doux et affable. Je suis incapable de deviner son âge. La jeune quarantaine, peut-être. Le professeur confirme les conclusions de son collègue psychiatre. « Je viens de recevoir l'avis du professeur Heylens. C'est une bonne nouvelle, n'est-ce pas ? »

Nous nous tutoyons rapidement, ce qui a pour effet de me mettre à l'aise. Je passe bien vite de « professeur » à « Guy ». Tout au long de ma carrière à la télévision, j'ai eu l'habitude d'entendre tout le monde s'appeler par son prénom, et non par son titre. Heureusement, cela ne pose pas de problème à l'équipe médicale de Gand. Tant mieux !

« Nous allons effectuer quelques examens et analyses pour déterminer ta tension artérielle et ton taux de cholestérol, mais aussi de testostérone et d'œstradiol. L'objectif est d'évaluer les quantités d'hormones masculines et féminines présentes dans ton corps. En fonction des résultats, nous travaillerons sur deux plans. Je vais te prescrire à la fois des antiandrogènes ou inhibiteurs de la testostérone, pour ramener ton taux d'hormones masculines à zéro, et des œstrogènes, pour booster ton taux d'hormones féminines. »

Je suis suspendue à ses lèvres. Je n'aurais pu rêver de plus beau cadeau de Saint-Nicolas. J'effectue un bref calcul : je devrais pouvoir rentrer à temps pour obtenir les hormones auprès de ma pharmacie habituelle. L'homme qui me fait face semble presque aussi heureux que moi : il se réjouit de m'aider à progresser.

Le professeur, ou plutôt Guy, me décrit les conséquences des hormones : « Sous l'influence du traitement hormonal, les caractères sexuels masculins disparaîtront peu à peu au profit de signes plus féminins. Les antiandrogènes inhiberont la production de testostérone. La libido diminuera provisoirement. Le traitement stoppera la chute des cheveux et réduira la pilosité. En revanche, l'effet sur la croissance de la barbe est souvent plus limité. Les œstrogènes favoriseront le développement des seins, adouciront la peau et modifieront la répartition des graisses. Par ailleurs, tu seras sans doute plus émotive. Mais les hormones n'auront pas d'incidence sur la qualité de ta voix ; elle ne deviendra pas plus aiguë. Tu devras suivre des séances de rééducation orthophonique. »

Je suis submergée par la quantité d'informations, mais je retiens tout ou presque. Je bois ses paroles avec la plus grande attention. Ces hormones seraient-elles une véritable potion magique ?

À la fin de la consultation, l'endocrinologue imprime une pile d'ordonnances médicales.

« Voilà de quoi faire pour les prochains mois. Dans tous les cas, nous nous reverrons en mars. »

Je range précieusement la liasse de prescriptions.

Je me rends séance tenante et en toute hâte à la pharmacie où, à ma grande surprise, je trouve toutes les substances nécessaires en stock.

Une fois à la maison, je m'assois à table et je dispose les médicaments devant moi. Enfin. Tout d'abord, les œstrogènes. J'ouvre la boîte. En lisant la notice, je comprends que de nombreuses femmes en prennent au moment de la ménopause, parce que leur production d'hormones diminue à cette période. Le produit se présente sous forme de gel, que je devrai appliquer matin et soir sur la peau de la face interne de mes bras. En effet, les œstrogènes augmentent le risque de thrombose, mais lorsqu'on étale le principe actif sur la peau, il ne passe que très graduellement dans le sang après avoir traversé les muscles. Cette méthode d'administration s'avère donc beaucoup plus sûre que les comprimés, patchs ou injections.

Je me hâte d'ouvrir la deuxième boîte. D'emblée, ce médicament me paraît beaucoup plus dangereux, même son nom, « acétate de cyprotérone », semble l'indiquer. Sa dénomination commerciale, « Androcur », paraît plus inoffensive. Certaines transgenres m'ont raconté de terribles histoires à son sujet et ont notamment évoqué des états d'apathie généralisée, d'humeur dépressive et de disparition totale de désir sexuel. L'endocrinologue m'a expliqué que, pour cette raison, ses collègues et lui ont décidé au niveau international de diminuer de moitié les doses et de prescrire des doses plus faibles aux transgenres vivant en couple, par exemple.

C'est avec une légère inquiétude que je commence mon traitement, mais je fais confiance au professeur.

Les hormones et les inhibiteurs de la testostérone agissent très vite. J'observe un changement physique au bout de deux semaines à peine. Quand je me regarde de profil dans le miroir, je crois voir mes seins commencer à se développer. Mais je remarque surtout que les substances affectent mon humeur. Le moindre détail me fait pleurer, je ne maîtrise plus mes émotions. C'est un sentiment très étrange, une sorte de délivrance. Je m'autorise enfin à montrer mes émotions et à verser des larmes sans gêne. J'en éprouve même une certaine fierté. Et, dans le secret de mon cœur, je me sens un peu plus femme.

Une semaine plus tard, je me rends de nouveau à Gand, avec Marianne, cette fois.

C'est la première fois que ma femme rencontre l'équipe médicale, et qu'elle va donc pouvoir parler de ma transition avec quelqu'un d'autre. Selon moi, elle ne se rend pas encore compte que j'ai pris place à bord d'un train à grande vitesse et que je change à toute allure. Espère-t-elle que les entretiens avec le psychiatre me convaincront de renoncer à ma transition ? Je n'en sais rien. Mais pour ma part, le retour en arrière est impossible. Cependant, je ne veux pas que notre relation en pâtisse et j'aimerais savoir quelles sont nos probabilités de rester ensemble, d'après le psychiatre.

Le professeur Heylens, ou plutôt Gunter, nous reçoit chaleureusement. Il estime que notre couple a de bonnes chances de survivre à ma transition : « Je constate souvent que les couples dont la relation est solide au départ s'engagent ensemble dans le processus de changement et déploient des efforts pour redéfinir leur relation. En général, ils y parviennent. Je ne dis pas que c'est simple, mais ils y arrivent. Chez les couples qui connaissent déjà des difficultés avant de débuter la transition, la situation a tendance à se dégrader et aboutit souvent à une séparation. »

Comme lors des entretiens précédents, Gunter me donne la parole. Marianne passe presque toute l'entrevue à écouter. Je pense qu'elle comprend désormais que le psychiatre ne me fera pas changer d'avis.

Tûûût

Chaque vie est marquée par des moments décisifs. La mienne ne fait pas exception. Elle a été jalonnée d'événements majeurs, mais aussi d'incidents plus anecdotiques. Cependant, tous me poussaient systématiquement dans la même direction. Ils me rapprochaient pas à pas de ma décision de devenir une femme. Dans mon cas, un sifflement a même eu l'occasion de jouer un rôle. Voilà qui peut sembler banal et a priori sans rapport avec ma dysphorie de genre, mais ce simple bruit a pourtant exercé une influence déterminante sur mon choix de vie.

Je me souviendrai toujours de cette soirée du 27 mars 2015. Malheureusement pas pour son ambiance conviviale ou sa musique dansante, mais à cause des décibels – la musique était trop forte.

Chaque année, les rédactions des journaux télévisés de VTM et de la VRT, la radiotélévision publique, organisent une fête commune. Un événement sympathique et une belle occasion d'échanger les uns avec les autres, car nous évoluons dans un milieu où tout le monde se connaît. En outre, nous sommes nombreux à avoir travaillé pour les deux chaînes. Cette fois-ci, ma rédaction est responsable de l'organisation. La fête se déroule dans le petit café situé en dessous du musée anversois ethnographique, le Museum aan de Stroom.

La musique me plaît et j'aime danser, depuis toujours. Combien de fois ai-je été le seul homme à me déhancher sur la piste ! Ce n'est pas différent ce soir. Je m'amuse avec mes collègues de VTM et de la VRT.

Cependant, la musique devient de plus en plus forte. J'ai du mal à la supporter : je sors du café pour discuter avec quelques collègues. Mais il fait trop froid, et je rentre bien vite au chaud. J'ai l'impression que le niveau sonore a encore augmenté. Je retourne tout de même danser sur la piste. Dans la petite salle, les haut-parleurs sont tout proches des danseurs. Au bout de dix minutes, je n'en peux plus. Quelque chose ne va pas.

« Je rentre chez moi », dis-je à mon collègue Kevin, l'homme qui couvre les festivals de musique pour la VRT. « La musique est trop forte ! »

Kevin me montre du doigt son oreille droite : je constate qu'il porte des bouchons d'oreille.

« Tu devrais toujours en mettre », me dit-il.

Des bouchons d'oreille ? Pour une soirée de retrouvailles entre deux rédactions ? Jamais je n'y aurais songé. Il est vrai que je ne fréquente pas les festivals de musique.

Dehors, le froid me saisit lorsque je traverse la place devant le musée pour rejoindre ma voiture. Mais surtout, je remarque la présence d'un sifflement persistant et bruyant dans mes oreilles. Je suis incommodé, mais je ne m'alarme pas encore.

Le samedi matin, quand je me lève, le sifflement est toujours là. J'envoie un message à deux collègues plus jeunes, qui ont l'habitude des soirées et festivals.

« Bonjour, je me suis réveillé avec un sifflement persistant dans les oreilles. Est-ce normal ? »

Toutes deux me répondent rapidement la même chose : « Ce n'est pas anormal après une fête, ça devrait disparaître d'ici à ce soir. »

Le dimanche matin, le sifflement est toujours présent. Je dois travailler le lundi, aussi j'appelle un ORL de ma connaissance.

Il me propose de lui rendre visite à 20 heures. Il m'examine, puis sa femme pratique un examen d'audiométrie. Je dois m'asseoir dans une cabine insonorisée avec un casque. Elle me fait entendre des signaux sonores, de plus en plus aigus, puis de plus en plus graves. Parfois à gauche, parfois à droite, d'abord tout doucement, puis de plus en plus fort. Quand je n'entends rien, je dois lever la main gauche ou la main droite. Au début, j'entends clairement le signal. Mais par la suite, des silences de plus en plus longs semblent se succéder – ou des sons que je ne suis pas capable d'entendre.

Le résultat est effarant. Je présente une nette perte d'audition entre 4000 et 6000 hertz, autrement dit à des fréquences relativement élevées. Je ne les entends plus qu'à une intensité très forte, à 50 décibels, alors que je perçois les fréquences plus basses dès 5 ou 10 décibels.

Mes amis me redirigent vers le centre hospitalier universitaire d'Anvers. Là, je subis de nouveau l'examen, avec les mêmes résultats. Je suis hospitalisé.

« Vous souffrez d'acouphènes, m'explique-t-on. La musique trop forte a endommagé les cils vibratiles à l'entrée du limaçon de votre oreille. Or, ils sont responsables de l'audition des sons aigus. Il y a deux conséquences : étant donné que les cils sont abîmés, vous n'entendez plus bien à ces fréquences sonores; de plus, à la place, votre cerveau génère un sifflement qui n'existe pas réellement. Ce bourdonnement peut vous paraître parfois fort, parfois faible.

– Et comment peut-on le traiter?

– Nous allons mettre en œuvre la technique dite d'oxygénothérapie hyperbare. Vous allez passer dix séances de deux heures dans le caisson, ou chambre de pression. Le caisson est alimenté en air enrichi en oxygène sous pression – plus précisément, au double de la pression atmosphérique. Vous respirerez cet air à l'aide d'un masque. L'oxygène favorise la guérison.

– Ce traitement est-il efficace?

– Hélas, je ne peux rien vous promettre. Il y a une chance qu'il fonctionne, mais nous ne le saurons que dans six mois, quand vous reviendrez pour l'examen de contrôle.» J'encaisse le choc. À présent, je suis vraiment soucieux.

«Nous allons aussi vous poser une perfusion de cortisone pendant trois jours, cela peut également favoriser la guérison. Vous allez devoir rester à l'hôpital.»

Mon courage m'abandonne. Je suis horrifié de devoir faire face à ce problème. De toute ma vie, j'ai assisté à cinq concerts de pop tout au plus. À la maison, je n'écoute que de la musique classique ou presque. Un jour, j'ai vu à la télévision un reportage sur une jeune fille qui avait mis fin à ses jours parce que ses acouphènes étaient devenus insupportables; je m'étais promis qu'une telle chose ne m'arriverait jamais. Puisque j'ai toujours évité la musique forte, il me semblait logique que j'y échappe. Et m'y voilà soudain confronté. Pire encore, je conclus de l'explication de l'ORL que ma guérison reste tout à fait hypothétique. Et ce, alors que j'ai besoin de mes oreilles dans le cadre de ma profession de journaliste pour la télévision.

Dans mon lit d'hôpital, au milieu d'une chambre que je partage avec cinq autres patients, je sombre dans une profonde mélancolie. Les yeux levés, j'observe la solution de cortisone s'écouler de la perfusion, goutte après goutte. Quand je suis allongé dans le caisson, deux heures le matin et deux heures l'après-midi pendant cinq jours, je tente de chasser mes pensées négatives en lisant. Mais je ne parviens pas à me concentrer.

Après la dernière séance, je revois l'ORL.

« À présent, il faut attendre et espérer que le traitement fonctionne. Mais encore une fois, nous n'avons pas de certitude. »

Au cours des six mois suivants, je me lève et me couche avec un sifflement dans les oreilles. Dans les environnements bruyants, les acouphènes ne me gênent pas trop, je ne les entends pas beaucoup. En revanche, lorsque tout est silencieux, par exemple à la rédaction, quand je porte un casque qui étouffe les bruits ambiants, ils me dérangent énormément. La nuit, lorsque je suis allongé dans mon lit, ils deviennent même quasi insupportables.

Au bout de six mois, je ne remarque pas la moindre amélioration. Je suis très pessimiste en me rendant au CHU d'Anvers, où je dois subir un nouvel examen d'audiométrie. De nouveau, j'entends surtout de longs silences, quand le son émis par l'appareil ne m'est plus audible.

« Je vais devoir vous décevoir, Monsieur Van Spilbeeck. Il n'y a aucune amélioration sensible par rapport au test auditif que nous avons effectué voilà six mois.

– Qu'est-ce que cela signifie concrètement ?

– Cela signifie, Monsieur Van Spilbeeck, que sauf si la médecine fait de nouvelles découvertes et développe des thérapies inédites, vous devrez vivre avec ces acouphènes pour le restant de vos jours. »

Quelque chose se brise en moi.

« Une audioprothèse et un masqueur d'acouphènes pourraient vous aider. L'audioprothèse corrige la perte auditive, de sorte que vous pourrez mieux entendre les sons aux fréquences problématiques. Le masqueur d'acouphènes génère du bruit, ce qui permet de réduire le contraste entre les acouphènes et les bruits ambiants, et donc d'atténuer la gêne. Mais vous devrez surtout apprendre à moins vous focaliser sur le sifflement. »

L'idée de devoir porter une prothèse auditive me rend malade. Je prends conscience que ma qualité de vie vient de se dégrader pour toujours. Mais au même moment, je comprends que toute ma vie, j'ai voulu concrétiser un rêve, contre lequel j'ai pourtant résisté pendant des années : devenir une femme. Une sorte de déclic se produit dans ma tête. Je décide d'arrêter de lutter, d'accomplir mon désir et d'améliorer ma qualité de vie de cette façon.

Durant les nombreuses nuits d'insomnies provoquées par ce terrible sifflement, ma décision prend forme. Les acouphènes me dépriment et me poussent parfois au désespoir. Cependant, je vais réparer cette injustice d'une autre façon, en cessant de me battre contre moi-même ; lutter contre mes sentiments féminins n'a pas de sens et ne fait que me rendre encore plus malheureux, il est grand temps que je l'admette. C'est ainsi que les acouphènes, qui continuent de me rendre dingue à longueur de journée et de nuit, ont joué un rôle décisif dans la réalisation de mon rêve : devenir la femme que je suis.

À partir de demain, je serai Bo

« Qu'en penses-tu ? » La coiffeuse fait un pas de côté pour que je puisse me regarder dans le miroir. J'ai hâte de me voir avec la longue perruque brune qu'on a dénichée pour moi. Ce sont de véritables cheveux naturels : les stylistes de Medialaan estiment qu'il me faut une perruque de qualité. Tout le studio est là pour m'aider à définir mon style – celui avec lequel je sortirai publiquement du placard. Au cours des dernières semaines, ma collègue, Cathérine Moerkerke, m'a suivie et filmée dans le but de réaliser un long reportage, qui sera diffusé le jour de mon coming out. Je comprends à présent que mon nouveau look sera très différent et beaucoup plus féminin que l'« ancien », celui que j'arborais pendant les séquences de tournage de Cathérine.

« Pas mal », dis-je en me voyant. Le miroir me renvoie l'image d'une femme – ce qui en soi constitue déjà une amélioration à mes yeux. Pendant des années, j'ai porté des perruques synthétiques bon marché, qui ne coûtaient même pas cinquante euros. J'ai eu les cheveux de toutes les couleurs : du blond platine au noir de jais, en passant par le roux et le châtain. Ces derniers temps, j'ai développé une préférence pour le blond. J'ai l'impression que cette couleur me rajeunit de dix ans. Il me faut donc un peu de temps pour m'habituer au brun.

Je me tourne vers Karine, la coiffeuse ; je crois détecter un doute dans ses yeux. N'est-elle pas convaincue ? En m'observant une deuxième fois dans le miroir, je reconnais la même lueur d'hésitation dans mon propre regard.

« Le brun durcit un peu trop les traits de mon visage, non ? » Je tente de mettre des mots sur ce que je ressens.

Karine hoche la tête. « Tu seras mieux en blonde », confirme-t-elle. Nous cherchons encore un moment, mais aucune perruque ne me convient vraiment. En fin de compte, j'en choisis une dans le catalogue qu'elle a apporté : des cheveux clairs, mais pas blond platine.

« Ferme les yeux, s'il te plaît », me demande Cédric, le maquilleur professionnel, un crayon khôl à la main. Il teste différents styles de maquillage sur mon visage pour trouver ce qui me correspond. Je perçois tout de suite l'énorme différence entre le travail d'un professionnel et la façon dont je me maquille devant mon miroir – l'un n'a rien à voir avec l'autre.

Tandis que je contemple le travail de Cédric dans la glace, Heinz, le styliste en chef, débarque sans crier gare avec différentes tenues qu'il veut me faire essayer. Certains vêtements qu'il a choisis me surprennent. Nous passons en revue plusieurs options. J'enfile un pantacourt noir avec un chemisier vieux rose et un manteau rose : je dois reconnaître que le résultat est convaincant, même si je n'aurais moi-même jamais pensé à une telle combinaison. Finalement, nous ne retiendrons pas cette tenue, mais l'expérience m'encourage à explorer des possibilités plus originales que celles auxquelles je suis habituée. Auparavant, j'aurais eu tendance à choisir des robes ou des jupes, mais puisque les femmes portent volontiers des pantalons…

Plusieurs séances de relooking se succèdent à mesure que nous approchons du jour de mon coming out officiel. Heinz se montre sûr de lui : « Je crois que tu devrais porter une robe ou une jupe », dit-il. De mon côté, pourtant, je préfère m'affirmer et me présenter en pantalon et veste pour mon premier jour de travail en femme. Finalement, je parviens à convaincre Heinz, et nous nous mettons d'accord sur mon look définitif. Je porterai un pantalon près du corps et un pull à rayures bleues et blanches surmonté d'une élégante veste pour femme, le tout assorti d'un foulard bleu ciel et de bijoux simples. Je choisis en outre une paire de bottines noires. Elles revêtent une signification particulière à mes yeux, car je les ai achetées à Barcelone, pendant mon tout dernier voyage professionnel sous mon identité masculine. Cathérine Moerkerke m'a suivie là-bas avec son équipe de tournage. Nous avions encore une petite heure devant nous avant de partir pour l'aéroport, et je suis allée les acheter à ce moment-là. Cathérine et Evi, la chef d'édition, m'ont aidée à les choisir.

Entre-temps, ma nouvelle perruque est arrivée. Karine coiffe les cheveux en les enroulant un peu, à la façon de boucles anglaises, très légères, ce qui donne à la coiffure un côté jeune et fantaisie.

« Ça te plaît ? » demande-t-elle. Je me regarde. La perruque est d'un blond très clair, mais la teinte paraît naturelle, je n'ai pas l'impression d'en faire trop.

Nous sommes enfin prêts pour la répétition générale. Je revêts une fois de plus ma tenue complète. Je suis à l'aise dans ces vêtements. Je me sens pleine d'assurance, et encore plus après avoir été coiffée par Karine et maquillée par Cédric. Les yeux fermés, je savoure le moindre de leurs gestes, la manière dont ils s'occupent de moi, me pomponnent pour faire de moi la femme que je veux être, la femme que je suis. Me voilà prête. Nous y sommes.

Je m'observe dans le miroir, entourée de Karine, d'Heinz et de Cédric. Personne ne dit mot, ils me laissent profiter de cet instant. Et moi ? J'en reste pantoise. Je dois me pincer pour me reconnaître.

« Waouh... » dis-je, émue. Mes trois collègues hochent la tête en souriant. Je me trouve superbe. Je suis aux anges ! Je me sens si bien dans ma peau, me voilà gonflée à bloc !

À cet instant, quelqu'un prononce mon nom : « Bo ? » Je me retourne : quelques amies collègues viennent d'arriver. Je leur avais demandé discrètement de passer me voir au studio, parce que je tiens leur opinion en haute estime. Leur verdict est unanime : je suis radieuse.

Élégante des pieds à la tête, je traverse les couloirs du bâtiment de Medialaan. Je m'arrête à la salle de montage, où Evi et Cathérine planchent sur notre documentaire. Avec précaution, je frappe à la porte, puis je passe la tête dans l'ouverture.

« Oh ! » s'exclament-elles, agréablement surprises. Je ris. Ces réactions positives et enthousiastes me comblent de joie. Je savoure ces instants.

En revenant au studio, je croise Elke, l'une des présentatrices du journal. Je lui lance un regard plein d'espoir, mais elle ne me reconnaît pas !

« Elke ? » dis-je. En entendant ma voix, elle comprend.

Nous entamons la conversation, et elle me rassure au bout de quelques minutes : « Bo, je suis sûre que tout le monde va rapidement s'habituer à la nouvelle situation. Il me paraît déjà normal et naturel de bavarder avec toi ainsi ! »

Mon assurance s'en voit renforcée.

Quelques jours plus tard, je traverse le parking souterrain en compagnie de Filip et de Thomas, nos responsables photo. Nous nous rendons au studio photo de Medialaan, au sous-sol. Un coming out public exige beaucoup de préparation, et nous avons aussi besoin de textes et d'images. Aujourd'hui, nous allons nous occuper de ces dernières.

Dans le parking, nous croisons Tess Goossens, l'une de nos présentatrices à la radio et à la télévision.

« Salut, Tess », dis-je, la mine réjouie. Va-t-elle me reconnaître ?

« Bonjour », répond-elle sur un ton amical, mais neutre.

« Tu sais qui je suis ? »

Tess me dévisage avec attention, mais je devine à son expression qu'elle n'a pas deviné.

« C'est moi, Bo, enfin, j'étais Baudouin, avant.

– Baudouin ! En effet, je ne t'avais pas reconnu. Tu es magnifique !

– Nous allons prendre des photos, car je viendrai travailler ainsi à partir de la semaine prochaine.

– Vraiment ? » À l'évidence, Tess ne se rend pas encore compte de ce que cela signifie. Rien de plus normal : moi-même, j'ai encore de la peine à l'imaginer.

Une fois dans le studio photo, je me mets au travail, en profitant de chaque instant. J'essaie plusieurs tenues, plusieurs poses. Thomas, le photographe, prend des centaines de clichés de moi. Les déclics de l'appareil photo remplissent le studio, le flash crépite.

Finalement, je sélectionne avec Sara, notre porte-parole, une poignée de clichés, dont quatre seront retenus et envoyés à la presse.

Cette fois-ci, ça y est. Nous avons choisi ma nouvelle apparence. Bo est prête à faire son entrée. Enfin, Kris et Nicholas, mes rédacteurs en chef, sont invités à voir mon nouveau look. Je suis extrêmement curieuse de connaître leur réaction. C'est une chose de me soutenir et de me donner l'opportunité d'effectuer ma transition dans les meilleures conditions ; se confronter au résultat en est une autre.

« Magnifique, Bo, dit Kris. Nous sommes agréablement surpris. »

Je pousse un soupir de soulagement. Peut-être s'attendaient-ils à bien pire.

Quant à moi, je me trouve non seulement féminine, mais même girly.

Sur ces photographies, mon visage présente des traits encore anguleux et masculins, mais mon regard et mon sourire se chargent de les faire oublier. Aujourd'hui encore, je suis très fière de ces premières photos.

Tu n'as jamais été un homme très viril

Devant moi, sur la table, trône la liste des amis et des membres de la famille que je veux absolument prévenir avant mon coming out officiel. Certains noms sont déjà rayés, d'autres pas encore. J'ai dressé cette liste avec Marianne. Il y en a des pages et des pages. Mon coming out aura lieu dans cinq jours, pendant le journal de VTM. J'y révélerai le choix de vie que je viens de faire et j'annoncerai qu'à partir du lendemain, je vivrai et travaillerai pour le restant de mes jours en femme, et que j'effectuerai la transformation physique complète, y compris l'opération de réattribution sexuelle.

Je veux éviter que certains apprennent cette nouvelle dans la presse. Je n'ai plus le temps de rencontrer tout le monde en personne, mais je peux encore tenter de joindre chacun par téléphone. Je passe des soirées et des jours entiers au téléphone. Il faut dire que la durée de ces conversations se limite rarement à quelques minutes. Pour l'écrasante majorité de nos amis, la surprise est totale. Quelques personnes savaient déjà que je sortais régulièrement en femme, d'autres soupçonnaient l'existence de mon «côté féminin» en raison de l'intérêt que je portais à la mode et au maquillage, ou de mon style vestimentaire, surtout ces dernières années. Certains estiment que mes révélations ne sont pas si étonnantes, compte tenu de mon caractère.

«Tu n'as jamais été un homme très viril, pas vrai? me dit une amie. Tu as toujours été plutôt doux, tu n'as rien d'un macho.»

D'autres sont stupéfaits, parce que je montrais des intérêts réputés «masculins» dans le domaine professionnel ou dans ma vie privée. À la rédaction, je joue le rôle de spécialiste de la défense depuis plus de vingt-cinq ans, au point que certains ont toujours cru que je vouais une fascination, voire une véritable passion aux armes, canons, chars d'assaut et autres engins militaires. Rien n'est moins vrai, mais en revanche, je reconnais que j'ai emmagasiné toutes sortes d'informations à ce sujet, durant ce dernier quart de siècle.

Du reste, cette spécialisation dans les affaires militaires m'a efficacement servi de camouflage pendant des années.

Indépendamment des réactions plus ou moins étonnées, je suis frappée par le nombre d'amis et de connaissances qui me disent connaître une personne transgenre, qui était une femme et est devenue un homme, ou l'inverse.

J'appelle le chef des forces aériennes, un général avec qui je me suis liée d'amitié. Il me raconte une histoire que j'ai déjà entendue : « Un ancien pilote de combat de F-16 est devenu une femme après sa carrière militaire. »

J'informe également Frank De Winne, l'astronaute belge. Nous sommes de bons amis. En 2009, avec deux collègues, j'ai écrit un livre à son sujet – une sorte de journal de bord – alors qu'il prenait le commandement de la station spatiale internationale, l'ISS. Il est entre-temps devenu directeur des astronautes européens de l'Agence spatiale européenne, l'ESA, et je tiens absolument à le prévenir.

« Je ne m'y attendais pas », admet-il. Cependant, il réagit avec son flegme légendaire. Et lui aussi a une anecdote à me raconter : « Mon directeur de vol en 2009 est devenu une femme l'année suivante. » Le Français en question travaillait au centre de contrôle de l'ESA et entretenait des contacts quotidiens avec Frank lorsqu'il était dans l'espace. « Elle est toujours à l'ESA, précise Frank. Nous continuons de collaborer. Et je ne me souviens même plus de son prénom masculin d'autrefois ! »

Je recherche ensuite des informations à son sujet sur Internet. C'est une belle femme. Et, sur les photos de 2009, malgré des vêtements masculins, son apparence est déjà très féminine.

Quelques mois plus tard, j'apprendrai par d'autres sources militaires qu'un officier des commandos de parachutistes est en train de faire sa transition. Au total, les forces armées belges comptent vingt personnes transgenres, toutes sauf une étant des femmes transgenres.

D'autres histoires me parviennent encore.

Un ami architecte que j'ai côtoyé à l'école pendant des années me parle aussi d'une de ses connaissances qui a changé de sexe. Et Frank, un camarade d'études qui travaille dans le monde du théâtre, me raconte que l'un de ses meilleurs amis, une célèbre drag-queen, est en train de subir une opération de réattribution sexuelle en Thaïlande, à l'heure où nous nous parlons. Désormais, elle n'est plus une femme uniquement sur scène, mais aussi dans la vraie vie.

Tous mes appels ou presque me confortent dans mon choix : non, je ne suis pas seule à me sentir mal dans ma peau et à vouloir franchir le pas. On rencontre des hommes qui deviennent des femmes non seulement dans le monde du spectacle, mais aussi dans des environnements très masculins comme les commandos de parachutistes, l'armée de l'air et l'Agence spatiale européenne, ce qui renforce encore ma conviction d'être sur la bonne voie.

J'accepte d'envoyer des photos à certains amis, en leur faisant promettre de ne pas les diffuser. En effet, ce sont les clichés que nous avons pris à Medialaan et qui seront envoyés à la presse dans quelques jours seulement. Là encore, je ne reçois que des réactions élogieuses. Peut-être mes amis n'osent-ils pas dire autre chose, mais j'ai envie de croire que la plupart sont sincères.

Une nouvelle qui concerne notre chaîne

« Passons maintenant à une nouvelle qui concerne notre chaîne. » Stef Wauters, le présentateur du JT, s'adresse aux téléspectateurs pour leur annoncer que je vivrai et travaillerai désormais en femme. Pour communiquer la nouvelle, la rédaction a choisi d'utiliser un fragment de l'interview que Cathérine a réalisée dans le cadre de son reportage. Dans ce passage, je raconte pourquoi j'ai pris cette décision, avec le soutien de ma famille. J'ai donné cette interview dans mes vêtements d'homme, sous l'apparence de l'« ancien » Baudouin. Il s'agit d'un choix mûrement réfléchi. Pendant vingt-huit ans, les téléspectateurs ont vu un homme à l'écran. Il serait trop choquant de les confronter sur-le-champ à ma nouvelle apparence féminine. Pour cette interview avec Cathérine, j'avais en revanche demandé à la maquilleuse et à la coiffeuse de me donner l'allure la plus androgyne possible. Je voulais que ma transition soit déjà perceptible. Elles ont fait un travail formidable. Les jours précédents, les principaux journaux et revues hebdomadaires, dont la plupart font partie de notre groupe, ont été mis au courant de manière confidentielle. Sara et ses collaborateurs du service de presse m'ont demandé qui, parmi mes amis et collègues, hommes et femmes, aimerait dire un mot et me témoigner son soutien. Je leur ai transmis une liste de noms. Aujourd'hui, je découvre les réactions de celles et ceux qui se sont manifestés. La plupart me bouleversent.

Bo a lutté pendant si longtemps, je suis ravie pour elle. Et aussi un peu inquiète, mais surtout très heureuse, car j'ai rarement rencontré quelqu'un d'aussi sûr de sa décision. – Cathérine Moerkerke, réalisatrice de reportages pour VTM

Quand j'ai rencontré Bo, c'était un journaliste expérimenté, un reporter engagé, un orateur enthousiaste, et surtout un collègue chaleureux et intègre. Rien de tout cela ne va changer, maintenant que Bo va vivre dans le corps qui est en harmonie avec son esprit. – Freek Braeckman, présentateur du JT de VTM

Je me réjouis qu'elle ait finalement osé sauter le pas. Baudouin était déjà une belle personne, Bo sera encore plus belle. – Eva Clockaerts, présentatrice météo

Une femme magnifique. Elle peut enfin être vraiment qui elle veut, ce n'est que du bonheur. J'espère que la Flandre accueillera son exemple avec enthousiasme. Baudouin a toujours été un homme doux, peut-être trop pour un homme. Aussi n'ai-je pas été surprise. – Leen Dendievel, actrice qui joue notamment le rôle d'une femme transgenre dans la série *Thuis*

J'espère qu'elle deviendra un modèle pour tous ceux et celles qui sont aux prises avec leur identité, et que sa transition permettra d'aborder sans préjugés le tabou de la dysphorie de genre. – Raf Van Brussel, DJ pour la radio Joe

« Nous avons préparé divers articles à ton sujet, dit Sara. Ils paraîtront sur notre site Internet aussitôt après l'annonce, ainsi qu'une manifestation de soutien de la part de ton rédacteur en chef, Kris. »

Je propose de rédiger un texte personnel qui paraîtra sur le site et que je partagerai par l'intermédiaire des réseaux sociaux.

J'essaie de ne pas perdre le fil, de me représenter le déroulé des événements de manière schématique. Tout est préparé jusque dans les moindres détails. Ainsi, le message de Kris ne sera publié en ligne qu'un quart d'heure après l'annonce.

« Ce serait bien que tu partages l'article sur tes comptes Twitter, Instagram et Facebook. »

Je hoche une fois de plus la tête en enregistrant la demande. Puis je pose une question : « Quelle est la stratégie pour demain ? » Ce sera mon premier jour de travail en femme.

« La nouvelle fera l'effet d'une bombe, c'est certain, répond Sara, mais nous ne savons pas encore comment va réagir le public. C'est pourquoi nous n'allons pas communiquer tout de suite à plein régime. Tu donneras deux interviews téléphoniques pendant les matinales de nos radios. Ensuite, tu viendras à VTM dans le courant de la matinée.

– Et pour la télévision ?

– Un sujet dans le journal de VTM de 13 heures, mais sans interview. Juste un compte rendu, à partir du documentaire filmé par l'équipe de Cathérine. Et pas d'entretien avec toi en studio non plus. »

L'ensemble du programme me paraît très prudent, et c'est peut-être mieux ainsi.

« Et si d'autres chaînes demandent une interview ? » Je pense en premier lieu à la VRT, avec son journal télévisé et ses différentes radios.

« Nous verrons cela en temps et en heure, en fonction du bruit que fera le coming out, des médias qui voudront t'interroger et de leurs questions », répond Sara.

Enfin, au bout d'une journée interminable, à 19 heures, le journal de notre chaîne commence. Ma gorge se noue. Je sais que ma déclaration sera diffusée à 19 h 37 précises.

Et qu'elle paraîtra deux minutes plus tôt sur notre site Internet. Je sais aussi que je dois me tenir prêt à partager aussitôt l'information.

J'attends, mon ordinateur à portée de main. Marianne est tout près, mais nous échangeons à peine un mot. Elle est au moins aussi nerveuse que moi.

Je reçois un texto, il est 19 h 32. Mon message aurait déjà été publié sur le site, quelques minutes plus tôt que prévu.

Je patiente avec curiosité, je retiens même un instant ma respiration. Mais je ne recueille pas tout de suite de réactions.

Il est maintenant 19 h 37, l'heure à laquelle ma vie va changer pour de bon.

Stef commence : « Passons maintenant à une nouvelle qui concerne notre chaîne. Notre collègue Baudouin Van Spilbeeck vient d'annoncer dans un message personnel qu'il vivrait désormais en femme. À partir de demain, Baudouin sera Bo. Bo continuera bien sûr à travailler comme journaliste pour le journal de VTM. »

Aussitôt après l'annonce, mon smartphone explose. Les témoignages de soutien se succèdent. En un rien de temps, je reçois des centaines de messages. Dans l'intervalle, j'essaie de partager l'article de notre site Internet, et je constate bien vite que mes déclarations sont reprises partout, non seulement par les médias flamands et la VRT, notre principal concurrent, mais aussi par la presse belge francophone et les journaux néerlandais. Je prends peu à peu conscience que mon coming out provoque davantage de remous que prévu. Et que nous allons sans doute devoir adapter notre stratégie de communication.

Je passe des heures sur mon ordinateur, à suivre la façon dont la nouvelle se répand. Je suis de plus en plus étonnée face au nombre de réactions : plusieurs ministres me félicitent et me souhaitent beaucoup de bonheur, et un grand nombre de personnalités flamandes font de même.

Chapeau bas devant tant de courage et de persévérance pour être soi-même #respect – Alexander De Croo, vice-Premier ministre belge

Beau de voir que tout le monde peut être soi-même ! @VTM » – Koen Geens, ministre belge de la Justice

La liberté d'être qui l'on est. Si personnel et courageux @ bovanspilbeeck. – Maggie De Block, ministre des Affaires sociales et de la Santé publique

Quand je vais me coucher, je suis rompue de fatigue, mais je ne parviens pas à fermer l'œil. Pourtant, une bonne nuit de sommeil ne serait pas un luxe, car demain, mardi, c'est le grand jour. Et je veux être rayonnante pour ma première journée en femme.

Déclaration de Medialaan

LE JOURNALISTE BAUDOUIN VAN SPILBEECK DEVIENT BO 29 JANVIER 2018

Baudouin Van Spilbeeck, reporter au journal de VTM, a choisi de devenir une femme et s'appellera désormais Bo. C'est ce qu'elle vient d'annoncer dans une lettre ouverte. À partir de demain, mardi 30 janvier, elle vivra et travaillera sous sa nouvelle identité de genre.

La rédaction et ses collègues du journal de VTM ainsi que tout Medialaan soutiennent Bo dans sa décision. Elle continuera d'exercer les mêmes missions qu'auparavant au journal de VTM. Elle disparaîtra toutefois quelque temps de l'écran durant sa transition, pour mieux revenir ensuite.

Kris Hoflack : « Depuis vingt-huit ans, Baudouin Van Spilbeeck fournit un excellent travail de journaliste pour le journal de VTM. C'est un expert sur qui l'on peut compter, très érudit, curieux et enthousiaste, capable de présenter avec une grande clarté les dossiers aux téléspectateurs. Bo Van Spilbeeck poursuivra ce travail journalistique passionné. Toute notre rédaction la soutient dans sa transition et souhaite la bienvenue à Bo. »

Cathérine Moerkerke a suivi Bo durant ces dernières semaines. Elle nous présentera son histoire dans le reportage *Cathérine : Baudouin devient Bo*, qui sera diffusé sur VTM demain soir, mardi 30 janvier à 21 h 40. Elle s'est longuement entretenue avec Baudouin Van Spilbeeck, qu'elle a accompagné à Barcelone pour sa dernière intervention à l'antenne sous son identité masculine. Mais elle a aussi suivi Bo pendant son temps libre, lors de ses fréquentes sorties en femme et de ses visites au centre de sexologie et de troubles de l'identité du genre du centre hospitalier universitaire de Gand, ainsi qu'auprès du chirurgien du visage qui prépare la transition de Baudouin à Bo.

La lettre ouverte de Baudouin est disponible en intégralité sur vtmnieuws.be.

Si vous avez des questions concernant le genre, vous pouvez vous adresser à Information Transgenre en appelant le numéro gratuit 0800 96 316.

Lettre ouverte

À partir de demain, je serai Bo. J'ai choisi de vivre désormais en femme. Cette nouvelle va surprendre beaucoup de gens, mais elle n'a rien d'inattendu pour moi et mes proches. Je n'ai pas pris la décision de changer de sexe à la légère. Depuis des dizaines d'années, j'éprouve une dualité entre mon corps masculin et mes sentiments féminins.

Mon premier souvenir d'avoir voulu être une fille remonte à mes huit ans. C'était il y a un demi-siècle. À partir de ma puberté et pendant mes années d'étude, j'ai commencé à m'habiller en femme. Autrement dit, voilà plus de quarante ans. Cela fait plus d'un quart de siècle que je sors en public en femme.

Cependant, je suis marié, et après trente années de bonheur et deux enfants (qui sont aujourd'hui des adultes), je suis toujours en couple avec la femme de ma vie. Pourtant, même si ma famille me comble de joie, le sentiment que quelque chose me manque ne m'a jamais quitté, et la « dysphorie de genre » n'a fait que se renforcer au fil du temps.

Il y a quinze ans, j'ai envisagé pour la première fois de faire ma transition et de devenir une femme, mais l'esprit de l'époque ne me semblait pas assez mûr. Je craignais de perdre mon emploi fantastique, mes amis et surtout ma chère famille.

Au cours des cinq ou six dernières années, mon malaise de devoir vivre en homme s'est considérablement accentué. Des facteurs externes ont précipité les choses : l'exemple d'un certain nombre de blogueurs transgenres sur YouTube, qui ont réussi leur transition. Mais aussi celui de la star de téléréalité Caitlyn Jenner, connue pour avoir remporté autrefois un titre olympique sous le nom de Bruce Jenner. Qu'elle ait décidé de changer de sexe à soixante-cinq ans m'a donné la conviction qu'il n'était pas trop tard pour moi non plus.

J'ai contacté la professeure Petra De Sutter, gynécologue, spécialiste de la fertilité et femme politique. Elle aussi a fait le choix de devenir une femme, voilà quinze ans. Aujourd'hui, elle est respectée pour ses connaissances et son expertise, et non pour sa transition. Je lui suis reconnaissant de m'avoir orienté vers la merveilleuse équipe du centre de sexologie et de troubles de l'identité du genre du CHU de Gand. J'y suis pris en charge depuis près de six mois, je suis un traitement hormonal, et diverses interventions chirurgicales de féminisation sont prévues. Il me faudra encore patienter un an ou plus pour achever tout à fait ma transition et avoir un corps parfaitement en phase avec mon esprit.

Pour ma compagne, mes enfants et ma famille proche, ma décision n'a pas été des plus simple. Mais nous sommes déterminés à parcourir ensemble ce chemin difficile jusqu'à sa destination finale.

Je me réjouis que non seulement la rédaction du journal de VTM, mais aussi l'ensemble de Medialaan me soutiennent et me donnent l'opportunité de poursuivre mon métier de reporter en femme. Je tiens d'ailleurs à exprimer mes sincères remerciements à mes collègues journalistes : la plupart des rédactions flamandes sont au courant depuis quelque temps de ma transition imminente, mais tout le monde a respecté ma vie privée et celle de ma famille, et attendu que nous soyons prêts pour publier la nouvelle.

En ma qualité de première personnalité flamande connue pour avoir effectué une telle transition, je me rends bien compte que cette annonce peut être choquante aux yeux de certains. Cependant, j'espère pouvoir jouer un rôle dans l'acceptation des personnes transgenres dans la société. Aussi, je considère qu'il relève de mon devoir moral de faire connaître mon histoire, afin d'aider toutes celles et tous ceux qui se sentent mal dans leur corps ou leur identité de genre.

Avec ma collègue et amie Cathérine Moerkerke, et en concertation avec mes rédacteurs en chef, nous avons choisi de réaliser un reportage dans lequel je raconte mon histoire à Cathérine. Il sera diffusé demain soir sur VTM.

Demain, mardi 30 janvier, j'irai travailler pour la première fois en femme. En Bo.

Le plus beau jour de ma vie

J'ai du mal à le croire, et pourtant ça y est, nous y sommes. Mardi 30 janvier 2018. Le jour où j'entame ma nouvelle existence, en femme. Elle est finie pour de bon, cette double vie qui me pesait tant. Terminée l'époque où chaque journée ressemblait à un bal costumé, quand je devais me rendre au travail en vêtements d'homme. Terminée la recherche de tenues fondamentalement féminines, qui devaient cependant entretenir une illusion de virilité. Terminé de me mentir à moi-même et de tromper mon entourage. En bref: finis le dégoût, l'inconfort de devoir être un homme.

Et pourtant, je commence cette journée inoubliable par une imposture – mais c'est un pieux mensonge. Je me lance un ultime regard dans le miroir avant de partir. Je porte des vêtements d'homme pour aller au travail, pour la toute dernière fois de ma vie. Délibérément. En effet, pour cette journée exceptionnelle, nous avons convenu que je me ferais habiller et coiffer par les professionnels du studio de Medialaan. J'emporte donc ma nouvelle garde-robe – féminine – dans une mallette.

Je pars plus tôt que d'habitude. Je dois être à Medialaan à 8 heures, mais à 7h40, je donne ma première interview par téléphone, pour la radio. Je serai à l'antenne avec Sven et Anke, qui animent la matinale de notre station Joe.

J'hésite : soit je me débrouille pour arriver au travail avant l'interview, soit je devrai me garer sur le bas-côté afin de pouvoir téléphoner. Je choisis la deuxième option. Je bifurque vers une aire de stationnement le long de l'autoroute ; il est un peu plus de 7h30. J'attends mon coup de fil. Toujours dans ma tenue masculine...

J'ai les nerfs à vif. Tout me paraît soudain totalement irréel. Je porte encore mes vêtements d'homme dans cette voiture, et pourtant, tout va changer dans quelques minutes. Alors que mes pensées commencent à s'emballer, mon téléphone sonne.

Je prends une profonde inspiration, puis je décroche. À l'autre bout du fil, j'entends le déroulement de l'émission ; je sais que mon tour viendra après la chanson. Je tente de respirer calmement et je parviens à me détendre un peu.

Sven reprend la parole pour annoncer l'interview : « Nous avons déjà souvent eu l'occasion d'avoir Baudouin au téléphone pendant cette matinale. À partir d'aujourd'hui, nous avons une nouvelle collègue. Et nous sommes particulièrement heureux de l'accueillir : félicitations et bonjour, Bo ! »

Sven fait preuve d'un naturel si désarmant que je ne peux que réagir avec enthousiasme. Je crois que j'ai l'air d'une petite fille lors de son premier jour d'école. Je constate que les animateurs éprouvent un profond respect envers ma décision.

« Bo, étais-tu nerveuse ou pas ? » demande Sven après que j'ai eu raconté à quel point toutes les réactions m'ont bouleversée.

« Oui, un peu », dois-je reconnaître.

Je réponds à des questions que j'aurai encore de nombreuses occasions d'entendre, puis nous mettons fin à notre échange.

« Tu viens travailler, aujourd'hui ? » me demande Anke. Je réponds par l'affirmative.

« Dans ce cas, je descendrai tout à l'heure pour embrasser ma nouvelle copine. D'accord ? »

Je ris.

« Bien sûr !

– Bo, aimerais-tu que nous diffusions pour toi la chanson intitulée *Bo*, de Rob de Nijs ? » me demande encore Sven.

Et comment ! Mes amis et ma famille m'appellent déjà Bo depuis trente-cinq ans, et j'ai toujours su que Bo était un prénom de fille, même si je n'en disais rien. La musique commence ; je reste encore un peu sur le parking pour l'écouter. Le premier couplet ne me fait pas le même effet qu'autrefois.

« Bo, ils disent que tu es seule… »

Suis-je seule ? Je me pose la question. Oui et non. Depuis la première vague de réactions, hier soir, les témoignages de sympathie se sont tellement multipliés que je me sens de taille à affronter le monde entier. Mais en même temps, malgré tout, je me sens très seule. Ou plus précisément : livrée à moi-même. Car pour nombreux que soient les soutiens sur lesquels je peux compter, ma femme, mes enfants, mes amis et collègues, je me rends compte que je dois entreprendre ce voyage seule.

Je redémarre le moteur et je poursuis ma route en direction de Medialaan. J'arriverai un peu en avance, mais c'est une bonne chose. Avant même l'interview sur Joe, mon téléphone portable n'a pas arrêté de sonner. Pas moins de trois chaînes radiophoniques de la VRT, la radiotélévision publique, m'ont appelée pour une interview. Ainsi que ma sympathique collègue du journal de la VRT, Pascale. Elle souhaite passer me voir avec une équipe de tournage.

J'en discute avec notre porte-parole, Sara. Au départ, nous n'avions pas l'intention de recevoir d'autres chaînes aujourd'hui, mais l'annonce a provoqué un tel remue-ménage que nous changeons d'avis et décidons de répondre à autant de demandes d'interview que possible. La veille au soir, après ma première déclaration, j'ai vite constaté que la nouvelle était reprise par la presse flamande, mais aussi francophone et néerlandaise, suivie par des médias français et d'autres pays.

Jusqu'à maintenant, je n'ai pas encore eu l'occasion de voir les quotidiens d'aujourd'hui ; sinon, j'aurais été moins surprise de faire l'objet d'une telle attention. Dans deux heures seulement, quand j'entrerai dans la rédaction du journal de VTM en femme pour la première fois, je les verrai étalés sur la grande table, affichant tous une grande photo de moi en homme lors de mon coming out, hier soir pendant le JT. Alors seulement, je prendrai conscience de l'ampleur du battage médiatique.

Un peu avant 8 heures, j'entre dans le parking souterrain avec ma voiture. Il n'y a pas encore grand-monde, je pourrai sans doute rejoindre discrètement le studio de stylisme sans que personne me remarque ; je décide de prendre le risque.

Ma mallette à la main, j'entre dans l'une des loges destinées aux présentateurs. Personne n'a remarqué mon arrivée dans mes vêtements d'homme. Je les retire aujourd'hui pour la toute dernière fois. La scène a quelque chose d'une cérémonie rituelle...

Je m'installe. Je dispose soigneusement les vêtements que je vais porter aujourd'hui, les mêmes que ceux utilisés pour les photos officielles il y a quelques jours. Le pantalon fuseau noir, le pull à rayures bleues et blanches, une veste que j'ai achetée lors de mon tout dernier reportage en homme, à Barcelone. Et aussi le foulard bleu ciel, féminin à souhait, ainsi que les bijoux. Sans oublier ma nouvelle perruque, bien sûr.

Seuls dix mètres séparent ma loge du studio de maquillage. Les couloirs de Medialaan sont encore déserts et silencieux. Personne ne m'a vue. Cédric, le maquilleur, est arrivé pendant que je me changeais.

« Bonjour, Bo.

– Bonjour, Cédric.

– Alors, tu te sens prête ?

– Oui, mais je suis tout de même un peu nerveuse. Enfin, le coup d'envoi a été lancé, avec mon coming out hier soir, pendant le journal de VTM. Et ce matin, j'ai déjà donné une interview à la radio, avec Sven et Anke, sur Joe. »

Cédric est plus qu'un maquilleur professionnel, c'est un véritable artiste. Armé de ses pinceaux et de ses éponges à poudre, il parvient toujours à vous rendre radieuse au-delà de vos souhaits. Karine, la coiffeuse, est là aussi. Elle s'est occupée de ma perruque, qu'elle va de nouveau coiffer avec soin. Pour mon premier jour de travail en femme, je dois être au moins aussi belle que sur les photos de presse que nous avons prises la semaine dernière et qui seront diffusées aujourd'hui.

Je m'installe sur la chaise de maquillage ; presque

aussitôt, la sonnerie de mon téléphone retentit. Il s'agit d'une autre chaîne radiophonique de notre groupe, Q-Music. L'émission est animée par Sam, Heidi et Wim. Sam mène l'entretien.

« Puis-je te demander comment tu te sens, à présent ?

– Bien sûr : j'éprouve un sentiment de bonheur suprême », dis-je en toute franchise. Je prends confiance en moi en prononçant ces mots.

« As-tu déjà bien défini ton nouveau look ? me demande Heidi, car tu vas fatalement en changer au cours des prochains mois, les possibilités sont tellement nombreuses !

– C'est vrai, mais en fait, j'ai déjà un style féminin depuis des années. Parce que cela fait vingt-cinq ans que je sors faire des emplettes en femme. En revanche, j'ai enfin une nouvelle perruque, elle est magnifique. Vous verrez, vous ne serez pas déçus.

– Oh, nous sommes si impatients ! » s'écrie Wim.

Les questions qu'ils me posent sont un peu différentes de celles de Sven et d'Anke, mais pour l'essentiel, c'est la même chose. Et mon message aussi : je suis enfin celle que je veux être, c'est sans doute le plus beau jour de ma vie. En disant cela, je ne veux en aucun cas faire injure aux autres bonheurs que j'ai eu la chance de connaître. Peut-être ai-je cette impression, parce que les autres événements les plus heureux de mon existence – mon mariage avec l'amour de ma vie et la naissance de nos deux enfants – remontent à une période beaucoup plus ancienne, plus profondément enfouie dans ma mémoire… Quoi qu'il en soit, cette journée me laissera elle aussi un souvenir inoubliable.

Alors que je suis au téléphone, Cédric poursuit son travail de maquillage, imperturbable. Dans le miroir, je me vois devenir chaque minute plus féminine, pour ma plus grande joie.

De nouveau, la sonnerie de mon téléphone retentit. Cette fois-ci en vue de ma première interview pour une radio de la VRT, Studio Brussel. L'ambiance y est toujours un peu rock'n'roll, et je me sens de mieux en mieux en ce jour exceptionnel. Cédric continue tranquillement de me maquiller le visage. À peine la conversation est-elle terminée que je suis appelée par une autre radio. Je prends encore de l'assurance, ma voix est pleine d'entrain.

Il est 9 heures, je suis prête. Karine donne encore un peu plus de mouvement à mes mèches blondes. Je me regarde dans le miroir. Voici la femme que je veux être depuis si longtemps. Karine et Cédric m'observent. Je crois qu'eux aussi sont très satisfaits de leur travail.

Derrière nous, l'équipe de tournage de Cathérine est prête. Maarten, l'ingénieur du son, dissimule un micro sous mon pull. Je dois ranger l'émetteur dans la poche arrière de mon pantalon.

Tandis que nous nous affairons dans le garage, je reçois coup de fil sur coup de fil. À peu près toutes les émissions de télévision veulent m'inviter dans leur studio, de préférence dès aujourd'hui. Heureusement, il me suffit de renvoyer tout le monde vers notre service de presse. Je verrai bien tout à l'heure ce qu'ils ont décidé et où je devrai ou non me rendre.

« Prête, Bo ? demande Cathérine.

– Prête. »

Nous ressortons du parking, direction l'autoroute. J'ai prévenu l'équipe qu'il y aurait peut-être des embouteillages, et j'ai proposé d'emprunter les petites routes, mais le chef d'édition veut absolument filmer des images sur la voie rapide. Lorsque nous l'atteignons, nous nous retrouvons aussitôt bloqués dans le trafic. Par bonheur, Cathérine garde son calme et en profite pour me poser des questions.

«Bo, es-tu prête à faire ton entrée dans les bureaux de Medialaan et de la rédaction dans quelques minutes avec ton nouveau look?» Je réponds par l'affirmative.

«Je me sens bien et je pense que mon apparence est à la hauteur.

– Tu es superbe…»

Pendant ce temps, on nous appelle à trois reprises. C'est chaque fois le chef d'édition, qui veut savoir si nous sommes encore loin. En raison des bouchons matinaux, nous arriverons avec près d'une demi-heure de retard à Medialaan; enfin, Cathérine accède au parking, puis nous descendons de voiture.

«Nerveuse? demande-t-elle.

– Un tout petit peu…» J'ai une boule dans la gorge.

Nous traversons le long couloir central de Medialaan.

«Vas-tu réussir à savourer cette journée?» Cathérine me pose les questions avec professionnalisme. Pourtant, la conversation ne me paraît pas froide, mais au contraire intime, parce que Cathérine est mon amie; sa présence à mes côtés me rassure.

«Oui, je crois, dis-je. Il faut que je la savoure, car il n'y aura qu'une seule première fois! Et je n'aurai pas d'autre occasion de faire une bonne première impression. Je dois être resplendissante…»

J'entre dans la rédaction du journal; tout le monde est assis autour de la table de réunion, une situation quelque peu forcée, me semble-t-il. Moi aussi, je me sens crispée.

Je lance un «Salut!» hésitant.

Toutes les têtes se tournent dans ma direction.

« Tu es radieuse ! » s'exclame mon collègue Patrick depuis l'autre bout de la pièce.

« Tu respires le bonheur… » poursuit Nicholas, le rédacteur en chef.

Leurs réflexions m'arrachent un sourire, la tension cède la place au soulagement.

Je prends la parole : « Je tiens à vous remercier. Vous tous qui m'avez soutenue pendant ces mois intenses mais difficiles, et qui avez gardé le secret sur mon projet de transition. Je remercie aussi mes rédacteurs en chef, Kris et Nicholas, ainsi que la direction de Medialaan, qui n'ont pas cessé de croire en moi et m'ont permis de continuer d'exercer mon merveilleux travail de reporter. Du fond du cœur, merci. » Tandis que je prononce ces paroles, ma gorge se serre.

Spontanément, mes collègues se mettent à applaudir. Je sens les larmes me monter aux yeux. Je suis submergée par un trop-plein d'émotions. Peut-être puis-je invoquer l'effet du traitement hormonal à titre d'excuse, mais peut-être est-ce simplement ce que je ressens à cet instant.

Un à un, mes collègues, hommes et femmes, s'approchent de moi pour me prendre dans leurs bras et me féliciter. En tant que femme, j'expérimente ainsi pour la première fois ce que cela fait d'embrasser des hommes qui portent une barbe de trois jours.

Certains veulent aussitôt prendre une photo avec moi, pour la partager sur les réseaux sociaux. Entre-temps, Sven et Anke, à qui j'ai accordé ma première interview ce matin, sont arrivés. Leur émission matinale est terminée. Eux aussi viennent me féliciter et réclament une photo, mais je crois qu'ils étaient surtout curieux de me voir en femme. En effet, pour tout le monde, à l'exception de quelques initiés, la surprise était totale. Mes collègues sont très intrigués par ma nouvelle identité.

« Comment te sens-tu ? »

« Ce n'est pas trop difficile, de marcher sur des talons hauts ? »

« Est-ce que tu ressens déjà les effets des hormones ? »

« As-tu été obligée de te lever plus tôt ce matin pour te préparer ? »

Tout le monde a une question. Et je me réjouis d'avoir l'occasion d'y répondre. Désormais, je n'ai plus rien à cacher, je n'ai plus besoin de faire semblant d'être ce que je ne suis pas.

Je me sens incroyablement bien sous ma nouvelle apparence, j'ai presque l'impression de n'en avoir jamais connu d'autre. Vivre et travailler en femme à partir d'aujourd'hui me paraît la chose la plus naturelle au monde. Enfin, j'ai trouvé ma place.

« Bo, c'est l'heure d'y aller », dit Peter, du service de presse. Il me tire de mon état de griserie : les premières interviews télévisées m'attendent. D'abord, une équipe de tournage du journal de la VRT. Autrement dit, nos concurrents. Mais comme je me réjouis qu'ils soient là, eux aussi !

Je vais être interviewée par Pascale, une journaliste que j'apprécie particulièrement. Dès que nous nous voyons, nous tombons dans les bras l'une de l'autre.

« Je suis contente de te voir. C'est formidable ! », dit Pascale.

Je ne suis absolument pas tendue ni nerveuse pour l'interview. Pascale n'a quasiment pas besoin de me poser de questions. J'ai tellement de choses à dire, de sentiments à exprimer, que les mots sortent tous seuls.

« C'est formidable d'être une femme, dis-je. En fait, c'est

comme si je l'avais toujours été. Je suis moi-même surprise de la vitesse à laquelle je me suis adaptée à ma nouvelle identité. Je crois que je ne pourrai bientôt plus m'imaginer que j'ai été un homme un jour. »

Pendant l'interview, je reçois un appel pour un autre entretien radiophonique. Je lance un regard à Pascale en lui adressant un geste d'excuse.

« Pas de souci, dit-elle. Tu veux bien qu'on te filme pendant la conversation téléphonique ? Cela nous fera des images en plus. »

Je ne trouverai le temps de visionner les différentes interviews télévisées que des semaines plus tard, et comme Nicholas, mon rédacteur en chef, je serai à mon tour frappée par le bonheur qui émane de ma personne, en particulier dans le reportage de Pascale. J'apprécie en outre que mes collègues aient rendu visite à Petra De Sutter pour une interview de fond sur ce que peuvent vivre les personnes transgenres. Petra y exprime l'espoir que, dans un proche avenir, je cesserai d'être vue comme une femme transgenre pour redevenir simplement Bo, la journaliste compétente. De la même façon qu'elle-même est aujourd'hui connue de tous comme spécialiste de la fertilité et femme politique, et non plus comme le professeur de gynécologie qui a un jour décidé de devenir une femme.

Le reportage me touche beaucoup, car on ne la présente pas comme « la professeure Petra De Sutter, spécialiste de la fertilité », mais simplement comme « Petra De Sutter, amie de Bo ».

Après la radio et la télévision flamandes, je suis attendue par quatre journalistes de la presse écrite. Mon collègue Peter m'accompagne.

« À présent, je serai à tes côtés pour jouer le rôle du méchant flic. Je veillerai à ce que les journalistes ne dépassent pas le délai qui leur est imparti, sinon tout notre planning sera bon à jeter aux ordures », m'explique-t-il. J'apprends en effet que d'autres candidats attendent leur tour pour s'entretenir avec moi.

Lors des interviews, je me sens plus à l'aise avec certains journalistes qu'avec d'autres. J'ai pu en choisir certains que je connais et apprécie, ce qui facilite les choses. Quoi qu'il en soit, plusieurs réponses reviennent systématiquement. Sur la façon dont j'en suis arrivée à prendre ma décision. Sur la lutte intérieure, des années durant, entre mon corps d'homme et mes sentiments de femme. Sur le soutien de mon épouse et de mes enfants, de mes collègues et de la direction. Sur mon espoir que toute la Flandre m'acceptera en femme. Sur le rôle que je veux jouer – et que je me sens même forcée d'endosser – dans l'acceptation des personnes transgenres. Je n'hésite pas à employer quelques clichés sur les hommes et les femmes. En tant que journaliste, je connais l'efficacité de ce type d'astuce.

« Les hommes ont un fonctionnement simple, dis-je en plaisantant à demi, vous avez un bouton marche et un bouton arrêt. Chez les femmes, c'est plus complexe : il y a un panneau de commande complet avec différents programmes, comme pour une machine à laver. »

Je sais qu'il s'agit d'un lieu commun, mais sans doute y a-t-il un fond de vérité. Dans le fait d'être une femme, à travers toute sa complexité, avec un large éventail d'émotions et d'humeurs changeantes, se dissimulent une richesse, une diversité que je peux maintenant chérir. Oui, je me réjouis de pouvoir être désormais la femme que j'ai toujours sentie en moi, et pas simplement un homme unidimensionnel, ce que je n'ai jamais été non plus, du reste. Cette idée ne rend sans doute pas justice aux hommes, car je reconnais que la majorité d'entre eux est aussi capable d'éprouver toute une gamme d'émotions. Aussi, je leur présente à tous mes excuses pour avoir manqué de nuance durant mes premières interviews en femme.

Une journaliste ne termine pas l'entretien dans les temps. Peter, le « méchant flic », la rappelle à l'ordre.

« Puis-je vous appeler ce soir, si j'ai encore besoin d'éclaircissements ? » me demande-t-elle. L'interview s'est déroulée dans la bonne humeur, aussi suis-je prête à lui rendre ce service.

« Oui, bien sûr, appelez-moi. » Lorsqu'elle me téléphone, ce soir-là, je lui donne même une information en exclusivité.

« Je ne change pas seulement mon premier prénom, je fais modifier tous les autres. Désormais, je m'appelle Bo Anne Marie Marthe. Bo, c'est évident ; Anne Marie était le prénom de ma mère, et Marthe celui de ma marraine, la sœur aînée de mon père, à qui j'ai toujours voué une profonde admiration. » La journaliste est ravie d'apprendre ce détail supplémentaire. Le lendemain, je ne suis pas déçue : elle a rédigé une belle interview, qui respire la bienveillance.

Après les entretiens pour la presse écrite, on m'informe que deux équipes de télévision, l'une de Belgique francophone et l'autre des Pays-Bas, sont en route. Je suis secrètement heureuse que l'on s'intéresse aussi à mon histoire de l'autre côté de la frontière linguistique, car je crois que le chemin de l'acceptation des transgenres y est encore plus long qu'en Flandre.

Dans l'intervalle, j'apprends que je suis attendue dans

le studio de notre propre journal pour intervenir en direct, contrairement à ce qui avait été convenu la veille. Avec Freek dans le rôle du présentateur, je ne ressens aucun stress. Au fond, l'exercice n'est pas si différent de mes nombreuses interventions au studio du journal en tant que Baudouin, quand je donnais des explications sur toutes sortes d'événements. Comme je l'ai dit auparavant à ma consœur Pascale : « Je suis moi-même surprise par la vitesse à laquelle je me suis adaptée. »

Je n'ai pas le temps de déjeuner convenablement. J'avale un bol de soupe et un sandwich sans véritable plaisir. Puis je me remets au travail.

Quand la télévision néerlandaise en a fini avec moi, il est temps de faire le point sur la journée. Sept interviews à la radio, six à la télévision, quatre pour les journaux. En outre, le service de presse a promis que je participerais à trois talk-shows dans les prochains jours : d'abord, *Van Gils & gasten*, demain sur la chaîne flamande Een. Ensuite, *De Wereld Draait Door* à Amsterdam après-demain avec Matthijs van Nieuwkerk. Ce dernier est sans doute l'animateur de talk-show le plus talentueux de la Flandre et des Pays-Bas réunis, un homme que j'apprécie et admire, et à qui je ne voulais pas dire non. Enfin, en début de semaine prochaine, je me rendrai à Paris pour être l'invitée d'honneur de *Quotidien*, le premier talk-show de France, animé par Yann Barthès. Ce dernier ressemble à Matthijs van Nieuwkerk, en plus dynamique, cependant : il anime son émission avec punch. Une interview avec BBC World est également prévue. Je reste ébahie par la façon dont mon histoire est reprise au-delà de nos frontières, et même jusqu'au Japon, semble-t-il.

Ma première journée en femme à la rédaction s'achève

par une seconde intervention en studio durant notre journal, qui se déroule dans une ambiance simple et bon enfant.

Je rentre à la maison, les larmes aux yeux. Jamais je n'aurais pu imaginer que mon coming out se passerait ainsi, que les autres médias me témoigneraient autant d'intérêt, mais aussi que je ferais l'objet d'un tel soutien et d'un tel respect.

Avec ma famille, nous avions convenu de regarder ensemble le reportage de Cathérine. J'en ai déjà visionné et validé quelques extraits durant la phase de préparation. Je suis donc très curieuse de voir le résultat final.

Quand le documentaire commence, toute notre famille est devant l'écran. Mais je ne suis pas encore prête. Les journalistes de la presse écrite qui m'ont interviewée m'ont envoyé leurs articles par e-mail. Je dois encore les relire et les approuver. Lorsque j'en ai fini, la moitié du reportage de Cathérine est déjà passée. J'ai suivi d'un œil distrait le début, mon arrivée à Medialaan. En outre, je constate que, même quand je peux enfin m'installer devant la télévision, je n'arrive pas à me concentrer sur le documentaire. Ma tête est trop pleine, la journée a été un tel tsunami d'émotions, et tant d'autres vont prendre le relais, que je n'arrive pas à trouver un peu de sérénité.

Cette nuit-là, je ferme à peine l'œil, mais j'ai au moins une satisfaction : ma première journée en femme a été un succès total. Ivre de bonheur, je ne peux que me demander à quoi ressembleront les prochains jours de ma nouvelle vie.

Une intense pression médiatique

J'étale les journaux devant moi, sur la table : ma photo figure partout en une – pour le deuxième jour consécutif. Cette fois-ci, il s'agit de mon cliché de presse officiel, où j'apparais en femme. Dans les quotidiens, je retrouve les interviews que j'ai relues la veille jusque tard dans la soirée. Hier, je suis allée travailler en femme pour la première fois ; j'avais prévu de prendre un jour de congé aujourd'hui, pour me remettre de toutes mes émotions. Mais je n'avais pas anticipé un tel déchaînement médiatique.

Je feuillette les journaux et parcours les articles. À vrai dire, je suis émue. J'entrevois partout un grand respect pour mon choix : chaque journal a fait de ce sujet quelque chose de beau, à sa manière. Cependant, je n'ai pas beaucoup de temps devant moi : je dois me hâter de rejoindre Sara, la porte-parole, et son collègue Peter, afin de discuter de ma soirée. En effet, je serai l'invitée de *Van Gils & gasten*, le talk-show quotidien de la chaîne flamande Een. Je tiens à me préparer avec soin. Je ne veux rien laisser au hasard, aussi ai-je prévu de me faire maquiller par notre équipe pour ce soir. L'événement est important.

Alors que les stylistes s'affairent autour de moi, Peter entre dans le studio : « Mauvaise nouvelle », dit-il. Je suis saisie d'inquiétude. « Un communiqué de presse. »

Je prends le document qu'il me tend : il s'agit d'un communiqué de l'Union des étudiants catholiques flamands, le KVHV, un mouvement étudiant d'extrême droite, catholique et ultraconservateur. Non seulement ils fustigent ma transition d'homme à femme, mais ils déplorent aussi l'agitation médiatique qu'elle suscite, et le fait que tout le monde applaudisse et défende ma décision.

Y compris les partis qu'ils qualifient de «soi-disant chrétiens et conservateurs».

Je secoue la tête, abasourdie. Je poursuis ma lecture:

> Lorsqu'on est en proie à certains sentiments ou qu'on est empêtré dans des problèmes hormonaux, on doit se faire aider par des proches ou des professionnels de santé, et non recevoir les encouragements de la moitié du pays. Votre décision de changer de sexe n'a rien de courageux, au contraire: c'est le comble de l'absurde. On ne témoigne vraiment de caractère et de cran que lorsqu'on est capable de tenir tête à ses fantasmes excentriques.

Le communiqué de presse se termine par la phrase suivante:

> Changer de sexe ne saurait être considéré comme un acte normal et ne le sera jamais.

«Il est possible que le sujet soit abordé ce soir, pendant l'émission, dit Peter, qui a tenu à me prévenir. Tu devrais te préparer à cette éventualité, il faudra peser chacun de tes mots.»

Il a raison. Je vais réfléchir à ma réponse. Mais je crains désormais la confrontation.

En fin de compte, le thème ne sera pas évoqué durant *Van Gils & gasten*. Heureusement.

Pendant la journée, je reçois un e-mail:

> Bonjour Bo, nous aimerions t'avoir au micro pendant un quart d'heure, pour une longue interview radiophonique sur la RTBF. Es-tu d'accord?

Le message provient de Marie-Laure, une ancienne collègue. Nous nous connaissons depuis l'époque où je présentais l'émission francophone sur la branche internationale de l'ancienne radiotélévision flamande, la BRT. En effet, celle-ci produisait alors des programmes en anglais, français, allemand et espagnol, auxquels je participais. C'est là que j'ai commencé ma carrière journalistique, non seulement grâce à mes origines francophones, mais aussi parce que je parlais ces autres langues.

Marie-Laure présente maintenant des émissions sur la radiotélévision publique francophone, la RTBF, et elle souhaite m'interviewer. Puisque les locaux de la RTBF se trouvent dans le même bâtiment que ceux de la VRT, où je dois de toute façon me rendre ce soir, je lui réponds par l'affirmative.

Je suis détendue en me rendant à cet entretien avec Marie-Laure. En la voyant, je comprends que j'ai toutes les raisons de l'être : nos retrouvailles sont chaleureuses. Je crois qu'elle non plus n'aurait jamais imaginé que je ferais un jour ce choix de vie.

« Je vais t'emmener au studio », dit-elle. Je la suis.

Durant notre conversation, elle me pose les questions que je connais à présent par cœur. Depuis quand suis-je en lutte contre moi-même ? Comment ai-je géré la situation pendant tout ce temps ? À quel moment ai-je eu le déclic ?

Je réponds de nouveau, en français, cette fois-ci. Cette expérience me fait prendre conscience que le chemin à parcourir vers la tolérance est plus long au sud de la frontière linguistique qu'en Flandre – mis à part les quelques réactions négatives que j'ai reçues à la suite de ma décision.

« Merci beaucoup », conclut Marie-Laure à la fin de notre entretien. Je lui suis reconnaissante de m'avoir donné l'occasion de m'exprimer et de me témoigner tant de respect. Nous prenons congé en nous donnant une accolade sincère, puis je repars le cœur léger dans la direction opposée à celle du studio de la RTBF, vers celui de la VRT.

Je me réjouis de m'y retrouver, car c'est là que j'ai fait mes premiers pas dans le journalisme. Le bâtiment est encore imprégné de l'atmosphère qui y régnait à l'époque. Une bouffée de nostalgie me submerge ; elle ne se dissipe pas lorsque je me retrouve face à Lieven Van Gils, le présentateur de l'émission du même nom. Il a fait ses débuts à peu près en même temps que moi dans les programmes internationaux. Pendant le talk-show, il n'hésitera d'ailleurs pas à me présenter comme une ancienne collègue. Il m'embrasse affectueusement. Ces retrouvailles sont tout aussi plaisantes et amicales que les précédentes.

« Tu es prête ? » me demande-t-il avant l'émission. L'avertissement de Peter me revient en mémoire, mais je réponds par l'affirmative :

« Oui, ça va aller. »

Lieven me guide à travers le studio et les différentes pièces, où je rencontre la ministre belge de la Santé publique, Maggie De Block, elle-même médecin. Elle interviendra aussi dans l'émission tout à l'heure, nous avons donc toutes les raisons d'entamer la conversation dès maintenant. Nous en arrivons vite au sujet des remboursements des interventions chirurgicales pour les personnes transgenres.

Un thème complexe et sensible, que nous décidons, d'un commun accord avec Lieven Van Gils, Maggie De Block et Peter, mon collègue du service de presse, de ne pas aborder dans l'émission – du moins pas avec moi. En revanche, la ministre se déclare prête à évoquer le sujet en termes généraux au cours du talk-show. Elle soulignera en particulier que la Belgique rembourse déjà de nombreux actes, contrairement à certains pays voisins, et qu'elle-même est disposée à débattre de la prise en charge de frais médicaux supplémentaires.

L'entretien en studio avec Lieven Van Gils se déroule dans la bonne humeur. Je m'y sens comme chez moi, et personne n'évoque le communiqué de presse tant redouté. Je rentre à la maison avec un sentiment de satisfaction. Ainsi s'achève le deuxième jour de mon existence en tant que femme.

J'étais si détendue pendant l'émission que j'en ai oublié de me concentrer sur mon attitude ; c'est du moins ce que je constaterai en visionnant le talk-show par la suite. Mes gestes beaucoup trop amples n'avaient rien de féminin. Il me reste beaucoup à apprendre.

Le monde continue de tourner

Cathérine et moi partons pour Amsterdam. Nous sommes le jeudi 1er février. Nous avons été invitées à participer à un talk-show, et pas des moindres : il s'agit de l'émission quotidienne *De Wereld Draait Door*, « Le monde continue de tourner », de Matthijs van Nieuwkerk.

En ce qui me concerne, en effet, le monde continue de tourner, mais à quel rythme ! J'en ai le vertige. Même si je dois me rendre aux Pays-Bas pour le talk-show et que j'habite à proximité de la frontière néerlandaise, je me rends d'abord à Vilvorde, en banlieue de Bruxelles, pour que l'équipe de Medialaan puisse de nouveau me maquiller et m'habiller.

Nous sommes curieuses et impatientes. Nous ne connaissons ni l'une ni l'autre personnellement Matthijs, et la culture des Pays-Bas diffère tout de même beaucoup de la nôtre, dans la manière d'aborder les sujets, de parler et d'agir. Je me réjouis d'avoir Cathérine à mes côtés, sa présence me rassure.

Du reste, l'accueil de Matthijs me met immédiatement à l'aise : il est aussi aimable en vrai qu'à l'écran. Il ne fait pas de chichis et ne joue pas non plus les vedettes. J'ai devant moi quelqu'un qui souhaite sincèrement partager mon histoire avec ses téléspectateurs. Sa collaboratrice m'a expliqué au préalable qu'il avait regardé avec beaucoup d'attention le reportage de Cathérine sur mon coming out.

En outre, nous avons de la chance : la coprésentatrice de Matthijs n'est autre qu'Evi Hanssen, collègue de Medialaan et figure connue du petit écran, qui poursuit une belle carrière télévisuelle aux Pays-Bas. Voilà qui achève de me détendre. Evi me présente au début de l'émission. Elle commence par des paroles qui me vont droit au cœur : « J'ai pleuré en voyant Bo pour la première fois en femme. J'ai simplement vu une personne radieuse, comblée par sa nouvelle naissance. »

Evi explique à Matthijs et aux téléspectateurs que le public de VTM connaît bien mon visage, puisque j'y travaille depuis des années comme reporter international.

Cathérine et moi prenons place sur le plateau. On me pose de nouveau les questions habituelles, avec ici et là quelques nouveautés.

« Ton épouse était-elle au courant depuis longtemps ? » demande Matthijs. Je savais que cette question risquait d'être soulevée tôt ou tard, et je suis prête à y répondre.

« Depuis plus de trente ans, dis-je, elle l'a su avant notre mariage. »

L'émission s'achève. Je suis satisfaite, et Cathérine aussi, je crois.

« Je ne t'ai pas laissé l'opportunité de dire grand-chose, n'est-ce pas ? » dis-je sur un ton d'excuse.

« Ne t'inquiète pas, c'est ton histoire, pas la mienne. » Elle sourit et me serre doucement la main.

Ensuite, nous échangeons encore quelques mots avec la collaboratrice qui a préparé l'entretien pour Matthijs, et avec qui j'ai été en contact auparavant.

« C'était une très bonne interview, dit-elle après l'émission. Qui sait, peut-être nous reverrons-nous la saison prochaine ! »

Le chauffeur de taxi qui nous a conduites à Amsterdam nous ramène chez nous. Evi Hanssen nous accompagne. Elle doit se rendre à Anvers.

Le trajet se déroule dans la bonne humeur, notre conversation à trois est des plus sympathique. Nous sommes cependant interrompues par l'appel d'une journaliste de *NRC Handelsblad*, un quotidien du soir néerlandais. Elle m'a déjà téléphoné plus tôt dans la journée, afin de me demander une interview pour son journal. Je connais maintenant mes réponses par cœur et je les formule avec de plus en plus d'aisance.

« Vous considérez-vous désormais comme un modèle pour les autres personnes transgenres ? » me demande-t-elle à la fin. J'acquiesce, l'oreille collée au téléphone.

« C'est important pour moi d'endosser ce rôle. J'ai moi-même ressenti le besoin d'avoir des exemples auxquels s'identifier. Toutefois, poursuis-je, j'espère qu'un jour viendra où l'on oubliera que j'ai été un homme. Car j'ai parfois l'impression d'être une bête curieuse et je n'ai pas envie de le rester pour toujours. »

Ma dernière déclaration sera reprise en titre de l'article, le lendemain.

Aussitôt après ce coup de fil, je reçois un message d'Information Transgenre, l'organisation qui apporte aide et soutien aux transgenres et à leur entourage. Au cours des deux journées qui ont suivi mon coming out, ils ont reçu plus d'appels et de demandes qu'ils n'en comptabilisent d'habitude en un mois. Mon histoire semble avoir provoqué un déclic chez de nombreuses personnes.

Je m'empresse de partager sur les réseaux sociaux cette information étonnante à propos de la recrudescence d'appels. Le lendemain matin, j'entends la nouvelle à la radio et, un jour plus tard, une de mes collègues me téléphone dans la matinée à ce sujet.

« Je t'appelle à propos du message que tu as publié sur les réseaux sociaux, dit-elle. Tu as écrit qu'Information Transgenre recevait beaucoup plus de coups de fil que d'habitude. » Je lui confirme que l'augmentation du nombre d'appels est significative.

« Je me demandais si tu connaissais quelqu'un qui aurait décidé de changer de sexe à la suite de ton coming out.

– Non », dis-je.

Toutefois, j'ai envie d'aider ma collègue : « Essaie de joindre Information Transgenre, ils pourront sûrement t'aider. »

Une heure plus tard, ma collègue me rappelle. Elle a la possibilité d'interviewer un jeune homme transgenre, c'est-à-dire né dans un corps de fille. Celui-ci a déclaré aujourd'hui même à ses camarades de classe qu'il vivrait désormais comme un garçon et qu'il prévoyait de subir toutes les opérations dans ce but. Je suis très curieuse de voir le reportage, qui doit être diffusé ce soir, pendant notre journal.

Vers midi, je lis un message de l'émission quotidienne d'actualité *Terzake*, diffusée sur la radiotélévision publique flamande. Elle organise ce soir un débat entre l'étudiant qui se trouve à la tête de la branche gantoise du KVHV et la professeure Petra De Sutter, sous ce titre racoleur : « Changer de sexe, la chose la plus (a)normale du monde ».

Voilà qui ne me dit rien qui vaille. J'appelle Petra séance tenante.

« Je sais », me dit-elle lorsque j'en viens au fait. « Je suis déjà en route pour la VRT, le débat va être enregistré à l'avance.

– Petra, promets-moi de ne pas laisser ce type raconter n'importe quoi !

– Je le connais. Il représente les étudiants au conseil d'administration de l'université, où je siège aussi. »

Sa réponse me rassure.

« Je vais le remettre à sa place, ajoute Petra, tout en restant polie. »

Évidemment, je reconnais bien là son élégance : c'est une dame jusqu'au bout des ongles. Mais peut-on remporter ce genre de débat avec seulement de la politesse ?

« Bonne chance », lui dis-je avant de raccrocher. Le téléphone sur les genoux, je songe que je vais devoir passer toute ma soirée devant la télévision.

Durant notre journal de 19 heures, j'assiste au reportage sur le jeune garçon transgenre de dix-huit ans qui a fait son coming out aujourd'hui. Il s'appelle Mauro et a une sœur jumelle. Celle-ci a une apparence très féminine, avec ses longs cheveux blonds, alors que ceux de Mauro sont tondus très court.

« Je suis un garçon né dans le mauvais corps », explique-t-il à ma collègue et à ses camarades de classe. J'écoute avec intérêt chaque parole qu'il prononce, j'observe chacun de ses gestes. Son histoire me bouleverse. Une larme coule sur ma joue. Peut-être toutes ces émotions sont-elles dues au traitement hormonal, mais quoi qu'il en soit, je trouve l'histoire de Mauro très belle, et je suis ravie que mon coming out puisse aider d'autres personnes.

Une heure plus tard, je zappe sur la chaîne Een pour regarder *Terzake*. J'ai un choc en voyant une photo de moi en homme, projetée en grand format sur le mur du fond. Était-ce vraiment nécessaire ? Autour de la table, de part et d'autre d'Annelies Beck, la présentatrice, sont assis le leader étudiant et Petra De Sutter.

Le jeune homme, vêtu d'un élégant costume cravate, prend la parole en premier. J'attends avec anxiété. Son message est clair et net : « Changer de sexe n'est pas un acte normal et ne le sera jamais. »

Vient-il vraiment de prononcer ces mots ? Mon cœur bat à tout rompre, j'en ai le souffle coupé.

Quand la régie change de point de vue pour montrer l'ensemble du plateau, avec le jeune homme, la présentatrice et Petra autour de la table, je constate qu'une autre image de moi figure désormais en arrière-plan – ma photo de presse officielle en femme. Non seulement elle est projetée sur l'écran du fond, mais elle se reflète aussi sur le sol lisse. Ce détail me met très mal à l'aise.

Petra De Sutter répond aussitôt. Elle non plus ne mâche pas ses mots : « Ce genre d'opinion est due à une incompréhension et à un manque de connaissances. » Elle poursuit sur sa lancée : « D'abord, il ne s'agit pas tant de changer de sexe que d'adapter son corps à ce que l'on ressent. »

Un point pour Petra, me dis-je. Mais le jeune homme entame alors un monologue de plusieurs minutes pour expliquer sur un ton pseudoscientifique à quel point je suis anormale. Je le prends personnellement, car il me cite en exemple de manière explicite. Mon étonnement laisse place à l'ahurissement, l'incrédulité et l'aversion. Je suis à la fois effarée et en colère.

« Que quelqu'un fasse taire ce type, avec ses bêtises ! » dis-je à Marianne, qui est assise à côté de moi.

Le débat dure un peu plus d'un quart d'heure, au cours duquel le jeune homme continue de débiter avec une ignorance crasse les absurdités les plus improbables sur les personnes transgenres.

Rétrospectivement, tout le monde sera d'avis que Petra a remporté le débat de justesse et qu'elle a réussi à remettre l'étudiant à sa place. Les téléspectateurs ont sans doute compris qu'il racontait des balivernes. Du moins, je l'espère.

Ces critiques me touchent plus que je ne veux bien l'admettre. Je ne parviens pas à trouver le sommeil. Mon cerveau est en ébullition.

Demain, samedi, sera mon premier vrai jour de travail. Une journée normale, sans interviews, sans talk-shows, une journée où je pourrai me contenter de présenter l'actualité. Celle que je vais traiter en premier concerne un tweet du président Donald Trump.

Je publie le message suivant sur les réseaux sociaux :

> Retour au travail (et à la normale) à #VTM après cinq journées de folie : un compte rendu sur Trump et le mémo du FBI.

J'ajoute une photo de moi à mon bureau, avec en arrière-plan le logiciel de montage vidéo de mon ordinateur, sur lequel s'affiche une image du président Trump.

Un peu plus tard, je reçois un appel téléphonique d'un numéro inconnu des Pays-Bas.

«Je travaille pour *RTL Boulevard*, puis-je parler à Bo Van Spilbeeck?» demande une voix de femme. *RTL Boulevard* est une émission de variétés néerlandaise qui traite d'actualité dans le style de la presse à sensation. Elle n'est pas diffusée sur le câble en Belgique, je ne la connais donc pas très bien.

«Souhaitez-vous réagir au sujet de la plaisanterie d'hier, dans l'émission *Voetbal Inside*?»

Je n'ai aucune idée de ce dont elle parle. Étant donné que j'ai convenu avec Sara de ne pas donner de nouvelles interviews pour l'instant, et que je ne sais pas ce qu'il s'est passé, je refuse poliment.

«Non, merci, je ne souhaite pas réagir.»

De quoi s'agit-il? *Voetbal Inside* est un talk-show sur le football, diffusé sur RTL. Il se déroule dans un décor représentant un café, avec des invités permanents, les anciens footballeurs Johan Derksen, René van der Gijp et Johan Boskamp. Ils usent intentionnellement d'une sorte d'humour footballistique «de comptoir», et c'est d'ailleurs ce qui fait le succès du programme. Apparemment, la dernière émission m'a prise pour cible.

Avant la page de publicité, René van der Gijp a déclaré qu'il vivrait dorénavant sous le nom féminin de Renate. Après la pause, il est réapparu vêtu d'une robe sac, une perruque blonde sur la tête. Provoquant l'hilarité générale. Évidemment, tout le monde a compris sur-le-champ qu'il se moquait de moi. Je connais Johan Boskamp, il lui arrive d'intervenir sur ma chaîne en tant que spécialiste du football. Il a réagi sobrement:

«On a vraiment parlé de lui dans le monde entier. Ou plutôt d'elle.

– Mais nous n'avons pas à faire comme si c'était normal ! » a lancé Johan Derksen.

La scène de la perruque a aussitôt provoqué l'indignation et la critique chez nos voisins du nord. Les réactions ont fusé sur les réseaux sociaux.

« Qu'est-ce que c'est que cette émission ? » s'est demandé quelqu'un.

« Je dirais plutôt que nous n'avons pas à faire comme si le *comportement de Derksen et Gijp* était normal », a asséné quelqu'un d'autre.

« Je n'arrive même pas à me mettre en colère. J'ai juste pitié de Van der Gijp », a conclu un autre internaute.

Voetbal Inside a déjà fait l'objet de critiques pour des propos jugés racistes, sexistes et homophobes. Cette fois-ci, l'incident provoque une véritable crise, qui secoue les Pays-Bas pendant des semaines. Les organisations de défense des droits des homosexuels et des personnes transgenres demandent aux sponsors de boycotter l'émission. La direction de la chaîne rappelle les animateurs à l'ordre. Le présentateur du talk-show, Wilfred Genee, me téléphone personnellement quelques jours plus tard. Non pas pour s'excuser, mais pour m'inviter à réagir. Je m'en tiens à notre décision de ne pas donner d'interview : je refuse.

Rétrospectivement, je suis contente d'avoir gardé le silence, aussi bien sur le moment que par la suite, car j'ai reçu d'autres appels téléphoniques similaires de la part de divers autres médias néerlandais. Aurais-je dû me mettre en colère ? Non, ça n'en valait pas la peine. L'humour n'est pas toujours subtil ou à mourir de rire, c'est un fait.

Je m'attendais à ce que ce premier « vrai » jour de travail soit un samedi tranquille, mais un peu plus tard, je reçois un nouveau coup de fil. J'hésite à décrocher. Pas encore une demande d'interview, j'espère?

Ma collègue Leen, qui travaille sur la chaîne radiophonique Joe, est à l'autre bout du fil: «Bo, pendant mon émission, j'aimerais évoquer l'ISS, la station spatiale internationale. Je pense que tu es la personne qu'il me faut, non?»

Je respire de nouveau. Pour la première fois depuis près d'une semaine, je suis invitée à parler d'un sujet qui ne concerne pas les personnes transgenres ou la réassignation sexuelle, mais l'un de mes domaines d'expertise: l'espace. Voilà qui me fait un bien fou. Je partage cette information sur les réseaux sociaux, car elle signifie que Bo, la journaliste, commence à prendre le dessus sur Bo, la figure de proue des personnes transgenres. Du moins, je l'espère. Les mois à venir me montreront que c'est encore loin d'être le cas.

Finalement, j'interviens donc comme prévu dans l'émission de Leen, mais à la fin, elle me retient. Nous sommes toujours en direct sur les ondes.

«J'ai une surprise pour toi, Bo», dit-elle.

Je n'ai aucune idée de ce dont elle me parle. S'agit-il d'une bonne surprise?

«J'ai un cadeau pour toi, de la part d'une personne très spéciale», poursuit-elle.

Elle me remet une belle boîte noire décorée d'un nœud jaune et garnie de rouge – les couleurs du drapeau belge. Dans la boîte, je découvre un magnifique foulard du créateur de mode belge Olivier Strelli, accompagné d'une carte du Premier ministre, dont les mots me vont droit au cœur:

> J'admire votre courage et votre persévérance, Bo! À un de ces jours, au gouvernement fédéral! Félicitations.

La carte est signée : Charles Michel.

J'hésite, je ne sais pas trop ce que je suis censée dire à Leen. Apparemment, le Premier ministre a fait déposer le cadeau à la réception. Le personnel a téléphoné à mes collègues du journal, et comme ceux-ci savaient que j'allais parler de l'ISS pendant l'émission de Leen, ils ont proposé de me remettre le paquet en direct à la radio.

Je ne m'attendais vraiment pas à ce que même le Premier ministre s'intéresse à ma transition. J'en suis bien sûr ravie, même si cela me ramène sur-le-champ à mon statut de transgenre et à mon rôle de modèle.

Quotidien

« Je suis désolée, je ne pourrai pas venir. » Je suis au téléphone avec Katrien, mon orthophoniste. Je dois suivre des séances avec elle pour rendre ma voix plus féminine, et nous avions rendez-vous aujourd'hui, mais j'ai un empêchement. Ce soir, le 5 février 2018, je suis invitée au premier talk-show de France, *Quotidien*, présenté par Yann Barthès. L'émission est regardée chaque jour par deux millions de téléspectateurs sur TMC, une grande chaîne de TF1, le leader français, qui d'ailleurs la retransmet souvent.

Cette invitation m'a prise de court. Moi ? Invitée dans une émission en France ? Que mon histoire provoque de l'intérêt aux Pays-Bas, je peux le comprendre. Que les médias de Belgique francophone en parlent aussi m'étonne, mais là encore, je peux le concevoir. Mais que la télévision française veuille aussi me voir et m'entendre, je n'en reviens pas ! Ce soir, j'interviendrai donc en studio, en direct de Paris.

Les producteurs ont commandé mes billets de Thalys pour la capitale française et m'ont réservé un chauffeur qui me conduira de la gare au studio.

Avant d'entamer mon voyage, je fais un détour par Medialaan. Comme chaque jour de la semaine passée, mes collègues me maquillent et me coiffent. Ils continueront d'ailleurs de le faire pendant des mois : je ne sais pas si je pourrai un jour suffisamment remercier tous les collaborateurs de notre studio de stylisme, les habilleuses, coiffeurs et coiffeuses, maquilleurs et maquilleuses, pour ce qu'ils ont fait pour moi. Chaque fois, ils accomplissent des miracles. Après être passée entre leurs mains, je ressemble vraiment à une femme.

Un peu plus tard, en entrant dans la gare, je me sens de taille à affronter la terre entière. Après ma première semaine en femme, j'ai acquis une telle assurance que j'ai parfois l'impression d'être invincible. Cependant, prendre le Thalys représente une aventure en soi. J'ai déjà pris le train dans mon propre pays en tenue de femme, mais jamais un train international. Or, en particulier depuis les attentats terroristes en France et en Belgique, les contrôles de sécurité et d'identité se sont sensiblement renforcés.

Je devrai passer le contrôle et présenter ma carte d'identité, sur laquelle figure encore mon alter ego masculin avec mes anciens prénoms.

Je rassemble mon courage. Au besoin, je peux m'expliquer : en effet, j'ai mon « passeport genre » dans mon sac à main.

Je garde mon « passeport genre » à portée de main en approchant du Thalys, mais on me laisse monter sans aucun problème dans la voiture. La contrôleuse se contente de me saluer normalement : « *Goeie reis*, bon voyage. » Je prends place à bord en toute quiétude.

Au studio de télévision, on m'accueille très chaleureusement. Les gens sont aimables et prévenants, ils me conduisent tout de suite dans ma loge. Ma propre loge ! Rien que pour moi ! J'y trouve une corbeille de fruits, des boissons et surtout un énorme bouquet de fleurs, que je pourrai rapporter chez moi après l'émission. Je reste un moment immobile. J'ai besoin de temps pour m'habituer à un tel traitement de faveur.

Ensuite, je m'installe dans la chaise de maquillage et j'essaie de me détendre. Tandis qu'on retouche mon maquillage, le présentateur, Yann Barthès, entre dans la pièce. Je remarque aussitôt qu'il est plus petit que je ne l'imaginais, mais son charme est tout à fait désarmant.

Yann m'explique d'ores et déjà le déroulement de l'émission. J'apprends que je suis l'invitée principale et que je passerai tout le premier quart d'heure seule sur le plateau avec lui, après un court reportage sur des manifestations en Corse.

La perspective de raconter mon histoire en français ne m'intimide pas. Mon expérience à la télévision me permet de surmonter toutes mes peurs, même lorsque les caméras tournent et que le spectacle bat son plein.

Yann Barthès conduit l'entretien avec allégresse et entrain. Par rapport à mon ancien collègue Lieven Van Gils, Matthijs van Nieuwkerk, de l'émission néerlandaise *De Wereld Draait Door*, est déjà assez survolté, mais ce n'est rien en comparaison avec Yann Barthès – un véritable moulin à paroles. Il évoque le reportage à mon sujet, puis nous entamons une conversation sympathique, qui me permet de dépasser quelques lieux communs. Au milieu de la discussion, un jeune reporter de *Quotidien* nous rejoint sur le plateau.

« Est-ce que vous reconnaissez Paul ? » me demande Yann Barthès.

Je cherche un instant, puis un souvenir me revient en mémoire.

« Oui, j'ai passé toute une journée à attendre avec lui devant la maison d'Emmanuel et Brigitte Macron, au Touquet. La veille de l'élection présidentielle.

– Et toi, Paul, reconnais-tu Bo ?

– Bien sûr, répond-il, nous étions les derniers à monter la garde devant chez eux, et nous avons tous les deux pu interviewer Macron. »

Jamais je n'aurais pensé revoir Paul huit mois plus tard en studio, dans ma nouvelle identité de femme.

Il faut souffrir pour être belle

Trop de poils

Les coureurs cyclistes se rasent les jambes, et des cyclotouristes les imitent. Mais il y a vingt-cinq ans, lors de mes premières sorties en femme, je ne pratiquais pas encore le vélo de course. Aussi, si je voulais porter une jupe ou une robe courte, je devais recourir à une autre astuce pour cacher ma satanée pilosité, car il n'était pas envisageable de me raser ou de m'épiler, à l'époque : faisant beaucoup de sport, j'aurais eu droit à des questions embarrassantes sous la douche.

Un jour, j'ai trouvé la solution dans une revue spécialisée : d'abord, enfiler un collant opaque, qui dissimule les poils. Ensuite, mettre un deuxième collant par-dessus, transparent cette fois, ou une paire de bas, et vous voilà prêt à exhiber vos gambettes. J'ai tenu bon quelques années en appliquant cette méthode. C'est d'ailleurs celle qu'utilisent les drag-queens et les travestis sur scène. Mais ce stratagème ne me convenait pas. J'avais toujours des jambes d'homme, alors que je voulais des jambes de femme. Du reste, les miennes étaient belles et fuselées, on m'adressait souvent des compliments. Il me semblait donc d'autant plus regrettable de ne pas pouvoir les montrer « vraiment », mais d'en être réduit à les dissimuler sous un collant de couleur chair.

Quand j'ai reçu un vélo de course pour mon anniversaire, j'ai sauté sur l'occasion : je ne pouvais tout de même pas porter une tenue de coureur avec des jambes velues ? La situation ne pose pas de problème pour le VTT, mais celle du vélo de course est tout autre, selon moi – un avis d'ailleurs largement partagé. Depuis, je m'épile les jambes. À l'époque, je ne les rasais pas, car les poils auraient été visibles au bout de deux jours à peine, mais je les épilais vraiment, en les arrachant avec la racine. Utiliser de la cire me prenait trop de temps, j'utilisais un petit appareil dépilatoire.

Je devais répéter l'opération toutes les quatre à cinq semaines – une fréquence assez faible, par chance. Au bout d'un certain temps, je ne m'épilais plus seulement les jambes, mais aussi les bras. Je me souviens très bien de la première fois. Le lendemain, je me suis rendu à la fête de l'école des enfants. C'était l'été et il faisait un temps magnifique, un temps à porter un t-shirt. Et moi, je déambulais bras nus, la peau recouverte de petits points rouges. Mais personne ne m'a fait la moindre réflexion : j'ai continué.

Plus tard, le reste de mon corps a suivi : la poitrine, le ventre, les fesses. J'avais les poils en horreur. L'épilation prenait la forme d'un effroyable rituel extrêmement douloureux. La moindre parcelle de ma peau était irritée. Mais au bout d'un moment, la souffrance devenait plus supportable. Je m'y habituais, sans doute. Une séance complète d'épilation durait environ deux heures. Je me tenais toujours face au miroir, afin de pouvoir repérer les poils restants.

Un jour, j'ai décidé de me rendre dans un institut de beauté.

«Épilez-vous les hommes?» ai-je demandé à la gérante.

«Je vais demander à notre esthéticienne si elle n'a pas d'objection. Je suppose que non.»

Le lendemain, j'ai reçu une réponse positive; quelques jours plus tard, j'étais à l'institut, étendu sur une table. L'esthéticienne m'a aussitôt rassuré: «Vous n'êtes pas le seul, vous savez. J'ai d'autres clients masculins.» Elle a travaillé avec professionnalisme et efficacité, mais qu'est-ce que j'ai eu mal!

Cinquante mille poils en moins, mais il en repousse toujours

Quand j'entame ma transition, en 2017, je m'adresse à Katrien Eerdekens, une jeune orthophoniste passionnée qui s'est spécialisée dans la rééducation de la voix des personnes transgenres. Je l'ai rencontrée lors de la Journée des personnes transgenres, et son enthousiasme m'a conquis. Elle travaille à temps partiel pour 2PassClinic, une clinique spécialisée d'Anvers qui propose (presque) tous les traitements et interventions destinés aux personnes transgenres, à l'exception de l'ultime opération de réattribution sexuelle.

Après une séance d'orthophonie avec Katrien, j'évoque le sujet de l'épilation en compagnie d'Elli, la coordinatrice des patients. Elle m'explique qu'il existe diverses possibilités, en particulier la méthode du laser et celle, encore plus efficace, de l'électrolyse.

« Cette technique offre la meilleure garantie que vos poils ne repousseront pas.

– J'aimerais essayer, dis-je.

– Vous avez de la chance, un client vient d'annuler son rendez-vous pour demain, vendredi. Si vous le souhaitez, je vous réserve une séance de huit heures.

– Huit heures ? C'est inutile. Une ou deux heures suffiront, je pense. »

J'ai à l'esprit mes propres séances d'épilation, face au miroir de ma chambre à coucher.

« Je vais quand même vous réserver toute la journée, répond Elli avec conviction.

– D'accord, allons-y pour la journée.

– Je demanderai à Joa de s'occuper de vous. Je suis sûre que vous vous entendrez à merveille.

– Qui est Joa ?

– C'est une jeune esthéticienne qui travaille chez nous depuis six mois seulement, mais vous verrez, elle fait un travail formidable ! Et Joa est transgenre, elle aussi. »

Ne sachant pas ce qui m'attend, je décide de me rendre à la clinique en homme, le lendemain – en homme à l'allure androgyne, mais sans maquillage ni jupe.

Mon esthéticienne m'attend. Elli fait les présentations :

« Bo, voici Joa. Joa, je te présente Bo, journaliste à VTM.

– Bienvenue, Bo », dit Joa d'une voix grave, qui me surprend quelque peu.

Devant moi se tient en effet une jeune femme grande et mince. Elle est habillée avec beaucoup d'élégance et de style et porte ses magnifiques cheveux bruns en une longue queue-de-cheval.

« L'électrolyse est une technique extrêmement douloureuse. C'est pourquoi le docteur va d'abord vous installer une pompe antidouleur. »

Cette perspective m'angoisse.

« Vous pouvez d'ores et déjà retirer votre haut », dit Joa. Un peu plus tard, le médecin entre dans la pièce. Dans une veine de mon bras, il introduit un cathéter qui est relié à une pompe antidouleur permettant d'injecter un analgésique puissant.

« Nous sommes la seule clinique au monde à utiliser une pompe antidouleur pendant l'épilation à l'électrolyse, me dit le docteur avec fierté. Bonne chance. »

Après son départ, Joa m'explique le fonctionnement de la pompe : « Vous pouvez l'actionner vous-même, afin de vous administrer une dose d'analgésique quand vous le jugerez nécessaire. »

Je constate en effet qu'un mince tuyau relie mon bras à un petit appareil de la taille d'un ancien transistor. Au niveau de la machine se trouve une sorte de seringue avec du liquide. L'appareil est aussi relié à un fil, qui se termine par un bouton.

« C'est la télécommande, m'explique Joa. Vous pouvez appuyer dessus toutes les cinq minutes. Inutile d'essayer plus souvent, rien ne sortira. C'est pour votre sécurité. La pompe est contrôlée par ordinateur. »

Je ne suis pas tout à fait rassurée, mais je n'ai plus le choix. Je m'allonge sur la table de soin et je tente de me concentrer sur autre chose. Joa chausse des lunettes à verres grossissants, puis elle se penche sur moi.

« À présent, je vais introduire une aiguille fine le long de chaque poil jusque dans le follicule pileux, puis l'appareil d'électrolyse enverra une impulsion, une petite décharge électrique, grâce à laquelle je détruirai le poil avec sa racine. Je retirerai ensuite le poil avec une pince. Puis je passerai au suivant.

– Aïe ! » dis-je en ressentant la première décharge électrique. En effet, le traitement s'avère plus douloureux que je ne m'y attendais.

« Ça va, c'est supportable ? me demande Joa.

– Pas vraiment, réponds-je avec franchise, mais peut-être vais-je m'habituer. »

Pour oublier un peu la douleur, je commence à parler à la jeune femme. Je suis très curieuse de connaître son histoire, car si j'ai bien compris, elle est née garçon. Rien, absolument rien dans son apparence ne permet de le deviner. Ravissante, elle a l'allure d'un mannequin. Elle est très grande, elle doit mesurer plus d'un mètre quatre-vingt. Je me fais la réflexion qu'elle attirerait tous les regards sur un podium.

Joa vit en femme depuis ses dix-huit ans, c'est-à-dire depuis deux ans déjà. « Mais j'ai toujours eu le sentiment d'être une fille. J'ai toujours été une fille », me raconte-t-elle. Nous découvrons que nous avons exactement trente-neuf ans et un jour de différence : Joa fête son anniversaire le lendemain du mien.

« Quand Elli a prononcé ton nom, il m'a semblé un peu exotique et inconnu, mais tu es d'ici ?

– Oui, je suis d'Anvers. Jusqu'à mes dix-huit ans, on m'appelait Joachim. »

Joa veut savoir pourquoi j'ai décidé de devenir une femme après tant d'années ; je lui explique en détail les raisons de mon choix. Nous nous posons mutuellement des questions pendant toute la journée. Pour moi, c'est aussi une façon de contenir la douleur, car même avec la pompe, la souffrance provoquée par l'électrolyse est abominable. J'ai beau tendre en permanence tous les muscles de mon corps, je ne cesse de me tortiller sur la table.

À 17 heures, après de nombreuses heures d'épilation, Joa est parvenue à détruire près de trois mille poils.

« Tu vois, deux heures n'auraient jamais suffi. Tu auras encore besoin de nombreuses autres séances. En plus, les poils poussent en différentes phases. Il y en a que je ne peux pas voir, et donc pas détruire aujourd'hui. Mais dans cinq ou six semaines, ils apparaîtront à la surface, et il faudra que tu reviennes. »

Après plus de cent trente heures d'épilation et cinquante mille poils détruits, mon corps n'est toujours pas complètement glabre. Mes bras et mes jambes le sont. Néanmoins, en particulier sur mon visage et mon pubis, les poils continuent de repousser avec ténacité, malgré l'électrolyse, malgré les hormones féminines. Mais je garde espoir, car chaque fois, ils repoussent moins nombreux. Et puis chaque séance est l'occasion de retrouvailles chaleureuses avec Joa ; nous sommes entre-temps devenues de véritables amies. « Bonjour, ma chérie », dit-elle toujours en me saluant – même si elle m'appelle aussi parfois sa « maman trans » pour me taquiner.

Quand les poils récalcitrants en auront fini de repousser, elle me manquera, Joa. Mais je crois que ce n'est pas encore pour demain.

Pas assez de cheveux

Alors que mes poils persistent à repousser là où je ne veux pas d'eux, mes cheveux clairsemés restent une source de préoccupation. Avant ma transition, leur implantation sur mon crâne a reculé pendant des années. Les inhibiteurs de la testostérone et les hormones féminines ont certes stoppé leur chute, mais hélas, ils ne repoussent pas pour autant. J'ai suivi un traitement expérimental au laser pendant quelque temps, sans constater de réels résultats. S'il y a une intervention que j'envisage encore, c'est la transplantation capillaire, qui consisterait à greffer sur le devant de ma tête des cheveux qui se trouvent au-dessus de ma nuque. Il paraît que la Turquie héberge les plus grands spécialistes en la matière. Acteurs, chanteurs, et même un célèbre chef cuisinier : tous y sont passés, à leur plus grande satisfaction.

Mais ce sont des hommes. Une transplantation capillaire suffira-t-elle à me doter d'une véritable chevelure féminine ? Hélas, je n'en suis pas certaine.

Tant que mes cheveux ne seront pas plus fournis sur le devant de ma tête, je serai condamnée à porter une perruque. C'est du moins mon opinion, motivée en partie par mon métier : mon apparence doit être irréprochable lorsque j'apparais à l'écran. Au fil des ans, quand je n'étais encore une femme « qu'à temps partiel », j'ai souvent changé de coiffure et de couleur de cheveux, en passant par le brun foncé, le châtain, l'acajou et le blond. J'ai désormais choisi de m'en tenir au blond, car je trouve que cette teinte adoucit mes traits. Une coiffure brune durcit au contraire mon visage.

Depuis mon coming out officiel, je porte une perruque en cheveux naturels. Auparavant, je n'avais que des perruques synthétiques, mais celle que j'utilise désormais a été confectionnée à partir de véritables cheveux humains. Elle coûte beaucoup plus cher, mais cela me donne la possibilité de faire un brushing ou d'utiliser un fer à friser sans risquer de faire fondre les cheveux. En outre, il est possible de les teindre et de les couper facilement. Par souci de commodité, je possède deux perruques identiques. Ainsi, je peux en laver une et la faire sécher pendant que je porte l'autre.

Les comédiennes qui portent une perruque sur scène la fixent en général à l'aide d'épingles à cheveux. C'est une tâche laborieuse, et la perruque n'est pas très confortable à porter de cette façon. En outre, le filet à cheveux destiné à protéger la perruque se retrouve vite troué de toutes parts. J'ai utilisé cette méthode au début, mais j'ai fini par renoncer. Depuis, un coiffeur de VTM m'a fait découvrir des accessoires fort pratiques : de petits clips qui se cousent à l'intérieur de la perruque et vous permettent de la fixer directement à vos cheveux sur votre tête. Ils rendent ainsi les épingles superflues.

Cependant, avant d'apprendre à utiliser ces clips, j'ai vécu l'un des moments les plus embarrassants de toute mon existence…

La peluca! La peluca!

Nous venons de passer un agréable week-end estival avec toute la famille, ma femme, moi-même et nos deux enfants ainsi que leurs partenaires. Nous sommes allés dans le Nord de la France, plus précisément en Picardie et en Champagne, où nous avons visité la superbe cathédrale de Laon, et aussi celle de Reims – peut-être la plus belle de toutes. Sans oublier bien sûr une modeste tournée des maisons de champagne.

Sur le chemin du retour, nous décidons de faire un dernier arrêt à Waterloo, pour gravir la fameuse butte du Lion. En 2015, à l'occasion du bicentenaire de la célèbre bataille du même nom, j'y ai fait durant plusieurs semaines des comptes rendus pour le journal de VTM : au sujet des fouilles sur le champ de bataille pour retrouver des soldats morts au combat, de l'aménagement d'un tout nouveau musée, ou encore des milliers de figurants venus du monde entier, qui se sont prêtés à une reconstitution historique et se sont amusés à revivre la bataille en tant que soldats de Napoléon ou de Wellington et à dormir sous des tentes, comme en 1815. C'est pourquoi je connais sur le bout des doigts ou presque ce champ de bataille, qui a définitivement fait basculer l'histoire de l'Europe.

Après la visite du musée, que je complète en racontant quelques anecdotes, nous entamons l'incontournable montée de la butte du Lion, la colline où culmine le lion en bronze de plusieurs mètres de haut. Tandis que nous gravissons l'escalier raide, un vent fort souffle sur le tertre. J'ai de la peine à repousser les cheveux de ma perruque, qui me balaient le visage. Une fois parvenue au sommet, je commence à débiter mes explications, en véritable guide chevronnée.

« Là-bas, derrière la crête, se trouvaient les troupes de Napoléon, derrière nous celles de Wellington, et c'est là, tout à gauche, qu'est apparu le général prussien Blücher pour infliger la défaite décisive aux Français. »

Toute à mon enthousiasme, je ne m'aperçois pas que le vent est en train de souffler sous mes cheveux. Jusqu'à ce que retentissent le cri de ma fille et l'exclamation d'une femme espagnole.

«Papsie, ta perruque!» Mais il est trop tard… D'un seul coup, ma perruque s'envole vers le bas de la colline, emportée par le vent. Un peu plus loin, j'entends: «*La peluca! La peluca!*» – la perruque!

Et me voilà soudain plantée là, avec mon filet à cheveux en nylon sur le crâne. L'espace d'un instant, je reste interdite: je me sens pitoyable, désespérée, humiliée, je suis prête à éclater en sanglots, je pense en un éclair que j'ai perdu ma perruque pour toujours. Heureusement, pleine de présence d'esprit, Marianne réagit aussitôt: elle défait son foulard, qu'elle tente d'enrouler autour de ma tête, ce qui n'est pas une mince affaire à cause des rafales de vent.

Entre-temps, Michèle s'est élancée dans la pente, talonnée par mon fils et mon futur gendre. Je suis des yeux la progression de ma perruque depuis le sommet, jusqu'à ce qu'elle se pose au beau milieu du talus. Je la distingue à peine, la chevelure blonde se confond presque avec le sol, dans l'herbe sèche. En haut de la colline, le téléphone à la main, ma femme et moi maintenons le contact avec nos enfants, en bas.

Je tente de les guider: «Plus à gauche… Encore un peu…»

Nicolas, quant à lui, parvient finalement à récupérer ma perruque. Je ne sais comment les remercier, lui, ma fille et mon gendre. Ils n'ont pas hésité un seul instant à se lancer à sa recherche et, grâce à eux, je l'ai récupérée. Je les serre fort dans mes bras. À présent, les larmes me montent vraiment aux yeux.

Tandis que nous descendons les marches, toutes sortes

de pensées m'assaillent. Et si la perruque s'était envolée plus loin et qu'on ne l'avait pas retrouvée ? J'en ai une de rechange dans la voiture, mais j'aurais vraiment été peinée. Et si quelqu'un m'avait prise en photo sans ma perruque, et avait partagé l'image sur les réseaux sociaux ? En effet, durant mon petit exposé, un groupe de Flamands se tenaient près de nous. Ils ont forcément assisté à la scène et m'ont sans doute reconnue. Pourtant, par miracle, je ne vois rien paraître sur Internet, les jours suivants.

Quoi qu'il en soit, ce qui me touche le plus dans cette anecdote est la manière dont mes enfants ont réagi. Pour gênant qu'ait été ce moment, je ne l'oublierai jamais.

Du fitness pour ma voix

« Bo, il faut vous exercer davantage. Sinon, vous n'aurez jamais la voix dont vous rêvez. »

Katrien Eerdekens, mon orthophoniste, se montre sévère. À juste titre : ma voix pourrait être beaucoup plus féminine, si j'avais fait de mon mieux dès le début, mais j'ai négligé mes exercices pendant des mois. Parce que je n'étais pas dans de bonnes dispositions. Parce que je m'inquiétais de la lenteur à laquelle cicatrisait mon visage. Parce que j'étais préoccupée par l'attention médiatique permanente qui entourait ma transition. Parce que, parce que… Il y avait toujours une bonne raison. Mais je me rends compte que toutes ces excuses étaient des prétextes. Ma voix représente l'un de mes principaux outils de travail, dans mon métier de journaliste à la télévision. Il faut qu'elle soit belle, agréable à l'oreille. Et surtout, féminine.

« En termes de tonalité, la fréquence d'une voix

masculine se situe autour de 120 hertz, celle d'une voix féminine autour de 220 hertz. Entre les deux se trouve une zone neutre, m'explique l'orthophoniste. Notre objectif est d'atteindre au moins cette zone neutre, voire une fréquence un peu plus élevée. Du reste, certaines femmes ont la voix qui se situe dans cette zone.»

Son exposé me semble logique. Cependant, je me demande si j'y parviendrai un jour.

«Je vais d'abord évaluer quelle fréquence maximale vous êtes capable d'atteindre.» Katrien s'installe derrière son piano électronique et appuie sur une touche.

«Essayez de me suivre. Dites "ou" sur le même ton que le piano.»

Je commence par un son grave. Puis, à chaque nouvelle note que joue l'orthophoniste, ma voix se fait plus aiguë, jusqu'à ce qu'elle finisse par se briser.

«Vous utilisez maintenant votre voix de tête. C'est votre limite supérieure. Vous ne parlerez jamais à cette fréquence dans la vraie vie. Vous utiliserez votre voix de poitrine aiguë. Mais je suis optimiste, car votre tessiture est suffisante pour apprendre à parler comme une femme. Vous atteignez dès à présent facilement 240 hertz, ce qui est supérieur à la moyenne des femmes. Évidemment, ce n'est pas la même chose de dire "ou", et de tenir toute une conversation à cette fréquence aiguë.»

Une femme transgenre n'a guère de choix si elle veut parler avec une voix plus aiguë: il faut s'exercer, s'exercer et encore s'exercer. À moins de subir une opération des cordes vocales, ce que j'ai toujours refusé d'envisager, car les risques sont trop élevés. Si l'intervention ne se déroule pas correctement, vous pouvez vous retrouver pour le restant de vos jours avec une voix monotone ou rauque. Étant donné ma profession, les conséquences seraient dramatiques.

Pour les hommes transgenres, nées femmes, la situation est plus simple. Dès qu'ils commencent à prendre des hormones masculines, leur tessiture baisse. En effet, la testostérone stimule la croissance musculaire, et les cordes vocales sont des muscles. Les hormones les épaississent et les renforcent, ce qui rend la voix plus grave. Je les compare souvent aux cordes les plus épaisses de la guitare ou du violon : ce sont celles qui produisent les sons les plus graves.

Chez les femmes transgenres, les œstrogènes n'ont aucun effet sur les cordes vocales. Celles-ci ne s'amincissent pas – ce qui aurait pour effet de rendre la voix plus aiguë. En revanche, il est possible de travailler sur la caisse de résonance, c'est-à-dire la cavité formée par la gorge et la bouche. Si vous parvenez à réduire sa taille, votre voix deviendra plus aiguë. De la même façon qu'un violon produit des sons plus aigus qu'un violoncelle, parce que sa caisse de résonance est plus petite.

« Vous devrez vous exercer beaucoup pour rétrécir la caisse de résonance de votre voix, m'explique Katrien. Pour cela, vous devez avoir votre larynx en position haute. Et projeter votre voix vers l'avant. Il faut déplacer la résonance de votre cage thoracique vers votre tête. Mais vous n'y arriverez pas tout de suite. Vous devez vous familiariser avec la sensation. En outre, vous devez apprendre à le faire spontanément, sans avoir besoin d'y penser. Un entraînement de plusieurs mois sera nécessaire pour y parvenir. »

Katrien m'enseigne aussi que parler comme une femme doit être appréhendé comme une sorte de concept global. Il ne s'agit pas uniquement d'avoir une voix aiguë.

« Nous n'allons pas travailler que sur la hauteur de votre

voix, mais aussi sur votre intonation et sur la communication non verbale. Une femme module davantage sa voix qu'un homme. En outre, on ne parle pas qu'avec sa voix, mais aussi avec le reste de son corps. Là aussi, il existe des différences entre les femmes et les hommes. Elles parlent davantage avec leurs mains, mais également avec leurs yeux, leur sourire : tous ces détails jouent un rôle. Si vous souhaitez faire une impression féminine convaincante, vous devez aussi vous approprier ces mécanismes. Nous n'allons pas seulement rechercher votre tessiture idéale durant les mois qui viennent, nous allons aussi nous mettre en quête de la femme que vous êtes. Nous allons rechercher comment cette femme s'exprime et bouge. »

Je comprends les explications de Katrien, mais je ne me rends pas compte que je sous-estime grandement la difficulté du parcours qui m'attend.

Avant de commencer mes séances d'orthophonie, je dois d'abord rencontrer un oto-rhino-laryngologiste, qui examinera mon appareil vocal avec minutie.

« Vous avez tout intérêt à prendre rendez-vous le plus vite possible. Le médecin enregistrera une vidéo afin d'évaluer si vous avez la capacité physique de modifier votre voix. En effet, vous devez savoir qu'il s'agit d'un entraînement très lourd pour votre appareil vocal. Vous recevrez ensuite une prescription pour les séances d'orthophonie, que vous pourrez utiliser pour vous faire rembourser. Le médecin de votre mutualité devra encore l'approuver. »

Je dois patienter quelque temps pour obtenir un rendez-vous, mais dans l'intervalle, je me mets d'ores et déjà au travail avec Katrien. C'est un peu comme repartir de zéro et réapprendre à parler : je dois d'abord prononcer des mots courts et simples, ce qui n'a rien de facile, surtout au début.

Je sens que les muscles de mes cordes vocales ne sont pas habitués à ce que je parle aussi haut : l'exercice les fatigue vite. Je force ma voix.

Nous passons des mots aux groupes de mots, pour en arriver finalement à des phrases courtes, puis à des textes plus longs.

Après mon opération de chirurgie faciale, je me sens mal à cause de ma convalescence difficile. À ce moment-là, exercer ma voix ne fait plus partie de mes priorités. Dommage, car ma morosité m'empêche d'avancer.

« Cela n'a rien d'anormal, me rassure Katrien. J'ai déjà observé ce phénomène chez d'autres patients. Notre voix est intimement liée à notre humeur. »

Cependant, je continue de négliger mes exercices par la suite, ce qui me freine dans mes progrès. Je me rends compte que je force souvent ma voix à l'antenne. On me fait des remarques à ce sujet : je suis mortifiée. Un écrivain va jusqu'à comparer ma voix à celle du canard Daffy Duck. Je commence par en rire, mais le trait d'humour est repris un peu partout et continue de se propager dans les médias pendant des semaines, à ma grande consternation.

« Nous allons faire marche arrière et revenir au niveau du mot, me dit Katrien. Nous repartirons de là pour progresser pas à pas. Jusqu'à ce que vous puissiez lire des textes plus longs, et même tenir des conversations. »

Je commence enfin à comprendre l'importance de ma voix pour l'image de femme que je renvoie. Et je m'en veux de ne pas l'avoir saisi plus tôt. Parler avec une voix féminine est bien sûr une question de pratique, mais aussi d'état d'esprit. Il faut être dans de bonnes dispositions pour que cela fonctionne.

Fin 2018, le journal de VTM demande à m'interviewer au sujet de l'année de folie que je viens de vivre. Par hasard, j'ai une séance d'orthophonie ce jour-là ; Katrien me reçoit avec Britt, une stagiaire qui assiste à toutes ses consultations.

« Puis-je vous accompagner tout à l'heure, pendant l'interview ? me demande-t-elle. Je dois rédiger un rapport d'observation, ce serait fantastique de pouvoir être présente pendant l'entretien.

– Pas de souci, venez avec moi », dis-je.

Elle me regarde et m'écoute avec attention pendant qu'on m'interviewe et que l'équipe de tournage filme.

Ensuite, je lui demande : « Pourrai-je lire le compte rendu de votre observation ?

– Je vous l'enverrai par e-mail », me promet-elle.

Lorsque l'interview est diffusée à l'écran, j'écoute ma voix d'une oreille critique. Elle est parfois bonne, mais par moments, je la trouve franchement médiocre. Je repère encore trop de tonalités basses. Katrien m'envoie aussi ses commentaires.

> Bonjour Bo, je viens de regarder l'interview. Globalement, c'est vraiment bon, nous avons des bases solides pour progresser !

Elle n'évoque pas les passages moins réussis. Peut-être pour ne pas me décourager ? Car elle sait que je n'ai pas toujours le moral. Sa réaction positive me réconforte. Entre-temps, le rapport de la stagiaire est arrivé dans ma messagerie.

> J'ai constaté que B. modulait sciemment son timbre de voix. À l'évidence, elle a fait de son mieux pour parler avec une voix aiguë, en soignant son élocution et en articulant clairement.

Cette conclusion me réchauffe aussi le cœur. Cependant, un peu plus loin, le rapport me fait vite redescendre sur terre.

> Elle a aussi essayé de projeter davantage sa voix vers l'avant pendant l'interview. J'ai trouvé que la résonance se faisait encore trop au niveau de la poitrine, les femmes laissent davantage résonner les sons dans le registre de tête.

Britt a raison, hélas. Je dois déployer encore plus d'efforts.

Personne n'aime le rose

Dans le couloir de la maison, une vingtaine de vestons et de vestes pour homme sont suspendus à la rampe de l'escalier. J'en possède toute une série. Je suis frappée par la dominance de teintes sombres. Je repère peu de bleu marine ou de marron foncé, mais de nombreuses nuances de gris, de noir et d'anthracite, avec ici et là quelques rayures ou carreaux pour uniques touches de fantaisie. En revanche, le contraste est criant avec mes innombrables cravates. Enroulées autour des cintres, elles aussi sont accrochées à l'escalier. Je crois qu'il y en a plus de cent. Leurs couleurs vont du rouge vif au jaune en passant par l'orange et le rose, sans oublier toutes les nuances imaginables de bleu, de vert et de violet. Et tout de même, là encore, beaucoup de tons de gris et de noir.

Le salon a été converti en boutique de vêtements. La table à manger et le plan de travail débordent de pulls, et surtout de chemises. Mon Dieu, j'en ai acheté tant au fil des années !

Il y a certes beaucoup de choix, mais aussi une restriction : tous ces articles sont à ma taille. Je m'apprête à les donner à mon frère, mes beaux-frères, mon fils et mon futur gendre. Pour eux, j'ai vidé le contenu de ma penderie. J'ai porté l'ensemble de ces vêtements quand je vivais sous mon identité d'homme : ils représentent une sorte d'inventaire de mon apparence masculine, comme une valise qui aurait éclaté et dont le contenu se serait répandu dans la maison. C'est une garde-robe bien fournie, non sans raison : je dois régulièrement apparaître à l'écran, je ne peux pas porter toujours les mêmes tenues.

Une conclusion me saute aux yeux : mon style masculin était des plus classique. Je privilégiais les polos aux t-shirts. Et les pulls à col en V.

Un peu plus loin, contre la vitre, s'étale toute une rangée de chaussures dont je souhaite aussi me débarrasser. Des mocassins confortables pour les vacances, des bottes robustes, mais surtout des modèles classiques pour la ville. Des chaussures sobres, avec lacets et bouts pointus. Elles sont belles et élégantes, à n'en pas douter ; pourtant, plus le temps passait, plus je souffrais de devoir les chausser. J'avais la sensation de me déguiser.

Ces pulls à col en V comme ces chaussures pour homme me servaient de « costume » quand nous rendions visite à des membres de la famille ou à des amis au style plutôt classique. Ou quand nous allions chez des gens que nous ne connaissions pas très bien et avec qui je ne voulais prendre aucun risque. Je sais que j'avais beaucoup de prestance dans ces vêtements. On me qualifiait souvent de « bel homme », malgré mes cheveux grisonnants. Mais cette image ne me correspondait plus. Je ne me reconnaissais pas dans ce modèle d'homme séduisant que percevaient les autres.

Je n'avais pas besoin de déguisement chez nos amis proches, je ne m'encombrais plus de ce genre de scrupules avec eux depuis longtemps. Ils s'étaient habitués à me voir porter des vêtements androgynes et des bottes très féminines, quoique dotées de talons d'à peine trois centimètres au départ – hauteur qui ne cessait de croître. À la fin, je me déplaçais à huit centimètres du sol. Ce n'étaient pas des talons aiguilles, bien sûr, mais de larges talons robustes, du genre à claquer sur le carrelage, de préférence. Plus ils étaient hauts, plus j'adoptais une démarche féminine, en roulant légèrement les hanches. Au début, j'en éprouvais de la honte, mais par la suite, j'ai porté mes bottes avec fierté, par-dessus mon pantalon – qui était aussi un modèle pour femme, du reste.

Malgré tout, la vue de cette collection de vêtements masculins éveille en moi un brin de nostalgie. Je me rends compte que je ne les porterai plus jamais. Plus maintenant, après mon coming out. Ils formaient une sorte de membrane, qui recouvrait mon corps pour me donner l'apparence que l'on attend d'un homme. Et je me suis débarrassée de cette enveloppe.

Mon frère arrive le premier. Son emploi du temps est très chargé, mais il vient tout de même volontiers jeter un coup d'œil; j'aimerais qu'il porte à l'avenir quelque chose qui m'a appartenu. Les chemises et les polos ne lui vont pas, contrairement aux pulls. Il en choisit plusieurs, mais laisse de côté un somptueux chandail rose vif presque neuf. Pourtant, malgré sa couleur, il s'agit sans conteste d'un modèle masculin. Le rose a toujours posé problème à beaucoup d'hommes, même si les gens n'en font pas toute une histoire en Angleterre, par exemple. Et même si le leader du Giro, le tour d'Italie, porte un maillot rose. Quoi qu'il en soit, ce chandail-ci ne quittera pas ma garde-robe.

Une fois mon frère parti, c'est au tour de mon fils de passer. Il est aussi grand que moi, mais plus mince de plusieurs tailles. Les vêtements sont trop larges pour lui, mais les chaussures lui vont. Il a de petits pieds, tout comme moi. Un détail que j'ai d'ailleurs toujours considéré comme une bénédiction, car on trouve beaucoup de chaussures pour femme dans ma pointure, y compris des modèles très élégants, et même des talons aiguilles d'une hauteur vertigineuse. Je me suis toujours estimée heureuse d'avoir de petits pieds. Mon fils récupère toutes mes chaussures ou presque.

Il travaille dans le secteur financier, où les hommes portent d'ordinaire un costume cravate assorti de chaussures classiques. Aussi fait-il son choix parmi ma collection de cravates, en privilégiant toutefois les couleurs sobres. De nouveau, le rose est laissé de côté.

Mes deux beaux-frères arrivent en même temps. Une de mes belles-sœurs les accompagne afin de les conseiller. À l'évidence, ils ne partagent pas les mêmes goûts. L'un s'intéresse surtout à ma série de polos colorés, mais là encore, sans toucher aux articles rose pâle ou vif. Mes chemises lui vont comme un gant, de même que mes vestons. Amusée, je songe qu'il n'aura pas besoin d'acheter de nouveaux vêtements pendant quelques années.

Mon autre beau-frère est davantage tourné vers la nature, il aime faire de longues promenades avec son chien. Il récupère mes chaussures de marche les plus robustes et mes vestes polaires. Il choisit aussi un imperméable chaud et presque neuf.

Finalement, je ne me déferai pas de toutes mes cravates,

ma collection est trop vaste. Certaines ont même appartenu à mon père, des modèles étroits des années 1960. Il ne les portait plus, et moi, quand j'étais jeune homme, je trouvais ces articles rétro très cool. Ils m'aidaient à affirmer malgré tout mon propre style, d'une certaine façon, comme une sorte d'accessoire qui me permettait de me distinguer.

La dernière personne à me rendre visite est mon gendre. Il est plus grand que moi et sa carrure est plus large, mais l'un de mes imperméables lui va. Tandis qu'il l'essaie dans le hall, je sors mon manteau d'hiver gris de l'armoire. C'est avec lui que j'ai fait mon tout dernier direct en homme à Barcelone, suite au référendum illégal sur l'indépendance de la Catalogne.

« Je ne vais pas me séparer de celui-là », dis-je dans un souffle, pendant que mon gendre se regarde dans le miroir. « Il me rappelle trop d'émotions, je le garde en souvenir des derniers jours de mon existence en homme. »

En prononçant ces mots, je me remémore tout ce qui me traversait la tête à ce moment-là. Ce serait peut-être ma dernière apparition en direct. Tout risquait de s'arrêter – à moins que ce ne fût le début d'une nouvelle histoire.

Je sens une boule se former dans ma gorge.

En même temps, je me dis qu'il serait dommage de laisser traîner ce manteau dans la penderie pendant des lustres. Après tout, que vais-je encore en faire ? Le contempler, l'œil humide, une fois par an ? Ridicule ! Et je ne le porterai plus jamais non plus, j'en suis sûre.

« Essaie-le quand même, tu veux bien », conclus-je. Convaincue, je lui tends le manteau. Il est de la même marque et de la même taille que l'imperméable, il lui ira sans doute tout aussi bien.

« Il te va à la perfection », dis-je avec une certaine fierté.

Toutes sortes de pensées me traversent l'esprit. Non, ce ne serait pas une bonne idée de laisser ce manteau prendre la poussière dans une armoire obscure. Je préfère le voir sur le dos de mon gendre, et qu'il puisse en profiter.

« Il te va comme un gant. Prends-le aussi », dis-je, la gorge nouée. Je suis certaine que ma fille aussi sera émue en voyant son compagnon le porter. Des mois plus tard, j'apprendrai qu'il le met régulièrement.

Hormis les chaussures et quelques cravates, mon fils a aussi récupéré une belle veste en cuir doublée, avec un col en fourrure. Une sorte de modèle pour pilote. Son look est viril, mais je me l'autorisais. D'ailleurs, autrefois, les femmes pilotes d'avion ou d'automobile portaient aussi ce type de vestes en cuir sportives. Mon fils a endossé ma veste préférée par curiosité. Elle était un peu trop grande pour lui, mais avec sa barbe de mauvais garçon, il avait fière allure. Encore plus avec ses lunettes de soleil d'aviateur.

Je me sens à la fois heureuse et fière.

Je suis soulagée de ne pas avoir à tout envoyer aux friperies ou à jeter l'ensemble à la poubelle. Et je me réjouis que les souvenirs de mon passé trouvent une seconde vie, qu'ils puissent accueillir les futurs souvenirs de mes proches. Au fond, ce ne sont que des vêtements, mais ils appartiennent à mon passé et à celui que j'ai été.

Mon sentiment à leur égard est ambigu. Je sais qu'après leur transition, de nombreuses personnes transgenres ne veulent plus voir ni entendre quoi que ce soit en rapport avec leur ancienne vie. Elles détruisent ou effacent leurs vieilles photos et n'aiment pas que les autres leur rappellent leur existence antérieure. Je ne suis pas dans ce cas et tant mieux, car je pourrais difficilement échapper à tant de souvenirs. À la maison, par exemple, nous avons toujours des albums photo d'autrefois. J'ai gardé des images et des films de mon passé sur mon ordinateur. Je ne cherche pas particulièrement à revoir des photos de moi avant mon coming out, mais je ne vais pas pour autant toutes les supprimer ou les jeter. Lorsqu'il m'arrive tout de même d'être confrontée à de vieilles images, je n'ai pas la sensation que ce n'est pas moi. J'ai bien conscience d'avoir été cette personne. Il en va de même pour des photos prises juste après mon coming out, quand je me suis mise à vivre pour de bon en femme. C'est étrange pour moi de me voir ainsi. Mon opération de chirurgie faciale et les hormones ont considérablement modifié mon apparence.

Je ne ressens pas le besoin de nier ou d'oublier mon existence antérieure d'homme, je ne nourris ni haine ni dégoût à cet égard. J'ai d'ailleurs plus de mal à regarder des photos de moi en femme avant ma transition, car ces images ne correspondent plus à ma nouvelle réalité. C'est comme si j'avais tourné une page. Je crois que les clichés du passé ne me rappellent pas tant ma vie d'homme que la lutte que j'ai dû mener durant cette vie. Quand j'observe une de ces photos, je distingue des détails qui vont bien au-delà de ce qu'elles représentent.

Par exemple, sur celles de mon dernier reportage en homme à Barcelone, je bute sur mes cheveux gris, que je trouve beaucoup trop longs. Je les laissais pousser dans l'espoir de pouvoir me passer de perruque une fois ma transition d'homme à femme effectuée. Même si cela signifiait que mes cheveux balayaient sans cesse mon visage et que je devais utiliser de la laque pour mes interventions en direct.

Quoi qu'il en soit, il est clair que je ne peux effacer cinquante-huit ans de ma vie. Car, hormis le malaise que j'ai toujours ressenti vis-à-vis de la personne que j'étais ou que j'étais censé être, je conserve aussi d'innombrables bons souvenirs de mon ancienne existence. Cependant, d'un autre côté, la personne que je suis à présent n'a plus rien de masculin : je suis une femme, et une femme heureuse.

C'est la raison pour laquelle mon ancien vélo prend désormais la poussière dans l'abri de jardin. Quand j'en ai eu besoin, après mon coming out, je me suis aussitôt rendu compte que je ne pouvais plus l'enfourcher, ne serait-ce qu'en raison des vêtements que je portais. Ma belle-sœur ayant acheté un vélo électrique, j'ai « hérité » de son précédent modèle féminin. Et j'en suis ravie. Je peux de nouveau faire du vélo.

Je ressemble à ma mère

Que voudrais-je changer? Je me pose cette question tout en scrutant mon visage dans le miroir. Je suis incapable de répondre. Je n'en sais rien. En ce qui me concerne, ce visage est une page blanche. J'ai peut-être la mâchoire un brin trop carrée pour une femme. Et un nez trop large. Il faudrait sans doute rétrécir mon visage, mais je me demande bien comment. Mes pommettes pourraient saillir davantage. Ce genre de détails me gêne lorsque je m'habille en femme. Auparavant, dans mon existence d'homme, mon visage me convenait très bien.

Dès le début, une opération du visage me paraissait inévitable si je voulais vraiment vivre en femme, ne serait-ce que pour paraître plus féminine. À mes yeux, il s'agit même d'un volet essentiel de ma transition. De nombreux transgenres choisissent de ne pas passer par la case chirurgie faciale, souvent pour des raisons financières. L'opération est considérée comme une intervention d'ordre esthétique, et ne fait donc l'objet d'aucun remboursement. L'aspect financier représente un obstacle pour de nombreuses personnes. Pour moi aussi, même si j'ai bien l'intention de ne pas le laisser m'entraver dans ma progression. J'entame mes recherches avec détermination. Sur Internet, je déniche de nombreuses photographies prises avant et après l'opération ; la différence est remarquable.

Le 8 janvier, je me rends à l'hôpital. Je me demande ce que le chirurgien va me proposer. C'est un homme affable. Il n'opère pas seulement au CHU de Gand, mais aussi dans un hôpital de la côte belge. Pour commencer, je dois subir un scanner de la tête. J'examine le résultat avec le chirurgien sur son écran d'ordinateur. Je vois apparaître mon crâne – une vision plutôt lugubre et dérangeante.

« Nous travaillerons sur l'ossature », m'explique-t-il. Il désigne l'image et poursuit : « Nous allons rétrécir votre menton et adoucir les angles des os de votre mâchoire afin de la rendre plus féminine. De plus, les pommettes sont généralement plus proéminentes chez les femmes, nous devrons aussi les modifier. »

Je scrute l'écran avec fascination. Je comprends ses intentions et j'ai toute confiance en ses capacités, mais ses explications m'angoissent quelque peu.

Je demande : « Quand pourrez-vous m'opérer ?

– J'ai de la place fin avril », répond-il d'un ton calme.

Cette date me paraît réaliste, même si j'aurais préféré que l'intervention se déroule plus tôt – mais je me rends compte que ce ne sera pas possible.

« Ensuite, vous devrez subir un lifting, car vous aurez de la peau en excès, après que nous aurons retiré une partie des os de votre visage. Nous devrons donc la retendre.

– Est-ce vous aussi qui vous en chargerez ?

– Non, le lifting est effectué dans un autre département. Je ne peux pas vous renvoyer tout de suite vers eux. »

Au secrétariat, on fixe la date de mon intervention ; je repars avec un sentiment de satisfaction. Ma première opération est planifiée. Après les hormones, elle constitue la deuxième étape de ma transition.

Le même jour, je participe à une réunion avec mes rédacteurs en chef Kris et Nicholas, ainsi que Cathérine Moerkerke. Voilà des mois que nous évoquons la possibilité qu'elle tourne un reportage à mon sujet. Finalement, nous nous mettons d'accord sur la date du 30 janvier, c'est-à-dire dans trois semaines.

Le programme des jours suivants est très chargé. Nous commençons par filmer au centre commercial de mon lieu de résidence. Nous nous rendons au CHU de Gand, où Cathérine m'interviewe pendant plus de deux heures. Evi, notre chef d'édition, porte un petit écran dans ses mains ainsi qu'un casque, à l'aide desquels elle assure la réalisation en arrière-plan. Le dernier jour de la semaine, nous rendons visite à un deuxième chirurgien esthétique. C'est Katrien, mon orthophoniste, qui m'a suggéré cette idée lorsque je lui ai parlé de ma visite à Gand.

« Vous devriez consulter le docteur Bart van de Ven. Il a une clinique à Anvers, qui est spécialisée dans les interventions pour transgenres. Je collabore aussi avec lui. Qui sait ? Il pourrait avoir autre chose à vous proposer, et le courant passera peut-être mieux. »

Je décide de prendre rendez-vous, juste pour voir. Cathérine et l'équipe de tournage m'accompagnent.

Ce médecin est sympathique, lui aussi, et il parvient à me mettre à l'aise. Son approche me semble moins radicale. Il prend aussitôt des photos, qu'il se met à retoucher sur son ordinateur.

« Voici votre visage de profil et de face. À l'aide d'une simulation, nous pouvons voir à quoi il ressemblera après les interventions. »

Le médecin déplace la flèche sur l'écran, appuie sur quelques touches, et mon visage se modifie devant moi. Mon nez devient plus petit, ainsi que mon menton. Me voir ainsi m'émeut.

« Je vais ressembler à ma mère », dis-je. En réalité, je ressemblerai davantage à ma fille, comme je le constaterai plus tard.

« Nous pouvons planifier la première opération fin mars, conclut-il. La deuxième intervention, le lifting, aura lieu fin mai. »

Je repars avec le sentiment d'avoir frappé à la bonne porte. Même si le médecin de Gand m'a paru tout aussi amical et compétent, les interventions plus radicales qu'il a suggérées m'inquiètent. J'espère obtenir les mêmes résultats avec un peu moins de « casse ». En outre, je peux m'adresser à la même clinique pour l'épilation et l'orthophonie. Dans la voiture, je prends ma décision : ce sera Anvers.

Une fois à la maison, enthousiaste, je montre les photos de la simulation à Marianne.

« Tu vas ressembler à ta mère », me fait-elle remarquer.

Je lui réponds en riant :

« Oui, c'est exactement ce que j'ai dit au docteur ! »

Je lui explique que l'opération aura lieu dès le mois de mars, mais cette nouvelle n'enchante pas Marianne autant que moi. Pour elle, tout se précipite, ma transition se concrétise soudain à vive allure. Elle en souffre, ce que je conçois aisément.

Quelques semaines plus tard, je reçois un appel de la clinique. « Un patient vient de se désister. Son opération était prévue le 22 février. Si vous le souhaitez, vous pouvez prendre sa place. »

Je reste silencieux. J'hésite. C'est à peine trois semaines après la date prévue pour mon coming out. À moi aussi, l'intervention me paraît tout à coup terriblement proche.

« Qu'en pensez-vous, serez-vous prête ? » demande la coordinatrice des patients à l'autre bout du fil. J'ai reconnu la voix d'Elli.

« Eh bien, de toute façon, ma décision est prise, alors le plus tôt sera le mieux, je suppose... »

Selon moi, si l'opération a lieu plus vite que prévu, la deuxième intervention pourra aussi être avancée, de sorte que je serai peut-être sur pied d'ici l'été.

Je réfléchis encore quelques secondes – une éternité, me semble-t-il – avant de confirmer : « C'est d'accord, vous pouvez m'inscrire ! »

Je raccroche, puis je communique la nouvelle à Marianne : « On va m'opérer dans un mois. »

La période de mon coming out est déjà très excitante, mais je ressens une tension tout aussi forte à l'approche de l'intervention. Voilà déjà quelques semaines que je vis en femme, depuis que je me suis dévoilée auprès du grand public. Je m'en réjouis, mais après cette opération, mon sentiment de plénitude sera encore plus complet. Car pour l'instant, je trouve mon apparence encore trop masculine.

Pendant les derniers jours qui précèdent l'intervention, il me reste bon nombre de détails pratiques à régler. Le jour où je dois partir pour la clinique, je n'ai plus qu'à préparer ma valise. Je n'ai pas le temps de laisser libre cours à mes émotions. Une seule pensée m'occupe l'esprit : *allons-y*. Marianne me dépose à la clinique le soir, l'opération étant prévue pour le lendemain matin. En principe, je dois rester hospitalisée deux jours, mais je ne partirai finalement pas avant huit jours, parce que Marianne a la grippe, ce qui m'empêche de rentrer à la maison. Et aussi parce que l'opération s'avérera plus délicate que prévu.

Certaines chambres disposent de leur propre salle de bains, d'autres non. Au deuxième étage se trouve une sorte de maison d'hôtes, qui crée une tout autre atmosphère que dans un hôpital classique. La clinique est petite et son personnel peu nombreux, de sorte qu'on s'y sent vite à l'aise.

J'apprécie particulièrement d'avoir l'occasion de rencontrer d'autres personnes transgenres. Je trouve rassurant de croiser des gens en provenance du monde entier. Des patients viennent de tous les continents pour se faire opérer ici – certains avec la même histoire que la mienne, d'autres ont un passé très différent. Quelques rencontres s'avèrent un peu anxiogènes. Certaines personnes ont le visage complètement enveloppé dans des bandages parce qu'elles viennent d'être opérées. Je ne peux m'empêcher de penser que je leur ressemblerai bientôt, que j'aurai moi aussi le visage gonflé et couvert de bleus, les lèvres enflées, les yeux bouffis. Mais la situation présente aussi des avantages : elle me permet de me familiariser avec ce qui m'attend et de me préparer à affronter mon image. Je vois des transgenres, jeunes et moins jeunes, dans toutes sortes de situations et à différents stades de rétablissement, à la suite de leurs opérations. Ils sont d'ailleurs plus nombreux que tous les transgenres que j'ai pu connaître jusqu'à présent ! Rencontrer les gens en chair et en os ou les voir sur Internet, cela ne revient pas au même. Je trouve réconfortant d'imaginer que ces contacts puissent éveiller une sorte de fraternité, car nous partageons le même sort, pour ainsi dire.

Le lendemain matin, on me réveille très tôt. Je suis la première sur la liste. Je commence par prendre une douche, puis je revêts ma blouse d'opération et ma robe de chambre. « Je suis prête », dis-je. Je me sens heureuse, ravie, et même détendue.

Le chirurgien est présent, accompagné d'une infirmière et de l'anesthésiste. « Vous allez compter à rebours de dix à zéro », me dit ce dernier, une fois les préparatifs terminés. Au bout de quelques secondes, je me sens glisser vers le néant.

Six heures plus tard, je reprends connaissance en salle de réveil, sans me rendre compte du temps qui s'est écoulé. J'ai l'impression que j'étais encore en train de compter l'instant d'avant, et me voilà tout à coup étendue sur ce lit. Je ne ressens pas grand-chose, les analgésiques engourdissent mon corps et mes pensées.

Je jette un premier coup d'œil à mon visage à l'aide d'un miroir de poche. Le résultat n'est pas beau à voir, mais je reste sereine.

J'appelle Marianne. On lui avait demandé de ne pas venir avant 19 heures, mais je suis de retour dans ma chambre plus tôt que prévu.

« Où es-tu ? Tu es en route ? Je suis déjà réveillée.

– Oui, la clinique est presque en vue », me répond-elle.

« Comment vas-tu ? » me demande Marianne en entrant dans la pièce.

« Très bien, en réalité », lui dis-je avec enthousiasme. Je lui explique que je ne ressens aucune douleur ni gêne.

Sa visite ne dure pas longtemps, car il est déjà tard, mais je me sens heureuse en me couchant ce soir-là.

Pourtant, je m'apprête à passer une nuit terrible, comme j'espère ne jamais avoir à en revivre. Je suis assaillie par des crises de panique incessantes. Mes narines sont obstruées par du coton destiné à étancher le sang; chaque fois que je m'assoupis, je me réveille en sursaut avec la sensation angoissante d'étouffer. Inquiète, je finis par chercher la sonnette pour appeler le personnel infirmier, mais je ne la trouve pas tout de suite. Une fois que je suis parvenue à appuyer, Tamara, l'infirmière de nuit, se précipite dans ma chambre. Je ne vois rien, car je porte une sorte de masque pourvu d'une poche de glace, destiné à faire dégonfler mes yeux. Je le retire et j'explique que j'ai l'impression de suffoquer.

« C'est normal, Bo, vous n'êtes pas la seule. De nombreux patients connaissent ce type d'attaques de panique. Laissez-moi regarder. »

Elle inspecte mon nez, puis conclut : « Je crois que ça ne saigne plus, je vais retirer le coton. »

Elle saisit une pincette et joint le geste à la parole.

« Voilà, ma chère, c'est fait. »

Mes narines sont douloureuses, j'ai l'impression que le coton était enfoncé très loin. Mais je sens à nouveau l'air circuler à travers mon nez. Péniblement, car celui-ci est encore très enflé.

« Je vais vous donner des gouttes pour faire dégonfler votre nez. Elles vous aideront à dormir. »

Je parviens à retrouver mon calme. Les crises de panique sont terminées. Je sombre assez vite dans le sommeil.

Je me suis promis de prendre un selfie tous les jours, pour suivre le déroulement de ma convalescence. J'en ai fait un juste après l'opération. Le lendemain, j'en prends un deuxième. Je trouve que mon apparence a empiré depuis hier. Mon visage, mes yeux, mes lèvres : tout semble avoir encore gonflé. Mais je suppose que c'est normal. C'est pourquoi, les premiers jours, je porte autour de la tête un bandage associé à un système de refroidissement, lui-même relié à une machine.

Le deuxième jour, la situation est encore plus catastrophique, si tant est que ce soit possible. C'est le week-end. Michèle vient me rendre visite avec Marianne. « Ton visage est plus enflé que le premier jour », me font-elles remarquer. Je ne sais pas ce que doit penser ma fille en me voyant ainsi, mais elle continue de faire bonne figure. C'est tout Michèle. Elles ne restent pas longtemps, car je m'endors à tout bout de champ. Cet état de somnolence aussi s'est aggravé depuis l'opération. Cependant, à partir du troisième jour, je constate des changements positifs.

Ensuite, la situation continue de s'améliorer un peu chaque jour : je vois la cicatrisation progresser lentement. En attendant, je passe le plus clair de mon temps à me reposer. J'arrive à parler, mais j'ai du mal à manger. Je suis gênée par la présence de nombreux fils, au-dessus et en dessous de la bouche, de sorte que je ne peux avaler que de la soupe ou des yaourts. Par conséquent, en montant sur la balance, je vois mon poids diminuer petit à petit. Je perds ainsi deux kilos en une semaine – ce qui n'est pas pour me déplaire. J'avoue être capable de pousser la coquetterie jusque-là.

Quoi qu'il en soit, l'opération m'a profondément affectée. Physiquement, bien sûr, mais aussi mentalement. En effet, je m'inquiète de ne pas récupérer assez vite. Je remarque que mon œil gauche se ferme mal, il est irrité tous les matins à mon réveil. En outre, le coin gauche de ma bouche persiste à pendre vers le bas. Ces constats alimentent ma principale crainte. Je dois paraître à la télévision, je veux à tout prix garder mon travail. Je fais part de mon inquiétude au chirurgien qui s'empresse de me rassurer, mais l'angoisse me ronge. Plus ma convalescence se prolonge, plus je passe de temps à la maison, et plus mes pensées s'assombrissent. Au bout de quelques semaines, je suis persuadée que je ne retrouverai pas un visage normal et que je ne pourrai plus jamais travailler pour la télévision.

Dans les moments les plus difficiles, je commence même à douter : n'ai-je pas eu tort de me faire opérer ? Je ne parviens plus à relativiser. Je passe la plupart de mes journées seule chez moi, parce que Marianne travaille, et c'est là que des pensées sinistres me submergent.

D'autres patientes que je croise à la clinique m'affirment récupérer mieux et plus vite, et en fin de compte, mon inquiétude s'avère fondée : depuis l'opération, mon nerf facial gauche ne fonctionne plus comme il se doit.

« Vos nerfs sont intacts, m'explique le médecin. En revanche, ils n'ont pas fonctionné normalement pendant une période. Par conséquent, vos muscles se sont amaigris et affaiblis. En particulier, ceux qui contrôlent votre paupière et votre bouche. »

À force de temps et de patience, mes muscles finissent par se rétablir. Ces progrès me permettent peu à peu de retrouver confiance. Je me remets à croire en des jours meilleurs, même si je le dois surtout au soutien de mes proches, qui m'aident à dissiper mes pensées sombres en m'assurant que j'ai bonne mine et que tout ira bien.

En juin, il est temps de retourner au travail. Je suis prête à remettre le pied à l'étrier, j'ai hâte. Les médias se sont tus à mon sujet pendant plusieurs mois, mais je me rends compte qu'il sera difficile de me faufiler en douce devant l'écran, comme si de rien n'était. Je vais devoir m'expliquer. J'envisage de publier un selfie que je prendrais dans mon jardin, ou peut-être dans la lande, pas très loin de la maison.

J'appelle Sara, la porte-parole, pour évoquer cette question avec elle, mais sa réponse est catégorique : « Bo, tu te rends compte qu'un selfie de toi fera la Une des journaux du lendemain ? »

Je tombe des nues. Ma situation intéresse-t-elle encore les gens à ce point ?

Je demande à Sara :

« Tu es sérieuse ?

– Je te le garantis. Tu ferais mieux de prendre la photo à la rédaction. »

Une fois que j'ai pris le selfie de mon premier jour de travail après l'opération, je le partage sur les réseaux sociaux, accompagné d'une courte légende :

Retour au travail @VTM. Je dois encore m'habituer à mon nouveau moi (mes collègues aussi). Je me sens beaucoup plus féminine.

Une demi-heure plus tard, j'ai un premier journaliste au téléphone. Le lendemain matin, mon selfie est dans tous les journaux. Sara avait raison. Une fois de plus.

Un mois plus tard, en juillet, j'apprends que je dois me rendre à Barcelone pour le journal de VTM. La crise catalane a fait l'objet de ma dernière intervention en homme, le 17 janvier à Barcelone. Cathérine Moerkerke m'accompagnait pour son documentaire et m'avait alors interrogée sur ce que je ressentais :

« Aimerais-tu revenir ici pour faire un reportage, en femme ?

– Ce serait fantastique de pouvoir refaire un direct ici dans un proche avenir, quand j'aurai achevé ma transition… avais-je répondu.

– On pourrait parler d'une belle réussite, n'est-ce pas », avait-elle conclu.

J'avais poussé un long soupir, car cette idée me semblait tellement hors d'atteinte, mais aussi parce qu'elle m'avait profondément touchée. « Quel bonheur ce serait… »

Par « un proche avenir », j'entendais un délai d'un an ou deux, peut-être. Mais je découvre que le voyage est prévu le 17 juillet, soit six mois jour pour jour après mon dernier direct en homme, et dans la même ville. Six mois ! J'ai du mal à le croire.

Le 17 juillet 2018 à Barcelone marque une nouvelle date charnière dans ma transition. Et, comme prévu, je suis au comble du bonheur. Parce que ma rédaction m'a offert cette chance. Parce que je l'ai saisie. Parce que je suis de retour à l'écran, en tant que reporter à part entière, et désormais en tant que femme à part entière.

Mon rôle de modèle

On m'érige régulièrement en « modèle », même si je n'utiliserais pas moi-même ce mot pour me qualifier. Durant les premières semaines qui suivent mon coming out, je me retrouve au centre de l'attention. Je suis submergée par des centaines d'e-mails et de messages, adressés par autant d'individus différents. Au début, je n'ai pas le temps de les lire tous. Ils sont trop nombreux. En outre, des articles paraissent presque quotidiennement à mon sujet dans les journaux. Je n'aurai le temps de tout lire à mon rythme que plus tard, en particulier pendant la convalescence qui suivra mon opération de chirurgie faciale, trois semaines après mon coming out.

Parmi ceux qui me contactent, certains me trouvent courageuse ou magnifique, d'autres me souhaitent bonne chance. Je reçois aussi quelques réactions négatives, mais ce sont des exceptions.

Les messages que j'ai du mal à oublier sont les appels au secours : des gens me racontent que leur fils préférerait être une fille, ou vice-versa. Ils me demandent comment réagir, ils sont en quête de conseils. J'entends leur impuissance et leur détresse, mais je ne suis pas thérapeute. Ce n'est pas à moi de leur dire ce qu'ils doivent faire. Cependant, je m'efforce toujours de leur fournir une réponse : « Parlez-en à des spécialistes. »

Et puis, il y a les messages de celles et ceux qui me remercient, parce que mon coming out leur a donné le courage de sortir du placard. Je suis sidérée chaque fois que j'en reçois un. Je me doutais que mon histoire connaîtrait un large retentissement, car je suis une personnalité connue, et que je pourrais servir de modèle à certains, en quelque sorte. Mais je n'aurais jamais imaginé de telles répercussions. Cela me confirme que tout ce que j'ai entrepris depuis mon coming out est utile, que je peux servir de source d'inspiration et conseiller d'autres personnes grâce au choix de vie que j'ai fait.

D'une certaine façon, je me sens en partie responsable vis-à-vis d'elles depuis mon annonce publique. J'ai pris davantage conscience de mon rôle, de ma mission, et même de mon devoir de jouer les modèles, justement en raison de toutes ces réactions positives. Soudain, des acteurs du mouvement LGBT me demandent d'intervenir à toutes sortes d'occasions. Je suis désireuse de m'investir pour la cause des transgenres, mais je ne dois pas oublier de m'occuper de mes proches en premier lieu. Par moments, il m'est difficile de trouver le juste milieu. C'est d'ailleurs un problème que je continuerai à rencontrer dans l'avenir.

Il me faut tenir compte de nombreux facteurs, mais je dois accorder la priorité à ma famille. Cette conclusion me frappe à nouveau quand je découvre le titre d'une longue interview dans le journal : « Ma femme souffre toujours de la situation. » Un autre quotidien reprend l'interview, sous l'intitulé : « Mes enfants m'appellent désormais "papsie". » Dans l'entretien, je lis la phrase suivante : « Je croyais que je ressemblerais à ma mère, mais beaucoup de gens me comparent plutôt à ma fille. » Lors de la parution de ces articles, Michèle me fait remarquer que ces trois citations ne me concernent pas moi, mais notre famille. La question est sensible, ce que je comprends aisément. Je veux raconter mon histoire, mais sans entraîner les autres à ma suite. Je ne connais qu'une poignée de personnes transgenres pour qui tout s'est bien passé. Même chez celles qui semblent tout à fait heureuses, la situation demeure souvent complexe. Nous avons tous nos problèmes, il peut arriver à tout le monde de perdre quelqu'un, il y a toujours une part d'ombre, même là où on ne l'attend pas. Je n'en suis que plus consciente de ma propre chance.

Girl

Il était une fois une jeune danseuse née garçon. À l'École royale de ballet d'Anvers, elle n'avait pas le droit de danser avec les filles, elle était privée de pointes. La directrice d'origine russo-américaine, qui avait suivi une formation classique dans son pays natal, avait décrété qu'un garçon ne pouvait en aucun cas danser comme une fille. Mais Nora n'a jamais eu le sentiment d'être un garçon. Jamais. À onze ans, elle a commencé à prendre des inhibiteurs de la testostérone. À seize ans, elle a entamé une cure d'hormones féminines. Finalement, Nora a changé de stratégie, avec succès : elle a suivi une formation de danse contemporaine en Grande-Bretagne. Elle danse désormais en Allemagne.

Voici en quelques mots l'histoire de Nora, qui a beaucoup marqué Lukas Dhont, un jeune réalisateur de talent. Il en a fait un film : *Girl*.

S'il s'agit indéniablement d'une fiction, elle s'inspire toutefois de cette histoire vraie.

Je ne peux me fier qu'à quelques extraits et à une bande-annonce, mais ce film me paraît si bien fait, si bien raconté, que j'ai vraiment hâte de le voir.

Les quelques passages que je visionne suffisent à me convaincre du talent phénoménal du premier rôle. Le réalisateur, Lukas Dhont, a déniché la perle rare pour endosser le rôle principal de la jeune fille transgenre, Lara : Victor Polster, un jeune danseur de quinze ans qui s'est présenté à l'audition pour un rôle de figurant dans les scènes de danse, et qui n'avait encore jamais joué la comédie auparavant. Il a remporté le prix d'interprétation dans la catégorie « Un certain regard » du Festival de Cannes.

Le film a donc réuni Lukas, Nora et Victor, qui joue le rôle de Lara, c'est-à-dire trois personnes auxquelles je voue une admiration sans borne : Nora pour la façon dont elle a poursuivi et réalisé ses rêves, Lukas pour en avoir fait un film captivant, et Victor pour avoir su donner vie au personnage de Lara d'une manière époustouflante, sans la moindre expérience de comédien. En outre, une anecdote me touche : Katrien, mon orthophoniste, la jeune femme qui tente de m'aider à féminiser ma voix avec un enthousiasme démesuré et surtout une patience infinie, a également coaché Victor. Grâce à elle, le jeune acteur novice a appris à parler avec une voix de jeune fille convaincante.

Aussitôt après la remise du prix à Cannes, j'envoie un message à ce jeune réalisateur formidable : « Bonjour Lukas… »

Mon cahier photo

1967. Un garçon apparemment ordinaire, en train de lire une bande dessinée sur la plage. La même année : première prise de conscience qu'il est bon d'être une fille, lors de la pièce de théâtre de l'école. © AUTRICE

1971. Un adolescent en proie au doute : un jeune garçon est censé être un petit homme, n'est-ce pas ? © AUTRICE

1975. Dans le rôle de l'assistante du magicien, pour un spectacle que nous avions monté avec notre classe et que nous jouions dans les maisons de retraite. Avec la robe de cocktail de ma mère, qu'elle avait raccourcie de vingt-cinq centimètres à ma demande. © AUTRICE

1984. Dirty Ol' Man, The Three Degrees. Spectacle des étudiants de l'université. Je suis au milieu. © AUTRICE

1992. Centre spatial Kennedy, cap Canaveral, Floride. Reportage pour VTM, lors du lancement de la navette spatiale Atlantis, avec à son bord le premier astronaute belge, Dirk Frimout. © AUTRICE

1994. Le génocide au Rwanda. L'un des reportages les plus poignants de ma vie. © AUTRICE

1995. Correspondant de guerre pendant la guerre civile en Bosnie-Herzégovine. © AUTRICE

1996. Le cinquantenaire de la Force Aérienne Belge. Vol à bord de l'avion d'entraînement Alpha Jet. J'utilise ces reportages « musclés » en guise de camouflage. © AUTRICE

2000. Dans le rôle de Patsy, de la série comique britannique *Absolutely Fabulous*, lors d'une soirée à thème. Cependant, je n'ose pas encore vivre en femme comme Patsy et changer de sexe. © AUTRICE

2014. Le vol MH17 de Malaysia Airlines est abattu en Ukraine. Un autre reportage particulièrement émouvant. © VTM NIEUWS/MEDIALAAN

2016. Les reportages « virils » me servent toujours de camouflage. Pourtant, d'habitude, ce sont des femmes qui montent sur l'aile des biplans.
© VTM NIEUWS/MEDIALAAN

2017. Pendant les vacances, je peux être moi-même.
© AUTRICE

2017. Ma décision est prise. Je vais devenir la femme que je suis. J'ai pris mes premiers rendez-vous au CHU de Gand. © AUTRICE

17 janvier 2018. À Barcelone, avec Cathérine Moerkerke. Mon dernier reportage télévisé en homme.

© VTM NIEUWS/MEDIALAAN

29 janvier 2018. 29 janvier. Mon annonce pendant le journal de VTM, en homme : « *Demain, j'irai travailler pour la première fois en femme. En Bo.* »
© VTM NIEUWS/MEDIALAAN

2018. Avec la professeure Petra De Sutter, la femme transgenre qui m'a donné le courage de franchir le pas. © VTM NIEUWS/MEDIALAAN

30 janvier 2018.
Photos de presse officielles de Medialaan. Pour la première fois, je suis Bo.

© THOMAS GEUENS/MEDIALAAN

17 janvier 2018. Barcelone. Ma dernière intervention en direct en homme.

17 juillet 2018. Barcelone. Six mois plus tard, jour pour jour : ma première intervention à l'étranger en femme.

5 juin 2018. Retour à la rédaction du JT de VTM après mes opérations du visage. © THOMAS GEUENS/MEDIALAAN

23 juin 2018. Ascension du mont Ventoux pour Ladies@Ventoux. Avec l'ex-judoka Gella Vandecaveye et Cathérine Moerkerke. © SPORTA

6 octobre 2018. Interview de Nora Monsecour, danseuse et femme transgenre qui a inspiré le personnage de Lara dans le film *Girl.*
© VTM NIEUWS/MEDIALAAN

25 octobre 2018. Entretien en direct dans le studio du journal de VTM : j'explique pourquoi la Belgique a choisi les avions de combat F-35. Avec la présentatrice du JT, Elke Pattyn. © VTM NIEUWS/MEDIALAAN

Il me répond quelques jours plus tard.

> Chère Bo, merci pour votre message amical. Vous êtes pour moi une grande source d'inspiration. Espérons que *Girl* pourra en effet contribuer à la cause, tous les gestes comptent.

Il n'a sans doute pas conscience de ce que sa réponse signifie pour moi. À ce moment-là, je n'ai toujours pas récupéré de mon opération du visage, je n'ai pas encore repris le travail et je me sens très mal dans ma peau. C'est comme si je n'arrivais pas à me remettre à flot. Autant dire que recevoir un message d'un lauréat de Cannes me remonte sérieusement le moral.

J'envoie aussi un e-mail à Nora Monsecour, la jeune femme qui a inspiré le film.

Elle aussi me répond presque aussitôt :

> Merci infiniment, Bo. J'ai vu votre documentaire avec Cathérine. Il m'a ouvert les yeux et m'a fait comprendre que je n'avais aucune raison de me cacher et de garder le secret sur celle que je suis. Ma transition a certes eu lieu il y a longtemps, mais j'ai encore parfois des difficultés à avouer que je suis transgenre. Votre histoire m'a touchée, et je vous en suis reconnaissante. Comme je suis heureuse que vous ayez suivi votre cœur !

Je suis impressionnée par ces mots. Nora, qui a eu le courage et la force de devenir elle-même dès l'âge de onze ans, une jeune fille qui avait une carrière de danseuse en tête et qui a entre-temps réalisé son rêve, me dit, à moi, la « vieille » transgenre de cinquante-neuf ans, que d'une façon ou d'une autre, j'ai aussi joué un rôle dans sa vie. Je prends le temps d'assimiler ce que cela représente. Ces deux messages réconfortants m'aident à retrouver de l'énergie.

Ces individus exceptionnels signifient beaucoup pour moi, mais apparemment, la réciproque est vraie aussi. Je compte aux yeux des autres. C'est un fait que je ne peux plus ignorer et je me dois de l'apprécier.

Dans quelques jours aura lieu la soirée d'ouverture du Festival du film de Gand, avec *Girl* à l'affiche. Voilà près de six mois que je suis tombée sous le charme de ce film belge. Pendant tout ce temps, j'ai gardé le contact tant avec Nora qu'avec Lukas, et je suis allée à une conférence de presse sur le film, laquelle m'a complètement bouleversée.

Lorsque *Girl* a été choisi pour représenter la Belgique aux Oscars, j'ai rencontré Lukas Dhont pour la première fois, et je l'ai interviewé. Notre entrevue s'est avérée si chaleureuse, si sincère, que nous nous sommes embrassés.

J'espérais pouvoir interviewer Nora également, car j'estimais crucial de raconter son vécu à nos téléspectateurs. Son histoire est courageuse et belle, et c'est aussi celle d'une réussite. La société de distribution du film la protège, à juste titre, mais je finis par obtenir le feu vert. L'interview sera diffusée juste avant que le film sorte dans les salles belges.

J'ai rendez-vous avec Nora dans un hôtel chic de Bruxelles, aux jardins magnifiques. Soudain, elle se tient devant moi : une jeune femme élégante, belle et mince, aux longs cheveux blonds. Nous avons déjà échangé par messagerie électronique, mais aussi par téléphone. Il fallait s'entendre sur divers points, notamment parce que son école et sa compagnie de danse voulaient rester discrètes dans le reportage.

Je lui propose de réaliser l'interview tout en nous promenant dans les jardins. Le soleil brille à travers les arbres majestueux, et un cadreur de talent nous accompagne : je sais qu'il filmera de superbes images.

Nora me parle à cœur ouvert durant notre entretien. Elle se livre sur son passé mais évoque surtout le présent : elle est désormais une danseuse contemporaine – et une belle femme.

L'interview est diffusée quelques jours plus tard, avant que j'aie l'occasion de revoir le film *Girl*, lors de sa première belge à Gand. À cette occasion, je découvre des détails qui m'avaient échappé la première fois, de sorte qu'il me bouleverse encore plus.

Par la suite, le film continue de rafler des prix, festival après festival, partout dans le monde. Il est même nominé pour les Golden Globes. Cependant, en Amérique surtout, il fait l'objet de controverses, alimentées par des activistes transgenres. Ceux-ci critiquent le fait que ni le régisseur ni le premier rôle ne soient transgenres. À mes yeux, cette polémique n'a pas lieu d'être ; si l'on suit cette logique, seuls des homosexuels auraient le droit de réaliser des films sur l'homosexualité ou de jouer le rôle d'homosexuels, seuls des musiciens pourraient faire des films sur les musiciens, et ainsi de suite. Le talent d'un réalisateur ou d'une réalisatrice, d'un acteur ou d'une actrice, réside justement dans sa capacité et son habileté à se mettre à la place de quelqu'un d'autre, sans avoir besoin de partager le même destin pour autant. D'autres, notamment aux Pays-Bas, reprochent au film de trop se concentrer sur les aspects physiques. Le personnage principal est obsédé par son corps et par l'insupportable lenteur à laquelle il se féminise. Ici et là retentissent des critiques : « Être transgenre, c'est dans la tête, pas dans le pantalon. » Ou encore : « C'est un portrait de transgenre raté, il aurait mieux valu ne pas tourner ce film. » Je ne partage pas du tout ces points de vue. Du reste, Nora, qui a servi de source d'inspiration à

Girl, confirme qu'elle était obsédée par les changements de son corps durant sa transition, un point que je reconnais et auquel j'adhère sans réserve.

Toute cette polémique ne profitera pas au film, en particulier aux États-Unis. Finalement, *Girl* ne sera pas nominé pour les Oscars, et le film de Lukas Dhont ne remportera pas non plus de Golden Globe.

Cependant, à la fin de l'année, je lis dans divers commentaires, écrits par des journalistes mais aussi par des personnes transgenres, que le film *Girl* et mon coming out ont exercé une influence majeure sur l'acceptation des personnes transgenres.

OUT d'or

Bonjour Madame Van Spilbeeck,
Nous aimerions beaucoup que vous soyez des nôtres lors d'une cérémonie de remise de prix de la visibilité LGBTI qui récompense des personnalités, enquêtes, rédactions pour leurs justes représentations de personnes LGBTI et leur lutte contre les LGBTIphobies. Nous voudrions que vous remettiez un prix journalistique. Ce serait évidemment formidable que vous soyez des nôtres, tant vos mots ont été justes et beaux et ont ainsi contribué, simplement par le seul fait que vous les ayez prononcés, par leur sincérité, à lutter contre la transphobie. La lutte contre les stéréotypes sur la transidentité dans les médias est au cœur de nos actions. Bref, cela a énormément de sens, pour nous, que vous remettiez un prix lors de cette cérémonie !

Amitiés,
Clémence

Début mai 2018, je reçois ce message électronique d'une consœur de la station de radio France Culture, Clémence Allezard. Elle est coprésidente de l'Association française des journalistes LGBTI, autrement dit des lesbiennes, gays, bisexuels, transgenres et intersexués. Une liste exhaustive, qui justifie l'utilisation de ce sigle bien pratique.

J'étais loin d'imaginer que le retentissement de mes témoignages à la télévision et à la radio françaises se prolongerait si longtemps, mais il faut croire que j'ai réussi à apporter ma pierre à l'édifice. J'ai déjà reçu des demandes émanant de la communauté LGBT auparavant, que j'ai poliment refusées, pour la plupart. Mais cette fois-ci, les efforts enthousiastes déployés pour me faire venir à Paris ne me laissent pas insensible. Je ne savais pas que mes consœurs et confrères français disposaient d'une association LGBT dédiée à leur profession, mais l'initiative m'inspire une vive sympathie. Même si je sais que le T de « transgenre » n'a rien à voir avec les autres initiales L, G ou B. Comme je l'ai déjà dit, être transgenre n'est pas une question d'orientation sexuelle, mais correspond plutôt au sentiment de ne pas vivre dans le bon corps.

Je promets à Clémence de lui répondre rapidement et je compulse mon emploi du temps en vue de lui réserver le créneau demandé. La cérémonie aura lieu juste avant mon défi cycliste, l'ascension du mont Ventoux. Peut-être pourrai-je combiner les deux et rejoindre la Provence depuis Paris.

Puisqu'il s'agit d'un événement français, je préviens mon confrère, Christophe Deborsu. Il va réaliser un documentaire sur ma transition pour la chaîne belge francophone RTL TVI. La possibilité de m'accompagner pour me filmer l'enthousiasme d'emblée. Il propose d'en profiter pour tourner quelques images à Paris, cette ville où j'ai passé tant de temps durant ma carrière.

J'informe mes rédacteurs en chef et notre porte-parole au sujet de la cérémonie : ils ne voient aucun inconvénient à ce que je me rende dans la capitale française pour y participer. L'organisation m'explique d'abord que je devrai remettre le prix de l'article paru dans une revue ou un journal étranger – c'est-à-dire non français – qui a le mieux défendu la cause LGBT. Toutefois, quelques jours avant l'événement, j'apprends que je devrai finalement remettre un autre prix, à savoir celui du documentaire ayant le mieux œuvré à la visibilité des LGBT.

Le jour des OUT d'or, je prends le Thalys depuis Bruxelles. Christophe Deborsu et son équipe de RTL m'accompagnent. Ils veulent me filmer le plus possible et commencent dès que nous sommes dans le train.

Ils poursuivent le tournage dans le centre historique de Paris, près de Notre-Dame. Christophe m'interroge sur mon amour pour la France en général, et pour Paris en particulier.

Ensuite, je rentre à mon hôtel, où Christophe passe me chercher un peu plus tard pour m'emmener à la cérémonie.

Celle-ci a lieu à la Maison des métallos, qui abritait autrefois le syndicat français des métallurgistes, et sert aujourd'hui de centre culturel. À peine suis-je arrivée qu'une équipe de l'organisation demande à m'interviewer. Par bonheur, je suis à l'aise devant les caméras.

Entre-temps, Clémence a vu que j'étais là. Elle me présente aux autres membres du bureau de l'association des journalistes LGBTI, tous des individus aussi gentils que charmants. On me guide jusqu'aux loges des artistes, car je dois me faire maquiller avant de monter sur scène.

La maquilleuse est une belle jeune femme transgenre. Christophe lui propose de l'interviewer, mais malheureusement, elle craint d'être reconnue à l'écran. Dommage, mais je la comprends.

Je dois remettre le prix pendant la seconde partie de la cérémonie. Durant la première partie, j'assiste à l'événement depuis le public. Il existe toutes sortes de récompenses. Celle de «personnalité de l'année» est attribuée au premier acteur français transgenre – autrement dit, un homme transgenre. Le prix de la catégorie «sport» est décerné à l'ancienne capitaine de l'équipe de France féminine de football, qui a fait son coming out et révélé son homosexualité.

Après la pause, je reste en coulisses jusqu'à ce que vienne mon tour de monter sur scène. Je dois remettre mon OUT d'or à une jeune Française qui est journaliste pour la radio, Élodie Font. Son prix est lié à la Belgique, d'une certaine façon. Elle-même lesbienne, elle a réalisé une série de podcasts sur les femmes françaises qui doivent se rendre dans des hôpitaux belges pour leur insémination artificielle. En effet, en 2018, en France, la PMA (procréation médicalement assistée) n'est encore accessible qu'aux couples hétérosexuels. Elle devrait être étendue aux couples de femmes en 2019.

Après la cérémonie, je discute encore un peu avec Élodie, puis nous posons ensemble pour la photo. Ce soir, un nouveau monde s'est ouvert à moi. En dépit des différences entre les personnes transgenres comme moi et la communauté gay, qui s'exprime publiquement depuis bien plus longtemps et qui est aussi beaucoup plus vaste, je ressens une véritable solidarité née de notre sort commun. Eux aussi doivent lutter contre les discriminations et pour l'égalité des droits, en France encore plus qu'en Belgique, je m'en rends compte. Ce n'est pas sans raison que la Belgique se classe deuxième au Rainbow Europe Index des pays les plus ouverts aux personnes LGBT. Malte caracole en tête de cette liste.

Je retourne à mon hôtel, très satisfaite. Je suis ravie d'avoir pu me rendre utile à ma façon en France, en remettant ce prix. C'est un petit geste, mais il peut contribuer à une meilleure acceptation de la part du grand public.

Mon Ventoux

« Dis-moi, Bo, tu fais pas mal de vélo, n'est-ce pas ? Tu ne voudrais pas gravir le mont Ventoux en tant que femme avec Cathérine Moerkerke au mois de juin ? » Kris Hoflack, mon rédacteur en chef, m'a posé cette question en décembre 2017, avant même que j'entame pour de bon ma nouvelle vie en femme. Cathérine n'est pas seulement la collègue et amie qui a réalisé le reportage sur mon coming out, elle est aussi ambassadrice de l'événement « Mon Ventoux » – sans le *t* » – et plus précisément de son volet féminin, « Ladies@Ventoux ».

Durant mon existence d'homme, j'ai fait neuf fois l'ascension du mont Chauve à vélo, et j'avais conscience que le refaire une dixième fois sous ma toute nouvelle identité féminine serait un challenge. Ce serait aussi une façon de m'affirmer dans cette nouvelle vie, en plus de l'objectif de l'initiative, qui consiste à encourager les femmes à faire du sport.

« D'accord, Kris, pourquoi pas, mais ce ne sera pas évident, car l'événement aura lieu juste après mes premières opérations… »

Hormis Cathérine, mes rédacteurs en chef Kris et Nicholas devaient eux aussi prendre part à l'événement. En fin de compte, nous étions donc tout un petit groupe de collègues de VTM à nous inscrire, ce qui m'a vraiment donné envie de participer.

Six mois plus tard, après la cérémonie des OUT d'or, je poursuis mon voyage en direction du Géant de Provence. Je n'ai guère eu l'occasion de m'entraîner. Je manque vraiment de pratique, en réalité, mais il m'est déjà arrivé de grimper des cols à la force du caractère.

Le matin de l'ascension, je rencontre ma « coach mentale », l'ex-judoka Gella Vandecaveye. Comme Cathérine, elle est l'une des figures de proue de Ladies@Ventoux, événement pour lequel elle met en œuvre son savoir-faire afin d'encourager les femmes à se dépasser.

« Bo, tu n'as rien à prouver à personne, si ce n'est à toi-même. Si ton corps a besoin de repos, fais une pause. Mange et bois un peu. Et tâche de profiter du paysage. Peu importe combien de temps il te faudra pour atteindre le sommet. Le principal, c'est que tu t'amuses, que tu le fasses pour toi. Ton bonheur n'en sera que plus grand, quand tu arriveras tout en haut. »

Aujourd'hui, deux mille cinq cents cyclistes vont grimper le Ventoux, dont six cents femmes. Les journalistes se massent devant la ligne de départ. Christophe est présent : il va me suivre pendant l'ascension pour son documentaire, et même pédaler avec moi. Au bout d'un kilomètre, je sais déjà que je vais en baver. Je perds vite Cathérine de vue, sa condition physique est bien meilleure que la mienne. Des dizaines d'autres femmes me dépassent à toute allure, elles aussi.

« Vas-y, Bo ! Tu peux y arriver ! Respect ! » me crient certaines d'entre elles. Je ne pédale pas plus vite pour autant, mais leurs encouragements me donnent la force de persévérer. Je suis les conseils de Gella : je m'arrête plusieurs fois pour reprendre haleine, chose que je n'avais encore jamais faite lors de mes précédentes ascensions.

J'avance à une lenteur exaspérante. Ma sueur ruisselle sur le cadre de mon vélo, je peux à peine appuyer sur mes pédales. Je balance la tête d'avant en arrière. Mon moniteur de fréquence cardiaque m'indique que je frôle constamment mes limites. Pourtant, je n'avance pour ainsi dire pas plus vite à vélo que si j'étais à pied. Durant l'ascension, je me demande plus d'une fois ce que je fais là, pourquoi j'ai accepté de relever ce défi. Toutefois, je me rends compte que j'avais besoin d'un challenge sportif après ma transition.

Quelques kilomètres avant l'arrivée, j'aperçois enfin le sommet de la montagne, avec son paysage familier et sa station météorologique qui culmine à 1909 mètres d'altitude, ce qui m'insuffle une nouvelle dose de courage. En haut du sommet, Cathérine m'attend. Tandis que nous nous jetons dans les bras l'une de l'autre, je me mets à pleurer. J'ai vaincu le Géant de Provence. En femme. J'espère que mon exemple pourra inspirer d'autres « nouvelles femmes ». J'ai mis deux fois plus de temps que les autres fois, mais j'ai réussi à atteindre le sommet, au prix de nombreux efforts. Cela en fait-il mon meilleur souvenir d'ascension du mont Ventoux ? En tout cas, c'est certainement le plus inoubliable.

Une récompense pour moi, cette fois

En octobre, j'apprends que je suis nominée pour le prix de la personnalité médiatique LGBT 2018 au Benelux. L'élection est organisée par OUTtv, une chaîne de télévision néerlandaise qui s'adresse spécifiquement aux téléspectateurs gays et transgenres. Pour la première fois, les Pays-Bas et la Belgique peuvent voter pour les mêmes candidats. Nous sommes neuf personnes à être nominées.

Un mois plus tard, j'apprends que j'ai remporté le prix. J'ai terminé à la première place aussi bien en Belgique qu'aux Pays-Bas et j'ai raflé plus de la moitié des voix, c'est-à-dire plus que les huit autres candidats réunis. Ma surprise est énorme ; je suis extrêmement honorée.

Accompagné d'une équipe de tournage, le présentateur d'OUTtv Flandre vient me remettre mon prix à la rédaction de VTM.

Selon les organisateurs, je dois ma victoire à mon « coming out courageux en public, qui a fait de moi la femme transgenre de l'année » : « Rendre normaux des thèmes comme le fait d'être homosexuel ou transgenre, telle est la mission que nous souhaitons accomplir grâce au prix OUT Media Award. Cette année, Bo y a considérablement contribué. Son coming out a été repris par les médias un peu partout dans le monde. Par l'intermédiaire de la chaîne VTM, elle a réussi à briser des tabous au sujet des personnes transgenres. Grâce à sa profession et à sa notoriété, elle joue un rôle essentiel dans l'émancipation des transgenres. En outre, elle est parvenue à préserver le bonheur de la famille qu'elle continue de former avec sa femme et ses enfants, ce qui fait d'elle un modèle encore plus inspirant. »

Cette récompense me permet de comprendre que mon histoire n'a pas été utile qu'à des transgenres, mais aussi à des personnes LGBT, et pas uniquement en Belgique, à l'étranger également.

Du reste, il semble que je ne sois pas la seule à jouer le rôle de modèle : ma chaîne se voit récompensée, elle aussi. À juste titre. Début 2019, Çavaria, l'association flamande qui lutte pour les droits des LGBT, remet au journal de VTM le prix Çavaria Media.

« Le journal de VTM se distingue comme un employeur progressiste, qui offre à ses collaborateurs la possibilité d'être eux-mêmes dans toute leur diversité, affirme le porte-parole de Çavaria. Les personnes transgenres sont souvent confrontées à des discriminations sur leur lieu de travail. VTM nous montre qu'une autre voie est possible. En outre, la chaîne a consacré des émissions à ce sujet. De la sorte, la transition de Bo Van Spilbeeck a pu être abordée dans des milliers de foyers, avec un impact incroyablement positif. »

Je reçois le prix en compagnie de mon rédacteur en chef, Nicholas. Je souligne qu'il s'agit d'abord d'une récompense adressée à mes collègues et à mon entreprise. Nicholas ajoute une remarque pertinente à cet égard :

« En réalité, nous pourrons être vraiment satisfaits le jour où ce type de prix ne sera plus nécessaire, car cela signifiera que tout le monde peut enfin être soi-même. »

Docteur, vous pouvez commencer

Chère Bo…

Je fais le point sur les dernières semaines. Il ne me reste plus que quelques jours à vivre dans mon corps d'homme avant la grande opération. Ces derniers mois ont été mouvementés, tant sur le plan professionnel que personnel. Ma vie privée en particulier s'est grandement enrichie, car en l'espace d'à peine quelques semaines, j'ai rencontré, par hasard ou presque, trois «nouvelles femmes» fascinantes qui, comme moi, sont nées dans un corps d'homme : une femme d'affaires brillante qui parcourt le monde, une commandante de bord qui travaille pour une grande compagnie aérienne, une personne qui a autrefois dirigé une école et qui savoure la joie de pouvoir enfin être elle-même. Je tiens à les citer toutes les trois, car elles ont énormément compté pour moi et pour ma transition.

«*It's a girl.*» Je veux commencer par ces mots le récit de ma rencontre avec Diede, anciennement à la tête d'un établissement scolaire. Ce réjouissant message, qui signifie «c'est une fille», s'étale en grands caractères joyeux sur la carte qui orne le rebord de fenêtre de la chambre d'hôpital. Un plat rempli de dragées a été disposé juste à côté. Mes yeux se posent sur la carte, puis se tournent vers Diede, qui est étendue dans son lit.

«Il s'agit vraiment d'une nouvelle naissance», dit-elle, un grand sourire éclairant son visage. Moi-même, je songe à cet instant depuis des mois.

Diede et moi évoquons le passé, même si nous venons à peine de nous rencontrer. Notre première prise de contact remonte à quelques semaines, lorsque sa compagne m'a écrit sur Messenger:

Chère Bo, je m'appelle Mieke et je vis avec une femme transgenre. Nous ne nous connaissons pas, mais Diede, ma compagne, a dirigé pendant des années l'école du village voisin du vôtre. J'aurais aimé entrer en relation avec votre femme pour échanger avec elle sur nos expériences respectives.

Ce message me met la puce à l'oreille. Diede a travaillé comme directeur d'école avant sa transition. Elle doit donc être en retraite, mais elle vit à présent en femme. Est-il possible que je la connaisse? S'il s'agit de l'école du village voisin, elle ne peut pas m'être inconnue?

Je réponds aussitôt:

Chère Mieke, merci pour votre message, qui a éveillé ma curiosité. Dans quel établissement scolaire votre compagne a-t-elle travaillé?

Conclusion : je la connais bel et bien ! Dans son existence antérieure d'homme, Diede a même dirigé l'école primaire de nos enfants.

Je suis émue par son histoire, que je trouve magnifique. Diede a attendu de partir en retraite, il y a trois ans, pour sortir du placard. Mieke m'envoie la photo d'une affiche où sa compagne pose en compagnie d'autres personnes transgenres. L'affiche a été réalisée dans le cadre d'une exposition de photographies à l'université d'Anvers, où j'ai étudié autrefois. Je constate que le vernissage n'a pas encore eu lieu et décide donc de m'y inscrire. Ce sera l'occasion de faire connaissance avec Diede et Mieke. Je leur envoie un message pour les informer de ma venue, et nous convenons de nous retrouver sur place.

Au vernissage, je rencontre enfin Diede. C'est une belle femme qui assume son âge avec élégance : elle est vêtue de manière sobre et arbore une chaîne et des boucles d'oreille discrètes. Elle ne porte ni robe ni jupe, mais un pantalon, ce qui ne l'empêche pas d'être une dame jusqu'au bout des ongles.

« Diede », dis-je d'une voix enjouée en rejoignant le couple. Je suis contente de m'adresser à elle en utilisant son prénom féminin, sans que cela paraisse étrange, ni pour elle ni pour moi.

Le courant passe immédiatement entre nous ; j'ai l'impression de la connaître depuis des années. Ce qui est vrai, d'une certaine façon, même si à l'époque, nous ne savions pas que nous partagions les mêmes sentiments et le même secret. Comme je travaillais déjà pour la télévision en ce temps-là, l'école m'avait demandé plusieurs fois de collaborer à divers événements et célébrations scolaires.

Tandis que nous discutons, je m'interroge : Mieke

savait-elle qui j'étais en m'envoyant son message ? Était-elle au courant que mes enfants ont fréquenté l'école où Diede a travaillé ? Je décide de lui poser la question, ce qui la fait éclater de rire.

« Quelle coïncidence ! dit-elle. J'ai simplement pris contact avec toi parce que j'avais entendu parler de ton histoire, comme beaucoup d'autres. » Une explication tout aussi logique, du reste.

Le vernissage touche à sa fin. Nous décidons d'aller prendre un verre dans la vieille ville, car nous avons toutes trois le sentiment d'avoir encore beaucoup de choses à nous dire. Nous nous installons dans un café accueillant et calme, où la musique n'est pas trop forte. Le lieu idéal pour bavarder.

Je suis curieuse de connaître l'expérience de Diede. J'aimerais savoir depuis quand elle prend des hormones, par exemple. Et si elle a subi des interventions chirurgicales. Je lui pose toutes mes questions sans retenue, car je sens que je peux me le permettre. Diede me répond avec le même franc-parler.

Elle prend des hormones féminines depuis quelques années et n'a pas encore subi d'intervention, mais son opération de réassignation sexuelle doit avoir lieu dans exactement trois semaines, c'est-à-dire deux semaines avant la mienne ! En outre, elle est suivie par le même chirurgien que moi, le docteur Philippe Houtmeyers, à Saint-Nicolas. Quelle nouvelle enthousiasmante ! Nous poursuivons notre conversation pendant une heure, puis nous nous quittons en nous promettant de garder le contact. Ce que nous faisons. À l'approche de son opération, Diede me fait part de sa joie, mais aussi de ses doutes. Cependant, sa résolution est arrêtée, et elle bénéficie du soutien total de sa compagne. Une pensée que je trouve réconfortante : moi aussi, je me rends compte de tout ce que m'apporte Marianne, de tout ce qu'elle représente pour moi.

Le jour de l'opération de Diede, je reçois des nouvelles de la part de Mieke : « Salut Bo, tout s'est très bien passé. Diede va bien. Diede t'embrasse. »

Son message me remplit de joie. Je promets de rendre visite à Diede à l'hôpital. Quelques jours plus tard, j'apprends qu'on lui a retiré ses bandages. Elle est aux anges. « J'éprouve un sentiment de bonheur si profond, si intense… Je suis enfin complètement moi-même. »

Je suis émue, et même bouleversée.

Diede m'adresse un clin d'œil : « Prends des dragées, sers-toi ! » Elle est dans son lit, un livre sur les genoux. Elle savait que je devais venir et semble vraiment heureuse de me voir. Une joie tout à fait réciproque. Je lis dans ses yeux pétillants l'immense bonheur qu'elle a évoqué plus tôt. Cette femme qui a dépassé la soixantaine vient de perdre dix ans d'un seul coup ! J'ai hâte de savoir comment elle va.

« Tu n'as pas trop mal ?

– Pas du tout.

– C'était douloureux ?

– Non, presque pas. On m'a maintenue sous perfusion d'analgésiques les premiers jours, mais maintenant, je ne sens plus rien. »

Diede parle avec calme, elle respire la quiétude. Une quiétude qu'elle a enfin trouvée grâce à l'opération, me dis-je.

Je bois ses paroles : dans un peu plus d'une semaine, ce sera mon tour. Je suis particulièrement curieuse d'entendre son témoignage sur une expérience bien précise, au sujet de laquelle j'ai entendu les pires histoires.

« Et le dilatateur ? »

Je frissonne en prononçant ce mot, qui m'évoque un instrument de torture. Il a le don de m'angoisser. C'est une crainte partagée par de nombreuses femmes transgenres qui choisissent de subir l'opération. Pour éviter que le vagin nouvellement créé ne se referme ou s'infecte, il faut le maintenir ouvert à intervalles réguliers. C'est dans ce but que l'on utilise le fameux appareil.

Malgré les détails parfois quelque peu effrayants, j'ai devant moi une femme heureuse, détendue et sûre d'elle, qui a atteint son ultime objectif et se trouve au seuil d'une nouvelle vie.

Le lendemain de ma visite, je reçois un nouveau message de Diede :

« Je peux rentrer chez moi ! Un jour plus tôt que prévu ! » La nouvelle achève de me rassurer.

Je chéris cette rencontre presque fortuite avec quelqu'un qui partage le même destin que moi, qui a en partie le même vécu. Nos histoires sont similaires. Nous pourrons sans doute apprendre l'une de l'autre.

J'ai le même sentiment avec Caroline, une femme d'affaires talentueuse qui voyage à travers le monde. Je fais aussi sa connaissance sur Messenger, qu'elle utilise pour me contacter :

> Chère Bo, nous travaillons à peine à deux cents mètres l'une de l'autre. En outre, je suis une bonne amie de Jan, un de vos collègues qui travaille pour la radio. Je vous envoie ce message, parce que j'apprécie beaucoup ce que vous faites pour la communauté transgenre. En général, je ne cherche pas particulièrement à rencontrer d'autres transgenres. J'ai fait ma transition il y a vingt

et un ans ; autant dire que je suis une femme depuis si longtemps que je n'ai plus besoin du préfixe « trans ». J'ai décidé de faire une exception et de vous contacter tout de même. Je voyage à travers toute l'Europe pour le compte de mon entreprise internationale.

Bien sûr, ce message pique ma curiosité. J'interroge le collègue en question au sujet de cette femme. Il m'explique qu'il la connaît depuis vingt ans, mais qu'il n'a rien su de son passé pendant des années. Jusqu'à ce qu'elle le lui raconte autour d'un verre. Il n'en croyait pas ses yeux ni ses oreilles. Lorsque j'ajoute Caroline à ma liste d'amis sur Facebook et que j'examine ses photos avec attention, je découvre qu'elle est exactement le type de femme auquel j'aimerais ressembler. Féminine jusqu'au bout des ongles. Nous nous envoyons d'autres messages et décidons bien vite de nous rencontrer. Nous échangeons nos coordonnées, puis nous nous appelons pour convenir d'un rendez-vous. Lors de notre premier coup de fil, je constate qu'elle a une voix ultra-féminine. En ce qui me concerne, au téléphone, il m'arrive encore que l'on me réponde «Monsieur», aussi suis-je particulièrement sensible à cette question.

Quelques jours plus tard, notre rencontre a enfin lieu : Caroline et moi nous retrouvons pour déjeuner.

De toute évidence, elle a déjà abondamment entendu parler de ma transition grâce aux médias qui s'intéressent à ma situation. Quant à moi, j'ai hâte d'en savoir plus sur son parcours de vie. Elle a entamé sa transition à vingt-cinq ans, d'abord en prenant des hormones pendant quelques années, puis en subissant une opération de réattribution sexuelle à vingt-neuf ans. C'était il y a vingt et un ans. Je tente de déceler une trace, un indice de son passé masculin sur son visage, mais sans succès : je ne vois qu'une belle femme.

« Regarde », me dit-elle en me montrant une photo d'elle en homme. Un garçon superbe, qui aurait sans doute pu séduire n'importe quelle fille. Et pourtant, il ne rêvait que de devenir lui-même une fille. C'est une situation que je connais par cœur, mais un choix incompréhensible aux yeux de bon nombre d'hommes, et aussi de femmes. Combien de fois n'ai-je pas entendu cette remarque depuis ma transition : « Tu étais pourtant un bel homme » ?

Les loisirs de Caroline me paraissent à la fois étonnants et ô combien reconnaissables, eux aussi.

« J'aimais les activités plutôt masculines », dit Caroline en riant, presque sur un ton d'excuse. Elle a fait du motocross, autrefois. Aujourd'hui encore, elle est l'heureuse propriétaire d'une moto de collection et d'un kart qu'elle conduit souvent.

« En fait, je suis restée extrêmement sportive, ajoute-t-elle. Je pratique surtout la course à pied. Des semi-marathons, par exemple.

– Oh ! » dis-je, ébahie par tous ces points communs qui nous rapprochent.

« Pendant trente ans, aux yeux de mes collègues et amis, j'étais quelqu'un qui s'intéressait aux voitures de sport et de collection, aux avions, quelqu'un qui rêvait de monter sur un biplan et qui faisait beaucoup de vélo et de course à pied », lui dis-je à mon tour.

Je ne sais pas si l'on peut y voir un début d'explication, mais selon moi, de nombreuses personnes transgenres adoptent une sorte de comportement de camouflage ou de compensation et s'orientent de préférence vers des métiers, des passe-temps et des sports dits masculins, pour éviter à tout prix de trahir leur personnalité profonde. C'est une conduite que Caroline a mise en pratique, tout comme moi. Diede n'est pas en reste : elle m'a raconté il y a peu qu'elle voulait autrefois devenir pilote dans l'armée de l'air.

Et puis il y a Saskia, qui est vraiment pilote. Pas seulement pour le plaisir, même si le week-end elle s'adonne à la voltige aérienne avec de petits avions. Non, elle est commandante de bord, elle pilote de gros Boeing sur des vols intercontinentaux. Auparavant, durant son existence d'homme, elle a volé pour différentes compagnies, mais l'été dernier, elle est sortie du placard et s'est mise à vivre en femme. Une décision que la compagnie aérienne qui l'emploie a accueillie sans broncher ! Les coming out devraient toujours se dérouler ainsi.

Sur Facebook, j'ai remarqué un jour son profil sur un forum pour transgenres dont je suis membre. Sa photo représentait un dessin de femme pilote, et elle publiait régulièrement des photos aériennes. Son profil m'intriguait, car je suis très intéressée par tout ce qui touche au domaine de l'aviation, moi aussi. C'est pourquoi j'ai pris l'initiative de lui envoyer un message.

D'après votre profil Facebook, j'ai l'impression que vous êtes pilote. Est-ce correct ?

Sa réponse ne s'est pas fait attendre :

Chère Bo, vous avez bien deviné !

Ces quelques mots étaient suivis d'un smiley. Les jours suivants, nous échangeons au sujet de nos vies et de nos décisions respectives. Nous sommes toutes deux très curieuses de nous rencontrer en chair et en os. Nous voulons fixer une date, mais nos emplois du temps professionnels bien remplis nous en empêchent dans l'immédiat.

Jusqu'à ce que je reçoive un bref message :

Bonjour, Bo ! Mon vol a été annulé, alors si tu as un peu de temps libre, nous pourrions peut-être déjeuner ensemble demain midi ?

Je lui réponds aussitôt :

Ce sera avec plaisir !

Le lendemain, nous faisons connaissance. Saskia est une femme élégante et pleine d'assurance. Nous nous faisons la bise.

« En réalité, je ne vis en permanence en femme que depuis quelques mois », me révèle-t-elle assez vite. J'en reste muette de surprise. Rien dans son apparence ne permet de deviner qu'elle a été un homme, encore moins dans un passé aussi récent. Elle me raconte que ses premiers souvenirs sur sa dysphorie de genre remontent à ses cinq ans. Elle était donc encore plus jeune que moi. Cependant, son histoire est presque identique à la mienne : elle a connu le sentiment de vivre dans le mauvais corps, elle a lutté intérieurement, pratiqué des loisirs dits « masculins », fondé une famille, fait des enfants. Pour en arriver à la conclusion qu'elle faisait face à une impasse.

Pendant des années, dans sa vie d'homme, elle a travaillé comme pilote auprès de compagnies aériennes belges et étrangères. Je songe que sa situation est encore beaucoup plus compliquée que la mienne. Selon moi, il règne au sein des médias, et en particulier de la radio et de la télévision, une plus grande tolérance envers les gens « différents ». Je suis agréablement surprise de découvrir que le secteur de l'aviation peut aussi faire preuve d'ouverture d'esprit.

Il s'avère même très compréhensif. Saskia me raconte qu'elle connaît un chef pilote retraité de British Airways qui est transgenre, mais que c'est aussi le cas de collègues encore en activité : elle mentionne des femmes pilotes qui travaillent chez KLM, Air France et Lufthansa, et qui étaient autrefois des hommes.

Je n'oublierai jamais cette rencontre, qui me redonne des forces en vue de mon opération. Nous gardons le contact.

Pendant des mois, la grande intervention chirurgicale me paraît lointaine, mais à présent, je commence à compter les jours. J'y suis presque. Le temps semble s'accélérer à mesure que la date approche. Je suis de plus en plus confiante, et c'est en partie grâce à ces femmes merveilleuses que j'ai eu la chance de rencontrer.

Le dernier jour

> Tu t'apprêtes à passer tes toutes dernières heures dans un corps d'homme.

Diede m'a envoyé ce message hier. Je n'avais pas réfléchi à ma situation sous cet angle, mais je me sens tout de même bizarre en m'éveillant, ce matin. J'ai fait exprès de ne pas mettre de réveil. Quand j'ouvre les yeux, il est 9 heures. Je traîne au lit, puis dans la salle de bains.

«Bo, garde un œil sur l'horloge, tu vas réussir à nous mettre en retard!» Marianne s'inquiète plus que moi. «N'oublie pas que tu dois être à l'hôpital à 13 heures. Ta valise est prête?»

Sans m'en rendre compte, je recherche peut-être des échappatoires. Peut-être ai-je peur de ce qui m'attend, malgré tout.

Un rapide calcul m'apprend que je n'ai plus beaucoup de temps: je dois partir pour l'hôpital dans trois heures. Je n'ai pas encore préparé mes affaires. Toutefois, je n'ai pas besoin de grand-chose. J'enlèverai sans doute immédiatement les vêtements que je porte aujourd'hui pour les troquer contre une chemise de nuit et une robe de chambre à l'hôpital. Et je pourrai remettre la même tenue dans une semaine pour rentrer chez moi. Marianne m'aide à faire ma valise. Son assistance est la bienvenue, car je n'avance pas d'un pouce. Je suppose qu'elle est tout aussi nerveuse que moi, mais elle n'en laisse rien paraître. Indécise, je reste plantée devant mon armoire, les yeux dans le vague. Moi qui suis capable de préparer mes bagages en cinq minutes quand je suis appelée à l'improviste pour une mission professionnelle, je ne parviens pas à rassembler quelques affaires pour une semaine à l'hôpital.

«Je dois encore tondre la pelouse, dis-je à Marianne. Et l'autorisation d'abattage, pour les arbres morts, dans le jardin..., voilà des semaines que j'aurais dû envoyer le dossier au service environnement!»

Toutes les excuses sont bonnes pour ne pas faire ma valise.

«Voyons, Bo, nous n'avons pas le temps maintenant. Nous ne serons jamais à l'heure, si tu continues!» dit Marianne. Elle a raison, bien sûr. Finalement, nous partons pour Saint-Nicolas avec un quart d'heure de retard sur l'horaire prévu.

Je suis attendue au département de chirurgie n° 7, au deuxième étage. Nous nous présentons à l'accueil.

« Bienvenue. Je vous attendais, Madame Van Spilbeeck. Je suis Kristel, l'infirmière en chef. »

Elle nous accompagne jusqu'à ma chambre, à l'autre bout du couloir. La fenêtre donne sur la cour de récréation d'une école primaire. Au beau milieu trône un magnifique tilleul aux belles feuilles jaunies par l'automne.

À gauche, je repère une sorte de long tunnel peint en gris foncé, un couloir qui relie cette aile de l'hôpital à une autre. Je constate avec dépit que je ne verrai que ce couloir depuis mon lit, et non le superbe tilleul.

« Je vous apporte votre boisson », dit Kristel.

Je sais de quoi il s'agit, Diede m'a parlé du laxatif.

« Et aussi de l'eau. C'est tout ce que vous serez autorisée à boire au cours des cinq prochains jours. De l'eau et quelques autres boissons : à partir du deuxième jour, vous pourrez consommer du thé et du bouillon.

– Et ce sera suffisant pour me nourrir ? »

En effet, ce menu ne me paraît pas franchement équilibré.

« Oui, car on vous injectera du glucose et des minéraux par perfusion, de façon à vous fournir tous les nutriments nécessaires. »

Je tente de me concentrer sur les aspects positifs : ce régime draconien sera parfait pour ma ligne !

L'après-midi passe vite. Des infirmières viennent prendre ma tension artérielle et enregistrer mes pulsations cardiaques. Tout semble être en ordre. L'appareil amplifie le bruit des battements de mon cœur. Je suis étonnée de l'entendre battre si tranquillement.

Le chirurgien, le docteur Philippe Houtmeyers, me rend une courte visite entre deux opérations. Il m'a tout de suite inspiré confiance lors de notre première rencontre, il y a dix mois. À présent, j'ose même l'appeler par son prénom.

« Alors, vous êtes prête ? Comment vous sentez-vous ?

– Je suis tout à fait prête, mais je ne fais pas la maligne pour autant. »

Ce n'est pas de la peur que je ressens. Diede m'a raconté que la douleur était supportable, je suis rassurée de ce côté-là. Je n'éprouve pas non plus de doutes quant à ma décision. Mais cela reste le choix le plus radical de ma vie, et il est irréversible. Je rêve de ce moment depuis si longtemps.

Le docteur Houtmeyers m'explique ce qui m'attend demain.

« Vous serez ma première patiente. Nous commencerons à 8 heures.

– Combien de temps va durer l'opération ?

– Nous procéderons d'abord à l'augmentation mammaire, qui prendra une petite heure. Ensuite, nous réaliserons l'opération de réattribution sexuelle. Il faut compter environ cinq heures trente au total.

– À quelle heure dois-je me rendre en salle d'opération ?

– 7 h 30. »

Je pose cette question pour une raison précise : demain matin, à 7 heures, mes collègues de VTM et de RTL TVI ont prévu de me rendre une courte visite pour m'interviewer. Je vais donc leur conseiller de venir un quart d'heure ou même une demi-heure plus tôt. Après les interviews, l'équipe de tournage filmera des images pendant l'opération. Mes collègues m'ont promis de faire preuve de respect et de discrétion. Les téléspectateurs ne verront rien de choquant : il s'agit plutôt de leur livrer des impressions de la salle d'opération.

Nous avons débattu pour savoir s'il fallait ou non filmer l'intervention. Personnellement, je ne ressens aucune crainte ou gêne. Après les centaines de réactions que j'ai reçues, je suis convaincue qu'un reportage sur mon expérience peut jouer un rôle majeur dans l'acceptation des personnes transgenres et soutenir moralement ceux qui vivent les mêmes épreuves.

L'anesthésiste me rend visite également. On m'a fait remplir un formulaire dans lequel j'ai indiqué quels médicaments je prends, quelles interventions j'ai déjà subies au cours de ma vie, à quelles substances je suis allergique... Il parcourt le document en entier.

« Je ne repère rien qui soit susceptible de poser problème pour l'anesthésie », conclut-il. Il paraît également rassuré d'apprendre que je n'ai pas ressenti le moindre effet secondaire après mes trois opérations de chirurgie faciale, dont deux ont eu lieu sous anesthésie générale.

Une infirmière entre dans la chambre, un mètre à ruban à la main. « Je viens mesurer la longueur et la circonférence de vos jambes, Madame. Vous ne pourrez pas bouger pendant les six jours qui viennent, c'est pourquoi nous allons vous fournir des bas de contention, pour la prévention de la thrombose. » Je devrai porter ces bas jusqu'à ce que je puisse quitter mon lit et remarcher.

En début de soirée, le docteur Houtmeyers repasse me voir, comme il me l'avait promis.

« Je vais tracer des lignes au marqueur sur votre buste. Vous pourrez vous doucher après, mais il faut que les traits soient encore visibles demain matin », m'explique-t-il.

La poche intérieure de sa blouse contient des feutres de toutes les couleurs. Concentré sur sa tâche, il commence à tracer différentes lignes sur ma poitrine, certaines pleines, d'autres en pointillé. Lui doit savoir ce qu'elles signifient ; quant à moi, j'en déduis approximativement à quel endroit se trouveront mes seins.

Le jour J

6 heures. « Il est temps de vous lever, Madame. »

L'infirmière est venue me réveiller. Voici venu le jour où je vais devenir une nouvelle personne, sur le plan physique, cette fois. Ce soir, je serai une femme des pieds à la tête. Je ne m'en rends pas encore vraiment compte.

« Je vais d'abord vérifier si tout va bien. »

Je fronce les sourcils, mais je comprends vite ce qu'elle veut dire. Autrefois, les infirmières contrôlaient votre température à l'aide d'un thermomètre, vérifiaient vos fréquences cardiaque et respiratoire avec un stéthoscope et mesuraient votre tension artérielle à l'aide d'un tensiomètre. Elles utilisent désormais une impressionnante machine à roulettes dotée d'un écran tactile. L'infirmière commence par scanner mon bracelet, sur lequel figure un code-barres. Le scanner émet un bip, puis elle examine son écran avec attention.

« Comment vous appelez-vous ?

– Bo Van Spilbeeck.

– Quelle est votre date de naissance ?

– Le 7 février 1959.

– C'est bien cela.»

Je connais la signification de ces questions, il s'agit d'une procédure standard. Il faut vérifier qu'on envoie bien les patients dans la bonne salle d'opération.

Tous les appareils de mesure sont connectés à l'ordinateur mobile, chaque paramètre est aussitôt enregistré.

«36,5. C'est bien. Fréquence respiratoire: 14. Fréquence cardiaque: 66. Taux d'oxygène: 97. Tension artérielle: 13/8. Tout est en ordre. Je reviens vous chercher tout à l'heure.»

À présent, je dois me dépêcher, car mes collègues seront là à 7 heures pour une dernière interview. Et je refuse de me présenter sous une apparence négligée devant la caméra.

J'ai besoin d'un petit quart d'heure pour me préparer. J'applique un maquillage de base: fond de teint, poudre, mascara et rouge à lèvres. Tandis que je coiffe ma perruque avec soin, je prends conscience qu'après mon opération de réattribution sexuelle, elle représentera le tout dernier détail que j'aimerais encore changer dans ma vie. Je voudrais pouvoir m'en passer un jour et me montrer avec mes vrais cheveux. Mais il s'agit de l'étape suivante, je ne veux pas y penser maintenant.

J'ai déjà revêtu la blouse d'opération, mais j'enfile ma robe de chambre par-dessus. Pas question d'apparaître devant mes collègues dans une autre tenue.

«Ils vous attendent dans le couloir», me dit l'infirmière.

Je me glisse dans mes pantoufles. Elles sont amusantes, avec leurs deux yeux pourvus de longs cils, et leur bouche en forme de cœur. Avec ces chaussons de gamine aux pieds et ma robe de chambre rose clair, chaude et duveteuse, j'ai l'impression d'être à la maison. Tout à fait à mon aise, je sors de la chambre en traînant mes pantoufles pour aller saluer mes collègues.

Une fois l'interview terminée, Marianne me téléphone.

« Bonjour, tu es bien matinale, dis-je en riant.

– Comment te sens-tu ? demande-t-elle.

– Très bien. Je suis prête. La nuit a été courte, on va m'emmener en salle d'opération d'un instant à l'autre. »

Je sais que ce coup de fil la tranquillise – et moi aussi, en réalité. En effet, même si ma voix est pleine d'entrain, je m'apprête tout de même à subir l'intervention la plus drastique de mon existence – il y a de quoi être un peu tendue.

Après son appel, je me démaquille, mais je remets ma perruque. L'un des cadreurs va suivre mon lit à roulettes jusqu'au bloc opératoire. Là encore, je tiens à soigner mon apparence.

« Je vais d'abord vous aider à mettre ces superbes chaussettes blanches, dit l'infirmière. Ce sont les bas de contention contre la phlébite et la thrombose. Vous savez, c'est un peu comme ceux que l'on recommande de porter en vue d'un long voyage en avion. Ils permettent d'éviter la formation de caillots dans les veines. »

On ne peut pas dire que ces bas soient élégants, mais le cadreur ne les verra pas sous les draps, de toute façon. L'infirmière commence par enfiler sur mes pieds des sortes de socquettes en matière très lisse, puis elle fait glisser les longs bas l'un après l'autre sur mes jambes, jusqu'à mes cuisses. Ils ne sont égayés que par un seul détail frivole : un liseré rouge, qui borde le trou ovale destiné à laisser passer mes orteils. Une fois les bas enfilés, je suis prête à rejoindre la salle d'opération.

Une infirmière prend place devant mon lit, une autre derrière. Tandis qu'on me fait rouler hors de la chambre, le cadreur se positionne juste derrière moi et se met à nous suivre. Je ne retire ma perruque qu'une fois arrivée au bloc, quand le cadreur s'arrête de filmer, face à la double porte. On me donne une sorte de charlotte pour la remplacer. Je me lève, puis m'allonge sur une espèce de lit de camp étroit et dur.

J'interroge l'infirmière :

« Vous allez m'opérer là-dessus ?

– Oui, répond-elle. Ça va, vous êtes bien installée ? »

Pas vraiment, en vérité, mais peu importe : je ne sentirai bientôt plus rien.

Elle m'emmène dans la salle d'opération. Deux infirmières attachent mes bras pour que je ne puisse pas tomber. Une pensée me traverse l'esprit comme un éclair : cette fois, je ne pourrai plus du tout revenir en arrière – en supposant que je le veuille.

Je reconnais l'anesthésiste ; il est en train de se préparer. Il me salue gentiment :

« C'est le grand jour ! Comment vous sentez-vous ?

– Très heureuse, dis-je en toute franchise, j'ai tant attendu ce moment !

– Vous allez vous endormir en quelques secondes, vous n'aurez même pas le temps de vous en rendre compte. »

Mon chirurgien, le docteur Philippe Houtmeyers, fait son entrée. Il est presque méconnaissable, avec son calot sur la tête. Sa présence achève de me rassurer.

« Bonjour, Bo. Vous êtes prête ?

– Oui, docteur, vous pouvez commencer. »

Je songe en moi-même : « Allons-y ! »

« Respirez bien à fond et comptez jusqu'à dix », dit l'anesthésiste en plaquant un masque à oxygène sur mon visage. Je crois m'être arrêtée à cinq, mais je n'en suis pas sûre.

Quelle heure peut-il bien être ? Aucune idée. Je suis allongée dans un lit, à l'hôpital. J'ai besoin de quelques secondes pour me remémorer ce que je fais ici. C'est vrai ! l'opération.

Je me sens exténuée, j'ai la tête lourde. Ma vision est encore un peu floue, mais je distingue deux infirmières.

« Tout s'est bien passé, dit l'une d'elles, vous êtes encore engourdie par les médicaments. »

Je demande l'heure en balbutiant.

« Il est 16 h 30. »

Je ne suis pas encore assez réveillée pour faire du calcul mental, mais si le docteur Houtmeyers a commencé peu après 8 heures, cela signifie que mon opération a pris beaucoup de temps. Les médecins m'avaient informée qu'ensemble, l'augmentation mammaire et la vaginoplastie dureraient environ cinq heures. Je me demande s'il y a eu des complications. Je n'ai pas la force de poser la question aux infirmières. Peut-être m'a-t-on laissée longtemps en salle de réveil par précaution, me dis-je, les idées encore embrouillées.

Peu à peu, je reprends mes esprits. Je constate au-dessus de moi la présence d'une grande poche transparente qui contient un liquide d'un vert jaunâtre. Le glucose censé me nourrir, je suppose. Un flacon sur lequel est écrit « Paracétamol » en grandes lettres rouges est suspendu à côté. Autrement dit, l'analgésique. Je repère une autre poche plus petite, remplie d'un liquide incolore. Sans doute les antibiotiques.

Je suis des yeux le parcours des tuyaux. Ils se rejoignent au niveau d'une sorte de vanne de mélange, sur mon avant-bras droit. Une grosse aiguille transperce ma peau à cet endroit ; c'est là que les substances sont injectées dans mon corps.

Mon regard glisse de mon avant-bras à mon torse. Ou plutôt à mes seins, devrais-je dire à présent. En effet, leur relief est désormais bien visible. Je me palpe du bout des doigts. Ma poitrine me paraît très ferme. L'instant est émouvant. Ma propre poitrine, dont j'ai rêvé pendant si longtemps, et dont je serai bientôt si fière ! Pour l'instant, je ne vois pas grand-chose. Mes seins disparaissent entièrement sous d'épaisses couches de bandage blanc, mais ils ne sont pas douloureux.

En me tâtant plus bas, je sens la présence d'un autre bandage épais. Je repousse le drap et je jette un coup d'œil sous ma blouse. Je constate que les bandages sont bien serrés par de larges bandes de pansement adhésif blanc. Ils remontent jusqu'à mes côtes et au milieu de mon dos.

Le simple fait de penser à ce que le docteur m'a fait ou aux perfusions que l'on m'a posées me fatigue. Lorsque Marianne entre dans la chambre, un peu plus tard, je suis toujours à moitié endormie et je n'ai pas encore les idées claires.

« Comment vas-tu ? me demande-t-elle doucement.

– Bien, dis-je, encore assommée par l'anesthésiant.

– Comment s'est passée l'opération ? Tu n'as pas trop mal ?

– Non, ça va. Je ne sens presque rien. »

Elle me demande combien de temps a duré l'intervention. Je lui parle des interviews de ce matin pour la télévision et je lui raconte mon départ pour le bloc opératoire, mais je suis moins loquace que d'habitude. Je ne suis pas assez en forme pour faire la conversation à Marianne en ce premier jour, mais j'apprécie qu'elle soit à mes côtés.

Le soir venu, j'ai du mal à trouver le sommeil, malgré la fatigue occasionnée par l'opération.

Il faut dire que les infirmières me rendent visite à peu près une fois par heure afin de vérifier si tout va bien, et elles ont le chic pour débarquer alors que je viens de m'endormir. Elles ne le font pas exprès, mais je rêve de me reposer, et elles m'en empêchent. Au bout du compte, je leur demande un somnifère et je finis par tomber dans les bras de Morphée.

Jour J + 1

« Bonjour, Madame. Vous avez bien dormi ? »

Une fois de plus, une infirmière est venue me réveiller au point du jour. Il n'est peut-être pas aussi tôt que je le crois, mais je me suis endormie tard hier soir et j'aurais bien besoin de quelques heures de sommeil supplémentaires. À mon avis, il n'est pas encore 7 heures.

« Je viens contrôler vos paramètres médicaux, Madame. »

Ah oui, les paramètres. Je sais ce qui m'attend. Elle scanne mon bracelet, puis connecte la machine : le tensiomètre, le capteur qu'elle fixe sur mon doigt pour mesurer le taux d'oxygène, un autre capteur sur ma gorge pour la fréquence respiratoire et la fréquence cardiaque, et enfin un thermomètre dans l'oreille. Ce dernier émet un bip.

« 37,6. Votre température est légèrement élevée, mais on ne peut pas encore parler de fièvre. Rien d'alarmant. La fièvre ne commence qu'à 38,5 °C. »

Je hoche la tête, soulagée.

« Ma collègue vous apportera votre petit déjeuner vers 8 heures. Ce ne sera pas copieux. Vous ne pouvez boire que de l'eau et de l'Aquarius, une boisson énergétique pour les sportifs. »

J'ai l'esprit encore trop confus pour me rendre compte que je ne vais rien manger pendant cinq jours. Dès que l'infirmière est sortie de la chambre, je replonge dans un demi-sommeil. Jusqu'à l'arrivée de la suivante.

« Bonjour, Madame. Voici votre petit déjeuner. Bon appétit ! »

Bon appétit ? Une carafe d'eau et une boisson énergétique... Il n'y a pas de quoi sauter au plafond. De toute façon, j'en serais bien incapable : mon corps me semble peser des tonnes ! Je ne fais même pas l'effort de tendre la main vers le gobelet d'eau.

Je reçois régulièrement de courtes visites. D'abord, un infirmier. Puis la femme de ménage, puis encore une infirmière, accompagnée d'un jeune étudiant.

Elle m'annonce : « Cet après-midi, le docteur viendra vous retirer les bandages au niveau de la poitrine. »

Si vite ? Ne faut-il pas la laisser cicatriser un peu d'abord ? Mais je ne pose pas de question. Nous verrons cela plus tard.

À 15 heures, on frappe à ma porte. Ce ne peut pas être Marianne, elle ne viendra qu'après son travail. Il s'agit du docteur Houtmeyers, son sourire complice éclairant son visage juvénile, comme à l'accoutumée. Sa visite me ravit. Il est accompagné de deux infirmières.

Je suis curieuse, bien sûr. Lui aussi, sans doute. J'aperçois l'étudiant un peu en retrait.

« Est-ce qu'il peut rester ?

– Bien sûr, dis-je. Il est ici pour apprendre, pourquoi ne pourrait-il pas regarder ? »

À l'aide de la télécommande, l'une des infirmières redresse un peu la tête de mon lit, tandis que l'autre déboutonne ma blouse. Je baisse les yeux vers l'épais bandage qui recouvre ma toute nouvelle poitrine.

« Voyons ce que ça donne... » dit le docteur.

Avec précaution, il décolle les larges bandes de sparadrap et retire le bandage.

« Vous avez un miroir de poche ? » me demande l'une des infirmières.

« Oui, dans ma trousse de toilette, dans la salle de bains. » J'ai apporté un accessoire de maquillage avec un miroir normal d'un côté, et un grossissant de l'autre. Il est assez grand pour me permettre de bien voir le résultat.

« Mon soutien-gorge est rangé sur l'étagère supérieure, dans l'armoire. À droite », dis-je.

L'infirmière s'en empare et m'aide à le mettre.

« Il vous serre un peu trop », remarque-t-elle.

« Oui, c'est vrai, je ne savais pas très bien quelle taille choisir », dis-je en bredouillant.

Sa collègue insère deux grandes compresses épaisses à l'intérieur, pour éviter le contact avec les points de suture. Elle attache les agrafes dans mon dos pour moi. Ce type de soutien-gorge de sport présente l'avantage d'offrir un bon soutien, mais on peut difficilement le qualifier d'« élégant » ou de « féminin ». Toutefois, c'est justement parce qu'il remplit bien sa fonction que le docteur me l'a conseillé. Il ne fallait surtout pas de modèle avec armatures, qui risqueraient de gêner la cicatrisation.

À demi redressée dans mon lit, me voilà donc face

au docteur, à deux infirmières et à un étudiant, qui tous regardent ma poitrine comprimée dans mon soutien-gorge de sport.

« Nous enlèverons les pansements du bas dans cinq jours seulement. Ensuite, vous aurez le droit de vous lever et de marcher », m'explique Philippe.

Je remercie le docteur et les infirmières, puis je fais descendre mon lit en position presque horizontale.

Un peu plus tard, je reçois un message de Marianne : « Je pars du bureau. » Je suppose qu'il lui faudra trois quarts d'heure pour rejoindre l'hôpital, car nous sommes en pleine heure de pointe. Ce n'est pas grave, j'ai besoin de me reposer.

« Alors, comment te sens-tu, aujourd'hui ? demande-t-elle en entrant dans la chambre.

– Très bien, le docteur est passé. Par contre, je suis toujours épuisée. »

Je lui raconte qu'on m'a retiré le bandage autour de la poitrine.

« Je suis soulagée de ne pas avoir eu d'autres visites pour l'instant, je suis encore trop fatiguée pour recevoir des amis. »

Une fois Marianne repartie, je prends le temps de faire le point et de réfléchir à ce qu'il vient de se passer. C'est fait, l'opération que j'ai attendue si longtemps est derrière moi. Enfin. Même si je me rends compte que tout est allé très vite, au fond : quatorze mois se sont écoulés jour pour jour entre mon premier entretien avec le psychiatre et mon opération de réattribution sexuelle.

Comment ça va ?

Deux jours après l'opération, je me sens déjà plus en forme. Dans ma tête, j'ai dressé toute une liste d'actions à mettre en œuvre : répondre aux e-mails, avancer dans l'écriture de mon livre, appeler des amis. Mais ceux-ci me devancent.

> Salut Bo, j'espère que l'opération s'est bien passée. Pouvons-nous venir te voir tout à l'heure ou est-ce trop tôt ? Bie.

Ce message m'enchante. Bie et Philippe sont de très bons amis qui n'habitent pas loin de l'hôpital. Je me réjouis qu'ils souhaitent me rendre visite, et je me sens tout à fait prête à les accueillir.

> Bien sûr, venez à l'heure qui vous arrange.

Marianne et moi apprécions le soutien de nos amis, qui nous paraît essentiel : à moi, parce que j'ai décidé de changer de sexe, et à Marianne, parce que d'une certaine façon, elle a perdu son mari. Je sais que tous nos proches s'inquiètent pour nous, et surtout pour elle.

« Comment te sens-tu ? » me demande Bie en entrant dans la pièce.

Je lui réponds avec sincérité : « Très bien, vraiment. Je n'ai pas mal, et je me sens beaucoup moins fatiguée qu'hier. »

Je leur raconte brièvement comment l'opération s'est passée et leur explique que les infirmières me dorlotent. Marianne arrive un peu plus tard.

« Et toi Marianne, comment vas-tu ? » demande Bie.

C'est une bonne chose qu'elle aussi ait l'occasion de s'épancher. Elle est incroyablement forte et fait toujours bonne figure, mais je sais qu'elle souffre dans le secret de son cœur.

L'agréable visite de Bie et Philippe se prolonge un moment. Marianne rentre à la maison peu après eux; elle doit encore affronter les embouteillages.

Vers 18 h 30, on frappe de nouveau à la porte. Pourtant, je n'attends plus de visite. Ine et Ellen entrent dans la chambre. Ellen est une femme transgenre, elle aussi. Je ne la connais pas depuis très longtemps, mais nous nous sommes tout de suite bien entendues. Elle est ingénieure et doit souvent se rendre aux États-Unis pour son travail. Elle a effectué sa transition voilà quelques années. Autrefois, elle s'appelait Alain, ou Alan, si on le prononce à l'américaine – ce qui ressemble au prénom Ellen.

« La principale différence est qu'autrefois, je me présentais en réunion en costume cravate, alors que depuis quatre ans, j'y vais en tailleur et talons hauts », a-t-elle lancé en riant, pendant l'une de nos premières conversations. Elle a aussi raconté que ses associés ne la considéraient pas d'un autre œil pour autant, ce qui me paraît incroyablement positif.

« Toi et moi, nous sommes des privilégiées, pas vrai, me fait-elle à présent remarquer. Une transition rapide, un coming out réussi au travail. Tous les transgenres n'ont pas cette chance. » Cependant, tout le monde n'a pas accepté sa transition. « Dans l'histoire, j'ai perdu le contact à la fois avec mes deux enfants et avec mes parents. Jusqu'à ce jour, peu de membres de ma famille acceptent encore de me parler. Le fardeau reste lourd à porter au quotidien. Par chance, la famille d'Ine m'a accueillie d'emblée. Sans leur immense soutien, je n'en serai pas là aujourd'hui. »

Elle a persévéré alors même que sa famille lui tournait le dos : voilà qui ne fait que renforcer mon admiration à son égard. Elle mesure dix centimètres de plus que moi. C'est une véritable lady. Ellen et Ine ont toutes deux de longs cheveux blonds. « Ce sont mes vrais cheveux », répond-elle toujours quand on lui fait une remarque à ce sujet. « Et ensuite, je tire bien fort dessus, pour prouver que je dis la vérité », ajoute-t-elle en riant.

Chaque récit de transition réussie d'une autre femme transgenre me donne de l'espoir. En outre, le soutien d'Ine envers Ellen est palpable jusque dans ma chambre d'hôpital. Je trouve même qu'elles se ressemblent un peu. Elles pourraient être sœurs. Mais leur lien est d'une autre nature : elles forment un couple uni. Elles ne se connaissent que depuis quelques années. Elles se sont tout de suite découvert des atomes crochus et se sont mariées depuis.

Je reçois de nombreuses visites pendant le week-end. Mon beau-frère et ma belle-sœur passent me voir, ainsi que quelques bons amis que je connais depuis mes études à l'université d'Anvers et avec qui nous sommes toujours restés en contact. Tous viennent autant pour Marianne que pour moi.

Mes amies transgenres me rendent visite, elles aussi. Daphne, par exemple. J'ai fait sa connaissance voilà près d'un an au cabinet de Katrien, mon orthophoniste. Sa voix me semble très féminine – plus que la mienne. Je dois m'exercer davantage. Daphne a de longs cheveux lisses et bruns, qui encadrent son visage et tombent sur ses épaules avec élégance. Elle aussi veut tout savoir sur mon opération, car elle a prochainement rendez-vous avec le docteur Houtmeyers. Nous échangeons au sujet de nos expériences respectives. Elle a subi une augmentation mammaire il y a peu, mais c'est un autre chirurgien qui l'a opérée. Le résultat est très réussi.

Je redoutais un peu la confrontation entre mes proches de longue date et mes amies transgenres. Ces dernières ont toutes fait leur apparition dans ma vie au cours de l'année passée. Cependant, les rencontres se déroulent dans la bonne humeur.

Voilà maintenant quatre jours que je me nourris exclusivement d'eau, de thé et de bouillon, tandis que j'offre des chocolats belges à mes visiteurs. Pourtant, la situation ne me dérange pas. Je n'aurais jamais cru que je savourerais autant un simple bouillon ou une tasse de thé. Mais demain, je pourrai mettre un terme à mon régime et recommencer à manger normalement.

Je ne vois rien

Pendant la nuit de dimanche à lundi, je dors d'un sommeil agité. J'ai vraiment hâte qu'on retire le bandage qui recouvre mon entrejambe. Par bonheur, le docteur Houtmeyers ne met pas ma patience à rude épreuve. À 7h45, il apparaît dans l'encadrement de la porte, suivi d'une infirmière et d'un stagiaire.

L'infirmière et le médecin commencent à retirer les longues bandes de sparadrap qui entourent mon dos et mon ventre. Le moment tant attendu est arrivé. Ils retirent le pansement.

«Je ne vois rien», dis-je aussitôt.

Eh oui : je vais devoir m'habituer à ne rien voir entre mes jambes – ce qui va de soi pour les femmes cisgenres, qui sont nées avec un sexe féminin. La situation était différente avec mon corps masculin. Le stagiaire saisit mon miroir de poche et le tient devant moi. Je suis traversée par un sentiment indéfinissable mêlé de bonheur. J'ai déployé tant d'efforts, consenti tant de sacrifices pour en arriver là. J'ai attendu si longtemps.

« Eh bien, comment dire..., c'est beau. » Ce sont à peu près les seuls mots que je parviens à prononcer. Le regard de l'étudiant est éloquent. Je suppose qu'il n'a encore jamais rien vu de tel et qu'il se sent sans doute très gêné, en tant qu'homme.

Le docteur Houtmeyers examine le tout et vérifie l'état des points de suture. « Nous pourrons retirer les fils dans dix jours, quand vous viendrez en visite de contrôle. »

Je voudrais le serrer dans mes bras et le remercier, mais je suis toujours clouée au lit.

« Vous pourrez vous doucher tout à l'heure. Et ce sera encore plus facile demain. On va aussi vous apporter votre premier petit déjeuner. Aujourd'hui, il faudra vous contenter de biscottes, car votre corps doit se réhabituer à la nourriture solide. »

Il y a trois jours, une infirmière m'a affirmé que le docteur Houtmeyers avait des mains d'or. Je viens d'en avoir la preuve.

Une fois le chirurgien parti, une employée de l'hôpital entre dans ma chambre.

« D'après mon planning, vous n'avez droit qu'à de l'eau et du thé, ce matin.

– Ce doit être une erreur, le docteur vient de me dire qu'on me servirait un petit déjeuner.

– Je n'ai pas reçu cette information. Mais ne vous inquiétez pas, nous avons toujours une provision de biscottes dans le service. Combien en voulez-vous ? »

Après mes cinq jours de régime draconien, j'ai une faim de loup.

« Cinq, si c'est possible ?

– Bien sûr. Et sur les biscottes ?

– J'aimerais bien deux portions de fromage fondu et deux petits pots de confiture, s'il vous plaît. Et une tisane au cynorrhodon.

– Je vous apporte ça tout de suite. »

Jamais encore je n'avais dégusté de simples biscottes avec autant de plaisir. Je prends mon temps : je consacre environ une heure à mon petit déjeuner. Je savoure chaque bouchée. J'ai tartiné le fromage en couche épaisse sur les biscottes, de même que la confiture. Je racle le fond des pots à l'aide d'une cuillère à café. Et je demande une seconde tasse de tisane.

Peu avant midi, je reçois un message inattendu :

Chère Bo, j'ai une réunion tout à l'heure à l'hôpital de Saint-Nicolas. Puis-je en profiter pour passer te voir ?

Il est signé Winne Haenen – docteure Winne Haenen, inspectrice d'hygiène et coordinatrice des sinistres. Médecin et femme transgenre. La docteure Haenen, qui s'appelait autrefois Wim, est sortie du placard de façon pour le moins singulière. Une semaine avant la date prévue pour son coming out officiel, elle était en route pour le CHU de Gand, en vue d'un dernier entretien avec ses médecins. Entièrement vêtue et maquillée en femme, bien sûr. Un peu après 8 heures, son téléphone a sonné : « Wim, tu dois venir en toute urgence à l'aéroport. Maintenant, dans la seconde. Il y a des dizaines de morts. » Le docteur Haenen a répliqué que c'était impossible. Qu'il avait un rendez-vous à Gand, qu'il devait d'abord rentrer se changer.

« On n'a pas le temps, Wim. On a besoin de toi en urgence. Une attaque terroriste vient d'avoir lieu. » C'était le premier des deux attentats du 22 mars 2016 à Bruxelles. Wim a aussitôt rebroussé chemin et s'est hâté de rejoindre l'aéroport. Là, il a passé toute la journée à coordonner les secours. Habillé en femme. Le soir venu, ses collègues l'ont félicité : « Eh bien, Wim, on peut dire que tu nous as drôlement surpris ! » Ils ont terminé en ajoutant : « Bienvenue, Winne ! »

J'ai eu l'occasion de rencontrer Winne avant mon coming out, lors d'un exercice de planification d'urgence. Depuis mon annonce publique, nous correspondons régulièrement par courrier électronique. Mais ce sera la première fois qu'elle me verra en femme. Je n'ai pas encore terminé d'engloutir mon déjeuner, composé une fois de plus de biscottes, que Winne frappe à la porte. Sa chevelure est grise et abondante. Ce sont ses vrais cheveux. Elle porte une jolie robe. Elle a beaucoup de classe.

« Termine ton repas, ne te gêne pas pour moi », dit-elle. Elle me pose toutes sortes de questions d'ordre médical : c'est la docteure qui s'exprime. En outre, elle en connaît un rayon sur le sujet. Elle me donne des astuces pour les soins. Soudain, le chirurgien fait irruption dans la chambre.

« Bonjour, Docteur. Winne, je te présente le docteur Houtmeyers. Philippe, voici la docteure Winne Haenen.

– Inspectrice d'hygiène, précise Winne. J'ai une réunion

dans votre service des urgences, et j'en ai profité pour venir dire bonjour à Mme Van Spilbeeck.»

Je me réjouis qu'ils puissent faire connaissance grâce à moi : quelque part, je suis fière de les connaître tous les deux. La conversation est brève, car le docteur Houtmeyers doit poursuivre ses visites et Winne a encore un rendez-vous professionnel au sein d'un autre service de l'hôpital.

Je mange tranquillement ma dernière biscotte.

Mon téléphone sonne. C'est Joa, mon esthéticienne. Elle avait proposé de me rendre visite, mais je l'avais mise en garde contre les embouteillages pour parvenir jusqu'à l'hôpital.

« Si tu veux, tu peux me passer un coup de fil. Tu t'épargneras ainsi un aller-retour à Saint-Nicolas », lui avais-je suggéré.

Joa est très curieuse de savoir comment l'opération s'est déroulée. En avril, ce sera son tour. Dans le même hôpital, avec le même chirurgien.

Je lui fournis autant d'explications que possible.

Il s'avère qu'elle a rendez-vous au CHU de Gand, elle doit donc passer dans les environs pour rentrer chez elle. « Tu es la bienvenue, si tu as envie de passer après ta consultation. L'hôpital de Saint-Nicolas n'est qu'à cinq minutes de l'autoroute. » Joa n'hésite pas longtemps. À l'évidence, elle a envie de me voir et de savoir comment je vais. En effet, je détecte encore des doutes dans sa voix sur ce qui l'attend.

« Très bien, je passerai vers 16 heures. »

Joa ne vient pas seule. Joke, sa maman, est avec elle. Infirmière de profession, elle accompagne sa fille dans sa transition.

« Joa n'a jamais été un garçon. J'ai toujours su que c'était une fille. À l'âge de quatre ans, elle mettait en cachette les robes de sa sœur. Et elle n'a jamais pris la peine de déballer le camion avec semi-remorque qu'elle a reçu pour l'un de ses anniversaires. »

Joa est élégante, comme toujours. Elle porte un chemisier et une jupe avec des chaussures plates. Elle n'aime pas les talons hauts. Cela lui irait très bien, mais elle se trouve déjà trop grande. À mes yeux pourtant, elle a la taille et les mensurations parfaites pour une carrière de mannequin. Elle porte presque toujours ses cheveux brun foncé en queue-de-cheval. Cette coiffure a le don de mettre en valeur les traits fins et féminins de son visage.

Aujourd'hui, une de mes belles-sœurs accompagne Marianne. Elle aussi est infirmière. La rencontre se passe bien. Et que découvrons-nous ? Une collègue de ma belle-sœur a étudié avec la mère de Joa. Simple coïncidence ? Sans doute, mais je trouve l'anecdote tout de même étonnante.

J'ai beau me réjouir de recevoir des visites, la fatigue se rappelle à mon bon souvenir. Cependant, j'attends encore du monde. Diede, qui a subi les mêmes opérations que moi voilà une dizaine de jours, doit encore venir avec son épouse, Mieke. Elle a une visite de contrôle avec le docteur Houtmeyers à 19 heures et m'a promis de passer me voir d'abord. J'ai hâte de la retrouver, car j'ai très envie de savoir comment elle récupère.

Un peu après 18 heures, on frappe à ma porte. « Mieke, Diede, comme je suis heureuse de vous voir ! » Un large sourire illumine le visage de Diede.

Je l'interroge avec curiosité :

« Comment ça va ?

– Super, je me sens très bien. Je suis au comble du bonheur.

– Tu n'as pas trop mal ?

– Non, pas de souci de ce côté-là. Je ne souffre pas. En revanche, mon sommeil n'est pas terrible. »

Je connais ce problème.

« Et toi, comment vas-tu ? demande Mieke.

– Très bien, vraiment. Jamais je n'aurais cru que je ne ressentirais aucune douleur. Demain, on va m'enlever la sonde, et s'il n'y a pas de complications, je pourrai rentrer chez moi après-demain. »

Nous discutons de ce que nous sommes en train de vivre. Diede a une longueur d'avance sur moi. Cependant, je suis surtout frappée par la façon dont elle et Mieke se soutiennent mutuellement. Un peu avant 19 heures, cette dernière consulte sa montre.

« C'est l'heure, chérie. Nous devons y aller. »

J'ai passé une très belle journée grâce aux visites de toutes ces personnes auxquelles je suis tant attachée. Par contre, je suis à bout de forces. Je fais redescendre mon matelas en position couchée, j'éteins la lumière et je ferme les yeux.

Heureuse comme une reine

Mardi, 7 heures du matin. L'étudiant d'hier vient contrôler mes paramètres médicaux. Je lis à distance les valeurs qui apparaissent sur l'écran. Fréquence respiratoire, fréquence cardiaque, température, tension artérielle. Tout me semble normal.

« On va venir vous retirer la sonde tout à l'heure, puis vous pourrez prendre votre petit déjeuner. » La sonde est le dernier détail qui me gêne.

Je brûle d'impatience. Ensuite seulement, je pourrai me déplacer sans être entravée par quoi que ce soit. Quel soulagement! Dès que je parviens à tenir à peu près sur mes jambes, je suis autorisée à retirer ces fichus bas de contention. Je n'ai plus besoin non plus de ma piqûre quotidienne contre les risques de phlébite et de thrombose. À partir de ce moment-là, je peux aussi recommencer à prendre mes hormones féminines. J'avais dû arrêter mon traitement deux semaines avant l'opération. De fortes doses d'œstrogènes favorisent en effet l'apparition de thromboses ou de troubles plus graves, comme les embolies pulmonaires. Il est donc hors de question d'en ingérer lorsqu'on s'apprête à passer plusieurs jours sans bouger.

« Voilà, c'est fait, j'ai enlevé la sonde. Après le petit déjeuner, il faudra essayer d'uriner le plus tôt possible. Le docteur ne vous donnera l'autorisation de rentrer chez vous que quand vous aurez réussi », m'explique l'infirmier.

J'espère que j'y arriverai tout de suite: le personnel a beau se montrer gentil et serviable, je meurs tout de même d'envie de rentrer chez moi, de dormir dans notre lit. Et je crois que Marianne appréciera aussi que je sois de retour à la maison.

Elle est ma seule visiteuse de la journée. Je ne suis pas étonnée: nous sommes mardi, la plupart des gens travaillent. Mais elle a pris un demi-jour de congé exprès pour moi.

Avant son arrivée, on me sert mon premier repas chaud: une bouchée à la reine, servie avec des pommes de terre rissolées et des tomates. Je suis tellement contente que je prends mon plat en photo. Aujourd'hui, c'est moi qui suis heureuse comme une reine!

Le soir venu, pour la première fois, je mange un sandwich

à la place des biscottes. Après toutes ces journées passées à l'hôpital, ce changement de régime constitue une sorte de retour à la normale. Mais ce qui est « normal » a changé : mon corps a été adapté de façon définitive et irrémédiable à ma personnalité féminine.

Vers 20 h 30, le docteur Houtmeyers me rend une dernière visite. À l'évidence, sa journée a été longue, il a dû enchaîner les opérations.

« Vous n'avez plus de vie, mon pauvre Philippe », dis-je en plaisantant. Mais même si son métier – ou plutôt sa vocation – de chirurgien représente toute sa vie, je sais qu'il est très famille, et je suis sûre qu'il consacre tout son temps libre à ses proches.

Merci pour tout

Mercredi, mon dernier jour. Aujourd'hui, on m'autorise à quitter l'hôpital.

Tôt le matin, le docteur Houtmeyers me rend visite, très brièvement, cette fois. Il porte un pantalon de sport et un pull. J'ai l'habitude de le voir dans son accoutrement de chirurgien bleu marine, avec un calot sur la tête et un masque autour du cou.

« J'ai des interventions prévues toute la journée, mais je passerai vous voir vers midi, entre deux opérations. Je vous expliquerai ce que vous devrez faire à la maison en matière de soins, et quels médicaments vous devrez prendre. »

J'appelle Marianne, car j'ai promis de lui dire quand elle pourrait venir me chercher : « Inutile de te précipiter, tu vas te retrouver dans les embouteillages. Je te rappelle tout à l'heure, quand j'en saurai plus. Le docteur repasse vers midi, mais il aimerait te parler, à toi aussi. Oh, et tu veux bien acheter des biscuits ou des chocolats ? J'aimerais remercier le personnel infirmier d'avoir si bien pris soin de moi. »

Après mon petit déjeuner, je prends une longue douche revigorante. Pour la première fois depuis neuf jours, j'enfile des vêtements normaux. Finies les chemises de nuit. J'endosse les habits que je portais à mon arrivée. Ils sont restés toute la semaine dans le placard. J'ai prévu une tenue confortable : un pantalon large, une blouse et un cardigan en laine bien chaud. Je mets aussi un collier et un bracelet fantaisie, et des bottines à petits talons. Je me sens de nouveau femme.

J'ouvre ma valise sur le lit et je commence à ranger mes affaires. J'emporte plus de choses à la maison que ce que j'avais à mon arrivée : du désinfectant, du lubrifiant, un dilatateur, des serviettes hygiéniques pour protéger la plaie.

Je fais le tour de la chambre pour vérifier que je n'ai rien oublié. On m'a offert de nombreux bouquets ces derniers jours, j'emporte les plus beaux avec moi.

Il ne me faut pas beaucoup de temps pour faire mes bagages. J'espère que le docteur sera vite là.

Marianne est en avance.

Une employée de l'hôpital entre dans la chambre. Apparemment, on a prévu de me servir un dernier repas chaud. « C'est embêtant qu'il n'y ait rien pour toi », dis-je à Marianne sur un ton d'excuse.

« J'ai vu qu'ils vendaient des sandwichs, en bas. Je reviens tout de suite ! »

Apparemment, l'opération du chirurgien dure plus longtemps que prévu. Il est déjà 13 heures, et il n'est toujours pas là.

« Peut-être puis-je déjà mettre les fleurs dans la voiture, propose Marianne, de toute façon, je ne crois pas qu'on pourra tout porter jusqu'au parking en une seule fois. »

Je vois enfin le docteur Houtmeyers apparaître dans l'embrasure de la porte, rayonnant dans sa blouse de médecin.

« Désolé, j'ai pris du retard. »

Marianne est déjà revenue entre-temps. Elle écoute avec attention les instructions du médecin. Il griffonne sur une ordonnance tout ce que nous devons acheter à la pharmacie. Une liste complète, qui recouvre toute la feuille.

« Nous nous reverrons pour une première visite de contrôle. » Il consulte son agenda. Marianne fait de même. Elle devra jouer les chauffeurs, car je ne pourrai pas conduire pendant les premières semaines.

Le docteur Houtmeyers s'apprête à quitter la pièce.

« Un instant, Philippe », dis-je. Il y a quelque chose que je veux faire avant de prendre congé. « J'aimerais vous embrasser et vous remercier pour tout ce que vous avez fait pour moi. » Ma voix tremble. Je le serre fort dans mes bras.

« À bientôt, prenez bien soin de vous », dit-il en souriant.

Puis il fait demi-tour et sort de la chambre.

« Tu n'as qu'à te rendre à l'accueil du service pour offrir tes biscuits et tes chocolats, je t'attends ici », dit Marianne. Elle sait combien c'est important pour moi, aussi a-t-elle également acheté une carte. J'ai écrit un mot de remerciement pour tout le personnel du centre hospitalier de Saint-Nicolas : les médecins, le personnel infirmier et soignant, et jusqu'à la femme de ménage avec qui j'ai eu une charmante discussion sur le maquillage, quand elle est venue nettoyer ma chambre.

À l'accueil, deux étudiants me demandent s'ils peuvent faire un selfie avec moi. J'accepte avec plaisir.

« Avez-vous déjà reçu les papiers de sortie ? me demande l'infirmière en chef.

– Heu, non, pas encore.

– Pas de problème, je m'en occupe tout de suite. »

Nous prenons place quelques instants dans la salle d'attente. Je regarde le personnel s'agiter en tous sens. Le centre hospitalier me fait l'effet d'un drôle de microcosme.

« Je prends ta valise, dit Marianne.

– Non, c'est inutile, je t'assure. Elle est à roulettes, je peux la tirer. Tu n'as qu'à passer devant moi pour m'ouvrir la voiture. »

Marianne a plié une couverture en quatre, qu'elle a disposée sur le siège passager. Je me laisse glisser dessus avec précaution. La manœuvre n'a rien d'évident. Je referme la portière et abaisse le dossier en position quasi horizontale. Marianne conduit très prudemment. Je ressens le moindre cahot sur la route.

Diagnostic post-transition

Trois semaines après mon opération, j'ai rendez-vous avec le docteur Houtmeyers pour une visite de contrôle. Il m'est encore difficile de m'asseoir, et à plus forte raison de prendre le volant, aussi Marianne me conduit-elle à l'hôpital. Je ne suis absolument pas nerveuse, car je n'éprouve aucune gêne depuis l'opération.

« Comment vous sentez-vous ? me demande le médecin.

– Je me fatigue vite, mais je suppose que c'est normal, après une telle intervention. Cependant, je ne souffre pas, et d'après ce que je peux en voir, les cicatrices sont belles.

– Asseyez-vous dans le fauteuil, je vais vous examiner. »

Il inspecte d'abord mes seins. « C'est parfait, la cicatrisation est en bonne voie », dit-il en hochant la tête d'un air approbateur. Il examine ensuite mon entrejambe. « Là aussi, les plaies cicatrisent comme il se doit. »

Il confirme ce que je pensais et ressentais : je me remets très bien de la double opération.

« J'aimerais vous revoir dans six semaines, c'est-à-dire deux mois après l'intervention. En attendant, vous devez poursuivre les soins et la dilatation. »

Une semaine plus tard, je me rends au CHU de Gand pour deux rendez-vous : d'abord avec mon psychiatre, le professeur Gunter Heylens, puis avec mon endocrinologue, le professeur Guy T'Sjoen.

« Comment allez-vous ? » demande Gunter.

Je lui réponds en toute franchise : « Incroyablement bien. » Je crois que mon bonheur est perceptible dans ma voix. « Nous sommes aujourd'hui le 7 décembre, soit exactement quinze mois après notre premier entretien. Tout s'est déroulé à une vitesse inimaginable. À l'époque, jamais je n'aurais cru en arriver là si vite.

– Je vais noter le diagnostic "post-transition" dans mon rapport.

– C'est-à-dire ?

– Il y a quinze mois, je vous ai diagnostiqué une dysphorie de genre, c'est-à-dire que vous souffriez à cause de votre genre, parce que votre corps masculin ne correspondait pas à ce que vous ressentiez. Aujourd'hui, après l'opération de réattribution sexuelle, je constate que la dysphorie de genre a été corrigée et que votre transition est donc achevée. D'où le diagnostic de "post-transition".

– Cela signifie-t-il que je n'ai plus besoin de venir ?

– Non, au contraire, car vous ne faites que commencer

votre existence de femme. Nous allons donc continuer à nous voir régulièrement. Mais cette phase-là est terminée. »

Je ne me rends compte qu'à cet instant que je viens en effet de clore un chapitre majeur, peut-être le plus important de ma vie, et que j'en entame à présent un nouveau.

Je me rends ensuite à mon rendez-vous avec l'endocrinologue, Guy T'Sjoen.

« Bonjour, Bo, je suis content de te voir. Comment vas-tu ? »

Je lui raconte à quel point je me sens bien et j'évoque avec lui un moment crucial de ma transition, celui où il m'a fait le plus beau cadeau de Saint-Nicolas dont j'aurais jamais pu rêver. « Tu m'as prescrit mon traitement hormonal il y a exactement un an et un jour. »

Il sourit. « C'est vrai, il s'en est passé des choses, depuis. » En tant que chef de service du centre de sexologie et de troubles de l'identité du genre, Guy a beaucoup fait parler de lui dans les médias au cours de l'année écoulée : il a écrit un livre et participé à divers documentaires télévisés et talk-shows, et même à une émission de divertissement.

« Le thème des personnes transgenres est désormais au goût du jour en Flandre. La nouvelle loi sur les transgenres en Belgique, ton histoire, mes apparitions dans les médias, le film *Girl*... Et nous en constatons les effets : le nombre de personnes qui nous contactent en vue d'entamer leur transition a explosé. Je vais devoir demander davantage de personnel et de moyens à ma direction. Pour l'instant, quelqu'un qui a reçu le feu vert du psychiatre pour commencer une cure hormonale doit attendre au moins six mois pour avoir un rendez-vous avec moi. »

« Je vais mesurer un certain nombre de paramètres médicaux et prélever un échantillon sanguin », ajoute-t-il ensuite.

Ma tension artérielle est normale, mais je pourrais encore faire un effort pour mon poids.

« Tu as pris un kilo depuis la dernière fois.

– Zut, c'est embêtant, car lors de ma dernière visite, j'avais déjà grossi un peu.

– Je suis responsable d'une augmentation d'environ trois pour cent de ton poids initial : c'est à cause des hormones féminines que je t'ai prescrites, dit-il en riant.

– Cela représente deux kilos à deux kilos et demi », dis-je après un bref calcul.

J'ajoute en plaisantant : « Sans oublier l'impact de mon augmentation mammaire !

– En effet, voilà qui justifie la prise de poids », dit Guy.

Le prélèvement sanguin nous apprend que mon taux de cholestérol a augmenté. J'ai donc tout intérêt à surveiller un peu mon poids.

« Dans l'ensemble, tout va bien, n'est-ce pas ? On se revoit dans six mois ? »

Jusqu'à présent, je venais en consultation tous les trois mois.

« Pourquoi six mois au lieu de trois ?

– Je vois mes patients tous les trois mois pendant la première année du traitement hormonal, mais ensuite, une fréquence de deux fois par an suffit », m'explique-t-il.

Il va me manquer, Guy, car je le considère désormais davantage comme un ami que comme mon endocrinologue. En outre, notre rendez-vous trimestriel a toujours été l'occasion d'une conversation sympathique. D'ailleurs, il me réservait chaque fois volontairement le dernier créneau de sa journée. Je me demande comment et pourquoi j'en arrive à développer des liens d'amitié avec un médecin, avec lequel j'entretenais pourtant une relation purement professionnelle au départ. C'est sans doute lié à notre volonté commune de voir la société mieux accepter les personnes transgenres. Il œuvre à cette fin depuis des années en tant que chef de service du centre de sexologie et de troubles de l'identité du genre du CHU de Gand et fondateur d'Information Transgenre, mais aussi grâce à son livre et à ses interventions dans les médias. Quant à moi, j'y contribue parce que je suis une figure connue du petit écran, ce qui fait de moi – sans que je l'aie vraiment choisi – une sorte d'exemple et de modèle pour d'autres. Cependant, notre lien particulier est aussi né grâce à la personnalité chaleureuse, prévenante et bienveillante de Guy.

« Merci pour tout et à dans six mois, alors ! dis-je.

– Mais nous pouvons nous revoir avant, si tu as envie, propose-t-il. Nous pourrions organiser quelque chose avec ta femme. »

Quelques jours plus tard, Guy informe aussi la presse.

« Un éminent médecin tire la sonnette d'alarme », titre un journal. Un deuxième annonce : « Un effet Bo Van Spilbeeck ? Le centre pour les personnes transgenres a reçu cette année deux fois plus de demandes que d'habitude. »

Dans les articles, Guy T'Sjoen explique que le nombre de requêtes a augmenté au point que les listes d'attente s'allongent de manière inacceptable. « Les médias se sont beaucoup intéressés au thème des personnes transgenres, dont on a parlé partout cette année. »

Google confirme ce redoublement d'attention : en fin d'année, le géant d'Internet annonce traditionnellement quels termes ont été les plus recherchés au cours des douze derniers mois. Je suis la personne qui a fait l'objet du plus grand nombre de requêtes sur Google en Flandre, semble-t-il.

Le fait que les gens s'intéressent à mon histoire en surfant sur Internet, et que certains trouvent peut-être ainsi plus rapidement l'aide dont ils ont besoin, m'apporte un grand réconfort dans les moments où je doute de moi. Et ils sont encore nombreux dans ma nouvelle existence.

Un an dans la peau de Bo

29 janvier 2019. Comme le temps a passé vite ! J'ai l'impression d'avoir vécu sur des montagnes russes pendant les douze mois qui viennent de s'écouler.

Il y a un an, assis avec Marianne devant mon écran de télévision, les jambes en coton, j'attendais que le journal de VTM diffuse le message relatif à mon choix de vie – ma toute dernière apparition en tant qu'homme, en tant que Baudouin.

C'était un saut dans l'inconnu, je m'apprêtais à « me jeter à l'eau et nager », selon les mots de Petra De Sutter. Et une fois qu'on nage, m'avait-elle dit, on se demande pourquoi on ne l'a pas fait plus tôt. Petit à petit, je me suis familiarisée avec cette nouvelle vie : j'ai la certitude d'être beaucoup plus heureuse aujourd'hui dans mon existence de femme qu'il y a un an, quand j'étais encore un homme. Je suis également convaincue qu'il fallait que je me jette à l'eau, il était même grand temps de le faire.

Durant des dizaines d'années, j'ai réfléchi à cette décision, au point de ne pas en fermer l'œil de la nuit, et j'ai préparé ma transition pendant des mois avec des personnes fantastiques, qui m'ont assisté sur tous les fronts. Les membres de l'équipe exceptionnelle chargée des troubles de l'identité du genre du CHU de Gand m'ont aidée sur le plan médical, et mes merveilleux collègues de Medialaan sur celui de la communication, mais en premier lieu, j'ai surtout pu compter sur le soutien chaleureux et inconditionnel de ma femme, de mes enfants, de ma famille et de mes amis.

Avec mon coming out, l'aventure ne faisait que commencer. Bien des traitements médicaux et interventions chirurgicales m'attendaient encore, mais aussi des rencontres avec d'autres gens formidables. Cependant, j'entamais surtout un processus d'apprentissage long et difficile, afin de révéler cette femme que je sentais en moi depuis si longtemps et que je pouvais enfin devenir publiquement.

Un H au lieu d'un F, un F au lieu d'un H, ce n'est qu'une simple lettre, et pourtant, la différence est énorme. Dès la naissance, on vous met dans une case, et tant pis si vous ne vous y sentez pas à l'aise… Il est si difficile de passer de l'une à l'autre !

Vous pouvez changer de marque de vêtements ou d'équipe de football favorite, de plat préféré, et même de sensibilité politique ou de convictions religieuses. Mais ce H ou ce F ? Il détermine toute votre vie. La façon dont vous êtes censé agir, vous habiller, vous comporter avec les autres… Tout est différent selon que votre carte d'identité porte la lettre H ou la lettre F. Et si vous ne rentrez pas dans votre case, votre vie peut vite devenir un enfer.

Depuis 2018, en Belgique – comme je suis fière de mon pays ! –, une simple déclaration auprès de l'administration de votre commune suffit :

Depuis un certain temps déjà j'ai la conviction que le sexe mentionné sur mon acte de naissance ne correspond pas à mon identité de genre vécue intimement.

C'est aussi simple que cela. Jusqu'en 2017, on ne pouvait soumettre cette requête qu'après avoir changé de sexe sur le plan médical. Cette modification de la procédure a provoqué une augmentation substantielle des demandes. Un pic qui se résorbera peut-être à l'avenir, car un grand nombre des personnes qui ont sauté le pas au cours des derniers mois envisageaient déjà de le faire depuis des années.

À vrai dire, lorsque j'ai appelé au secours la professeure Petra De Sutter, le 16 février 2017, je ne savais même pas que cette nouvelle loi allait entrer en application. Je l'ai appris de sa bouche. Cependant, même si j'avais été au courant avant, cela n'aurait fait aucune différence : j'avais la conviction que je devais franchir le pas et que j'étais prêt à le faire. Quoi qu'il en soit, la nouvelle loi sur les personnes transgenres a rendu de nombreuses procédures plus faciles, non seulement pour moi, mais aussi pour des centaines d'autres personnes.

Voici venue l'heure du bilan : deux ans après mon cri de détresse et un an après mon coming out, j'ai achevé ma transition. Aux yeux du monde médical et de la loi, je suis la femme que j'aurais dû être depuis si longtemps. Et, plus important encore, cette femme est acceptée et soutenue par ses proches, mais aussi par le grand public. Je n'hésiterais pas une seconde à tout recommencer, je n'ai pas regretté ma décision un seul instant. Et j'estime avoir réussi ma transition, grâce à l'immense soutien dont j'ai bénéficié. Je ne remercierai jamais assez ma femme et mes enfants pour l'aide qu'ils m'ont offerte, ma femme en sachant qu'elle allait perdre son mari ; mes enfants, leur père. Je pourrai tout au plus faire de mon mieux pour devenir une meilleure personne dans ma nouvelle existence de femme, et leur apporter l'attention, l'affection et l'amour que je n'ai peut-être pas su leur donner suffisamment autrefois.

Ma profession de reporter pour la télévision et la notoriété qui l'accompagne m'ont empêchée d'effectuer une transition discrète. Auparavant, je considérais mon métier comme un énorme handicap. Avec le recul, je me rends compte que c'était un atout. Le respect que l'on m'a témoigné «parce que j'osais sauter le pas malgré ma notoriété» m'a convaincue dès le début que je pouvais mettre celle-ci à contribution pour aider d'autres personnes à avancer, elles aussi. De la même façon que j'ai eu besoin de modèles auxquels m'identifier pour prendre ma décision, mon coming out et mon témoignage ont peut-être pu convaincre d'autres personnes de se jeter à l'eau, ou du moins accélérer leur prise de conscience. Je pense avoir contribué à soutenir ces gens à mon niveau, même si je suis consciente que ce n'était tout au plus qu'un coup de pouce en bout de parcours. Cependant, je ne crois pas que, parce que le soleil brille ou que votre équipe de foot favorite vient de gagner, vous allez décider en un claquement de doigts de changer de sexe. De nombreux transgenres se torturent l'esprit et hésitent pendant des années, certains franchissent le pas car ils ont enfin trouvé un modèle auquel s'identifier, d'autres n'osent pas sortir du placard et gardent leur secret pour toutes sortes de raisons, ce qui s'accompagne hélas trop souvent d'une grande souffrance.

Moi aussi, j'ai connu des moments difficiles par le passé. Moi aussi, j'avais besoin de ce petit coup de pouce pour me jeter à l'eau. Et pour moi aussi, malgré l'euphorie de la transition, cette dernière année n'a pas toujours été rose, comme certains le prétendent; mais grâce au large soutien dont j'ai bénéficié, je suis aujourd'hui moi-même, c'est-à-dire une femme heureuse. Aussi, le principal message que je veux adresser à quiconque connaîtrait dans son entourage des gens qui, comme moi autrefois, «se sentent mal dans leur corps», est sans ambiguïté: soutenez-les, ne les laissez pas tomber, ne les discriminez pas, ne les excluez pas. Ils restent les mêmes personnes, avec les mêmes qualités que vous leur connaissez, même s'ils décident de changer d'apparence. De remplacer le H par un F, ou le F par un H.

Cependant, le chemin vers l'autre sexe est long et difficile, que ce soit sur le plan physique, mental ou émotionnel. Je conseillerais vivement à quiconque ne serait pas convaincu à cent pour cent de prendre le temps de réfléchir très sérieusement à la question et de ne pas entamer sa transition à la légère. Mais si vous vous sentez piégé depuis trop longtemps dans un corps que vous ne considérez pas comme le vôtre, si vous êtes vraiment certain qu'adapter votre corps à votre esprit vous rendra plus heureux, si vous savez que vous pouvez compter sur votre entourage, accrochez-vous à votre rêve, à votre désir, à votre bonheur, et foncez. Comme moi.

Lettres

Marianne, épouse de Bo

Bo, mon amour,

Voilà trente-six ans que je suis tombée amoureuse de toi, c'est-à-dire d'un jeune homme brillant, prévenant, enthousiaste. Tu t'intéressais à tout et avais de grandes connaissances dans de multiples domaines. Nous nous sommes tout de suite sentis bien ensemble, et même si nous nous éloignions parfois l'un de l'autre, nous nous retrouvions toujours. Tu prenais tes distances pour une raison précise : tu étais préoccupé. Ce qui te tracassait était assez important à tes yeux pour que tu décides de m'en parler, avant même notre mariage : tu aimais te vêtir en femme. Tu pensais que cette manie disparaîtrait avec le temps. C'est ce que tu m'as dit à l'époque, et je crois que tu étais sincère. Mais elle n'a pas disparu.

À ce moment-là, ni toi ni moi ne pouvions deviner de quelle façon elle évoluerait. On ne savait pas grand-chose de la dysphorie de genre à l'époque, pour ne pas dire rien du tout. Cela se limitait en quelque sorte à ce trait de personnalité. Il était présent à l'état latent, mais à peine perceptible. En outre, je me disais qu'aucune relation n'est parfaite, même si je ne veux pas minimiser l'importance de ce que tu ressentais. Car c'était à la fois étrange et nouveau, mais aussi et surtout difficile à comprendre – ça l'est encore aujourd'hui, alors que nous y sommes directement confrontés.

De mon côté, la situation s'est éclaircie quand j'ai pris conscience que tu n'aimais pas juste t'habiller en femme, mais que ton corps ne te correspondait pas. Cette distinction est fondamentale, elle a déterminé toute ton existence. Il te manquait quelque chose, qui aurait dû faire partie de ta vie, mais qui brillait par son absence. Il est compliqué pour les autres d'appréhender cette différence. Aujourd'hui, nous en savons tellement plus. Nous comprenons que ce sentiment te rendait malheureux dans ce corps qui était le tien, et que tu étais de plus en plus mal dans ta peau.

Je fais la distinction entre les années qui ont précédé ta décision de poursuivre ta vie en femme et ce que nous vivons maintenant. Aujourd'hui, les pièces du puzzle se sont mises en place, je comprends mieux l'ensemble. Pourtant, je ne pourrai jamais vraiment toucher du doigt ce que tu ressens. Je ne sais pas ce que c'est, aussi suis-je dans l'incapacité de cerner tout à fait ta problématique. Mais j'ai pu constater à quel point elle t'affectait, combien tu en souffrais et comment le bonheur a fait sa réapparition pendant ta transition, de quelle façon tu peux à nouveau envisager une existence heureuse.

Je n'ai compris que quelques mois avant ton coming out officiel que tu étais déterminé à aller jusqu'au bout. Malgré toutes ces années, ou peut-être à cause d'elles. Ce qui avait toujours été là, mais s'exprimait de manière subtile et limitée au début, a lentement mais sûrement pris de l'ampleur. En effet, je suis convaincue que tes sentiments ont évolué. Tu as changé au rythme de cette évolution. À un moment donné, tu n'en pouvais plus, tu étais prêt. Quant à moi, je n'en étais pas là. Tu croyais que j'avais compris vers quelle issue tu te dirigeais, tu me l'as dit à plusieurs reprises. Je t'ai répondu que parfois, on ne voit les choses que lorsqu'on sait où regarder.

Peut-être n'avais-je pas envie de les voir, peut-être en étais-je incapable. Je ne le sais pas très bien moi-même. Quoi qu'il en soit, tes sentiments particuliers ont revendiqué une place prépondérante dans notre vie. Et nous étions prêts à leur faire de la place, à construire et à préserver notre couple en tenant compte d'eux. Car il y a une chose dont je n'ai jamais douté depuis le début : je veux vieillir à tes côtés, et cette conviction compte davantage que tout le reste. Je l'ai su dès les balbutiements de notre relation. J'ai toujours fait de mon mieux pour te soutenir. Je t'ai donné de l'espace, en espérant que tu l'utiliserais pour être toi-même ou la personne que tu voulais être. C'était parfois difficile, mais je l'ai fait, parce que je voyais que ce n'était pas simple pour toi non plus.

Pendant toutes ces années, je n'en ai jamais parlé à personne, même si tu aurais voulu que je vide mon cœur. Je n'en ressentais pas le besoin. Je ne suis pas du genre à m'ouvrir beaucoup, tu me connais. De plus, à l'époque, j'avais peur de révéler ton secret à quelqu'un d'extérieur. Il s'agissait de toi, de quelque chose qui ne semblait pas encore t'habiter en permanence, ce n'était qu'un aspect de ta personnalité.

Après ta transition, tu es d'ailleurs restée la même personne, cela n'a pas changé. Ce qui ne m'empêche pas d'éprouver un sentiment de perte. Mon séduisant époux a disparu, et je dois en faire le deuil. Cependant, j'ai aussi gagné au change : il a cédé la place à une personne heureuse, qui a trouvé ce qu'elle cherchait, qui a réussi à corriger ce qui n'allait pas dans sa vie.

Aujourd'hui, notre couple évolue vers un nouvel équilibre auquel nous voulons donner du sens. Et nous ne sommes qu'au début du chemin. Le coup d'envoi a été donné, nous venons d'entamer un voyage qui promet d'être long. Pour toi en tant que femme, pour nous en tant que famille et couple. Nous devons redéfinir notre relation en nous affranchissant des données homme-femme, mais pour autant, nous restons de proches camarades, et nous continuons de partager notre vie.

Vis-à-vis de l'extérieur, je préfère parfois adopter une attitude neutre. Tu continues de paraître dans les médias, c'est un paramètre supplémentaire dont nous devons tenir compte en toutes circonstances. La situation est complexe, et nous faisons de notre mieux pour en faire quelque chose de beau, mais en parallèle, une grande partie de notre vie privée est jetée en pâture à l'opinion publique. Cela ne me laisse pas indifférente, et je n'ai pas envie de faire jaser. Aussi mon attitude ne dit-elle rien de notre amour, et tu ne dois pas douter de mes sentiments à ton égard. Donne-moi juste un peu de temps ; en attendant, je suis avec toi en pensées. Car quoi qu'il arrive, nous avançons main dans la main, côte à côte.

Je ne peux rien te reprocher vis-à-vis de tout ce que nous avons traversé. Tu as toujours été sincère avec moi, tu m'as toujours dit les choses au moment où tu en étais capable. Nos échanges pouvaient s'avérer houleux, tendus et douloureux, et ils le sont encore parfois. Mais au moins, nous arrivons à nous parler, et donc à avancer. Mon talon d'Achille est le même que le tien : nos enfants. Tu aurais voulu les informer bien avant, mais je trouvais toujours qu'il était trop tôt. Parce que je redoutais leur réaction, et aussi la nôtre. Je ne pourrai jamais exprimer combien je leur suis reconnaissante pour la façon dont ils gèrent la situation et dont nous nous sommes réunis pour y faire face tous ensemble. Ni toi ni moi ne supporterions que ton coming out et les réactions qu'il provoque puissent affecter leur bonheur. Cela demeurera ma plus grande crainte jusqu'à la fin de cette transition, jusqu'à ce que nous retrouvions un peu d'apaisement après tant d'agitation. Jusqu'à ce que nous puissions être à nouveau nous-mêmes, loin de l'attention des médias. En effet, tu mets cette attention à profit avec les meilleures intentions, mais je ne voudrais pas qu'elle se retourne contre nous. Je me souviens de celui dont je suis tombée amoureuse, mais je sais aussi très bien avec qui je partage ma vie, aujourd'hui : avec quelqu'un que j'admire, qui sait faire preuve de persévérance et qui me met parfois face à des défis. Quelqu'un avec qui je me sens bien et qui a choisi d'être heureux. Et mon souhait le plus cher est de te suivre dans cette voie.

Marianne

Michèle, 29 ans, fille de Bo

Mon papsie chéri,

Les hauts et les bas, toi et moi, nous savons ce que c'est, parce que nous nous ressemblons comme deux gouttes d'eau. Nous avons tous deux une sensibilité à fleur de peau. C'est la raison pour laquelle il nous arrive de nous disputer, mais c'est aussi ce qui me permet de te comprendre de mieux en mieux. Et l'inverse est vrai également. Peut-être est-ce cela qui m'a aidée à percevoir à quel point tu souffrais pendant la dernière année qui a précédé ton coming out. Tu dormais mal, tu étais distrait. Je me demandais si tu avais des problèmes au travail ou si quelque chose d'autre était en jeu. Tu n'étais plus toi-même. Et c'était bien là le problème, comme tu me l'as expliqué. J'étais venue vous rendre visite, nous étions tous les trois assis autour de la table. Toi, maman et moi. Je racontais quelque chose, et tu n'écoutais pas. Il fallait que je sache, que tu me dises tout de suite ce qui n'allait pas. Et tu l'as fait. Tu t'es mis à parler, tu m'as montré des photos, tu as guetté ma réaction. Je ne sais plus si je m'en suis aperçue, sur le moment, mais je suppose que tes yeux ne reflétaient pas que la peur, mais aussi le soulagement.

Je me souviens d'avoir été très surprise. Je ne vois pas comment décrire d'une autre façon ce qui s'est passé en moi à ce moment-là. Car pour une fois, je ne savais pas ce que tu ressentais, ce que tu vivais. C'était tellement nouveau pour moi, tellement énorme. Tout ce que je savais, c'était que cette information aurait de vives répercussions, sur bien des plans. En l'espace de dix secondes, d'innombrables pensées m'ont traversé l'esprit. J'ai songé que nous avions été élevés dans le respect des autres, que je m'étais toujours considérée comme ouverte d'esprit. Et que par conséquent, je devais être capable d'entendre ce que tu avais à me dire, quoi que ce fût. Je me serais en quelque sorte reniée si j'avais mal réagi à ton coming out. Ce faisant, je serais allée à l'encontre de l'éducation que j'ai reçue – éducation dont le mérite vous revient, à toi et maman.

Je ne crois pas t'avoir dit textuellement que cette nouvelle ne changerait rien pour moi, je serais étonnée d'avoir pu faire preuve d'un tel détachement dans un moment pareil. Je me rendais bien compte que ta révélation aurait des conséquences. En revanche, je t'ai assuré que notre famille resterait unie, en tenant compte de ce que nous savions alors. Au cours de ces dix secondes, je n'ai pas hésité un seul instant à ce sujet. Sache qu'à partir de là, tout est allé très vite pour moi. Tu avais déjà pris rendez-vous avec le psychiatre, puis tu as commencé ton traitement hormonal et planifié ton coming out. Il s'est passé tant de choses en si peu de temps ! J'avais l'impression que ton train avait quitté la gare depuis un bon moment, alors que moi, et peut-être nous tous, nous retrouvions à courir à toutes jambes derrière toi, le long des rails. Ce n'était pas simple, mais je crois qu'en fin de compte nous avons réussi à te rattraper.

Au début, j'étais souvent submergée par la colère, car j'avais peur que nous en arrivions à te perdre. Je craignais de voir quelqu'un d'autre prendre ta place, une femme, une étrangère, qui t'aurait enlevé à nous. Cependant, j'ai appris à la connaître, et à d'innombrables égards, la femme que tu es aujourd'hui est la même personne que l'homme que tu étais autrefois. À la différence près que tu peux désormais réellement aspirer au bonheur. Et que tu nous révèles certaines facettes de ta personnalité que tu cachais quand tu étais un homme. Par exemple, il t'arrive d'arborer fièrement une nouvelle toilette ou un vernis à ongles. « Parce que maintenant, j'ai le droit. » Et nous te faisons volontiers des compliments, même s'il vaut mieux refréner ton besoin d'être rassurée, je crois. Je comprends d'où il vient, mais tu n'as plus de souci à te faire à cet égard. Maintenant, tu as le droit. Les premières fois où je t'ai vue en femme, y compris après ton opération, j'ai été frappée par cette prise de conscience que tu étais désormais une femme. Et je m'y suis habituée, car je sais maintenant que tu n'as pas disparu.

Parfois, je rêve encore de toi en homme. Et, quand je regarde de vieilles photos, il m'arrive de me sentir mélancolique, mais pas malheureuse pour autant. Parce que je sais que toi, tu es plus heureuse à présent.

Beaucoup de monde me demande comment tu vas, comment nous allons, « aujourd'hui ». Cette question me paraît étrange, dans la mesure où ce que nous vivons actuellement n'est pas de nature éphémère. Ce n'est pas quelque chose qui a surgi de nulle part et va disparaître de nouveau un peu plus tard. La situation actuelle est notre nouvelle vie, maintenant, depuis ton coming out. Ce qui ne la rend pas pire ou meilleure à mes yeux, mais disons, plus complexe, peut-être. Une complexité qui se dissimule dans de minuscules détails, comme ce jour où tu as dû fournir ton nouveau numéro de registre national féminin, parce que l'officier de l'état civil en avait besoin pour dresser mon acte de mariage.

C'est moi qui ai rendu les choses plus compliquées qu'elles ne l'étaient, je pense. Après ton coming out, je me faisais en permanence du souci, pour tout et n'importe quoi, pour chaque membre de notre famille. J'y pensais à chaque instant de la journée : est-ce que vous alliez tous bien, toi, maman, mon compagnon, Nicolas et sa petite amie ? Je me sentais responsable de tout le monde. Aujourd'hui, j'ai compris que ce n'était pas mon rôle. Un jour, j'ai déclaré que j'arrêterais de prendre sans cesse de vos nouvelles. Je pars du principe que vous saurez me trouver si vous avez besoin de moi. C'est valable pour toi aussi. En effet, même si nous gardons une relation père-fille, et que pères et filles évitent certains sujets, sache que je suis là pour toi.

Tous ces changements ont été lourds pour nous, ils le sont encore parfois. Mais j'espère que ton témoignage pourra être utile à d'autres. Que la société s'ouvrira davantage à toutes celles et tous ceux qui sont différents. Cependant, même dans le cas contraire, je crois que je saurai faire preuve de clémence envers les autres. Je pense que sur ce point, nous sommes différents. Tu souffres lorsqu'on rejette ton choix de vie, ce qui me paraît bien compréhensible. De mon côté, je n'ai aucune indulgence pour ceux qui se montrent irrespectueux, mais je comprends que certains puissent trouver ta problématique bizarre. Parce qu'ils n'y connaissent rien, parce qu'ils ne sont pas directement concernés. Selon moi, pour vraiment commencer à comprendre ce qui est en jeu, il faut y être confronté de près, et constater de ses propres yeux la violence de cette lutte intérieure. J'ai vu à quel point tu étais malheureux, et c'était en soi suffisant pour me convaincre de t'accompagner dans ton parcours. Chaque membre de notre famille en est arrivé à la même conclusion. Nous t'aimons trop pour réagir autrement. En fin de compte, c'est aussi la question du bonheur qui est en jeu. Or, quand on aime quelqu'un, on souhaite son bonheur. Je ne dis pas que c'est toujours facile, mais je n'ai pas oublié à quel point tu avais besoin de changer, et cette idée m'est d'un grand secours.

Je trouve fantastique que tu saisisses cette occasion pour aider d'autres personnes transgenres, et je suis heureuse que toute notre famille puisse y contribuer, elle aussi. Cependant, d'après moi, la situation comporte des risques. Je ne voudrais pas qu'elle se retourne contre nous et nous porte préjudice. Nous avons parcouru un tel chemin ! J'aimerais que nous prenions le temps de nous poser. De profiter d'un peu de repos et de calme, des moments ordinaires que nous offre le quotidien. Car tu n'es pas juste une personne transgenre, tu es bien plus que cela. Tu es mon papa, mon papsie. Tu possèdes tant de connaissances, dans des domaines aussi variés que la géopolitique et la mode. Tu es quelqu'un qui fait tout avec une passion qu'il a à cœur de partager. Quelqu'un dont je peux être fière.

Ton coming out et ta transition m'ont appris à vous connaître d'une autre façon, maman et toi. De fait, j'étais surtout inquiète pour toi, mais aussi pour elle. En tant qu'enfant, on ne réfléchit pas trop à la relation qu'entretiennent ses parents, mais cet événement a éclairé la vôtre sous un jour nouveau. Cependant, je n'ai jamais douté de vous, pas même pendant la période où il était évident que tu souffrais. Le puissant lien qui existait entre maman et toi n'a jamais cessé de vous unir. C'est pourquoi je me désole tant que vous ayez vécu dans l'angoisse que Nicolas et moi vous tournions le dos. Nous ne le ferons jamais, au contraire. Si vous pouvez y arriver, nous y arriverons aussi. Cette grande peur vis-à-vis de notre famille et de ses réactions, nous en avons fait notre plus grande force.

Ta fille, Michèle

Nicolas, 27 ans, fils de Bo

Papsie,

« Cela vaut-il encore la peine que je passe ? » ai-je demandé, ce fameux soir.

Il était tard, mais j'hésitais à cause de ton message, qui paraissait urgent.

« Oui, viens », as-tu répondu.

C'est ainsi que j'ai su que ma visite ne serait pas tout à fait anodine, je sentais qu'il se passait quelque chose. À l'évidence, vous aviez une nouvelle importante à m'annoncer. Sur le chemin de la maison, j'ai réfléchi à ce que vous pouviez avoir à me dire. Un membre de la famille était-il malade ? S'était-il passé quelque chose ? Étiez-vous sur le point de vous séparer ?

Les scénarios possibles étaient nombreux, mais jamais je n'aurais pu soupçonner ce que tu t'apprêtais à me révéler.

À savoir que tu étais une femme. Dans un corps d'homme.

Je t'ai écouté parler. Et, bien que cette annonce ait été pour le moins fracassante, j'ai tout de suite intégré cette nouvelle réalité.

Elle m'a aussi permis de mettre certains souvenirs en perspective, comme ces bals costumés où tu te rendais pendant tes études, et dont tu nous avais parlé, ou encore quelques photos que j'avais vues sur l'ordinateur. Des histoires et des images au sujet desquelles je ne m'étais jamais interrogé – car pourquoi l'aurais-je fait ? Je savais que tu aimais les bals costumés, et je n'avais aucune raison, à l'époque, de soupçonner que ce penchant dissimulait autre chose.

Durant notre conversation, je me suis davantage posé de questions à moi-même que je ne t'ai interrogé. Aurais-je pu le deviner ? Aurais-je dû ? Que pouvait-il bien se passer en toi ? Qu'avais-tu ressenti le jour de ton mariage ? Et quand nous sommes nés, ma sœur et moi ? Je ne connais toujours pas toutes les réponses à ces questions, mais peut-être est-ce inutile. Peut-être suffit-il que tu les connaisses, toi.

Ce soir-là, quand tu m'as dit que tu avais le sentiment d'être une femme, je savais que ce n'était pas tout, que cette révélation signifiait bien plus. J'avais déjà compris qu'au-delà de tes sentiments féminins, tu voulais franchir le pas vers une transition complète. J'ai aussi remarqué que maman n'en était pas là, et je comprenais pourquoi. Contrairement à moi, cette annonce ne lui tombait pas dessus à l'improviste. Pour elle, il ne s'agissait pas d'une donnée nouvelle, mais de toute une vie. Elle avait toujours vécu à tes côtés, elle était bien plus proche de toi. À mon avis, cette proximité l'empêchait de prendre de la distance par rapport à la situation. Elle a passé toutes ces années avec toi, elle a évolué en même temps que toi et tes choix de vie. En sachant que quelque chose n'allait pas, mais sans pouvoir comprendre vraiment le fardeau qui pesait sur tes épaules. À cet égard, j'éprouve non seulement un immense respect pour toi, mais aussi pour elle. Elle n'a pas signé pour tout ça, et pourtant, elle a pris sa décision. En effet, dans un couple, on peut toujours choisir de rester ensemble ou de se séparer. J'en suis bien conscient, tout comme vous. C'est pourquoi je suis heureux que vous fassiez chaque jour de nouveau le choix d'être là l'un pour l'autre. Toi pour elle, et elle pour toi.

En revanche, moi, en tant que fils, je n'ai rien à remettre en question. Tu es mon papa et tu le resteras toujours, quoi qu'il arrive. Quand je ne te vois pas et que je pense à toi, je me rappelle simplement que tu es mon père. Le reste n'a guère d'importance. C'est différent pour maman, parce que vous vous côtoyez tous les jours. On pourrait croire qu'il serait plus facile de s'habituer dans ces conditions, mais cette proximité rend les choses plus difficiles, d'une certaine façon. Car nous avons tous besoin de nous habituer à cette nouvelle vie, en attendant de la trouver normale. Je ne te connais que comme la personne que tu es, c'est-à-dire mon père. Et je pars du principe que tu avais tout, dans ta vie d'homme, et que tu étais heureux. À l'exception de cet aspect particulier, de cette facette de ta personnalité. À mes yeux, tu resteras toujours mon père, à cause de ce rôle que nous jouons l'un pour l'autre. Peut-être aurais-je une autre image de toi si nous étions moins proches, si je n'étais pas ton fils, et toi mon père. Je n'ai jamais rien décelé de ta lutte intérieure, je n'en ai jamais rien su. Je me rends compte que tu vivais en quelque sorte dans une autre réalité, et nous aussi par conséquent, et que tout n'a pas toujours été aussi simple qu'il y paraissait. Mais les choses étaient ce qu'elles étaient, et elles nous ont menés tous ensemble à la situation où nous nous trouvons aujourd'hui. Je suis convaincu que nous avons été une famille heureuse, une famille normale, avec ses hauts et ses bas, comme tout un chacun. Nous le sommes toujours, d'ailleurs.

Il m'est difficile de décrire ce que j'ai ressenti en te voyant pour la première fois habillée en femme. J'ai été envahi par toutes sortes d'émotions. Je ne nierai pas que cette soirée était étrange, parce que le rôle que tu jouais pour moi était soudain incarné d'une autre manière. D'un seul coup, tu avais l'air d'être quelqu'un d'autre. Tu n'avais peut-être pas changé, mais la façon dont tu t'exprimais était différente, ce qui a eu pour effet de modifier notre perception. J'aurais pu me demander ce que cette femme avait fait de mon père, mais en fin de compte, cette question s'est avérée superflue. Parce que cette nouvelle femme m'a spontanément rassuré. Elle m'a montré que tu étais toujours là, derrière tous ces changements.

Je suis content que ta transition ait eu lieu. Parce que c'est ce que tu souhaitais et ce qui te rend heureux. Qui suis-je donc pour te dire ce que tu peux ou ne peux pas faire ? Je suis incapable de deviner ce dont tu as besoin. Tu es la seule personne à pouvoir le savoir, et toute la famille se fie à ton jugement : c'est pourquoi ta décision est forcément la bonne. Ce n'est peut-être pas la plus facile, mais quelle option l'est vraiment dans une telle situation ?

En outre, ton histoire n'a rien à voir avec un choix. Tu n'as pas décidé d'éprouver ces sentiments. Le seul choix que tu aies fait est celui de te comporter comme la femme que tu es, indépendamment du corps dont tu as hérité à la naissance. Et selon moi, il est juste que toi et tant d'autres puissiez faire ce choix de nos jours. Tu as décidé de foncer. En outre, tu aimerais que tout ce que tu fais ait un impact positif pour les autres. Tu fais bouger les lignes en usant de ta position et du soutien dont tu bénéficies, ce qui a des effets potentiellement bénéfiques. Ce qui ne fait que confirmer l'image que j'ai toujours eue de toi, à savoir celle d'une personne douée d'un grand sens de la justice, et je suis heureux que tu m'aies transmis ces mêmes normes et valeurs.

Je n'ai pas tout de suite parlé de tes révélations avec mon entourage, tu as dû t'en rendre compte. Je n'ai en aucun cas gardé le silence parce que j'avais honte, car je ne ressens aucune honte, je tiens à ce que tu le saches. Ce n'était pas non plus parce que je refusais d'accepter ton coming out ou de te soutenir, car je l'accepte et je te soutiens. Si je me suis tu, c'est tout simplement parce que je ne me sentais pas encore prêt à en parler. Mes mots auraient pu provoquer toutes sortes de réactions : les gens auraient pu se montrer déstabilisés, car tout le monde ne sait pas se montrer compréhensif. Ce que j'aurais tout à fait pu tolérer. Diverses questions me taraudaient, de la plus cruciale – comment le public et mon entourage réagiraient-ils à cette nouvelle ? – à la plus idiote – certains penseraient-ils que je suis moi aussi transgenre, parce que je suis ton fils ?

Aujourd'hui, je peux te rassurer, comme je me suis moi-même senti rassuré à l'époque : je suis entouré de belles personnes, qui sont tout aussi compréhensives que nous.

J'ai vécu ta transition à ma façon, qui est plutôt pragmatique. Je ne crois pas avoir été bouleversé au point de perdre complètement pied, même si l'émotion était au rendez-vous, bien sûr. J'ai ressenti du chagrin et du bonheur, du désespoir et de l'espoir, de l'anxiété et du soulagement. Entre-temps, un nouvel équilibre s'est installé, et seule une certaine inquiétude me tenaille encore.

Pourras-tu continuer de faire des reportages dans d'autres parties du monde qui sont moins tolérantes envers les personnes LGBT ? Dans combien de temps les gens ne te verront-ils plus comme une journaliste transgenre, mais juste comme une journaliste ? Et quand y aura-t-il à nouveau de la place pour d'autres sujets de conversation à table ? Quand tout cela cessera-t-il d'être spécial pour devenir simplement notre quotidien ?

Car c'est là pour moi l'essentiel dans ce que tu es et ce que tu fais. En un sens, ta transition a changé beaucoup de choses, mais en même temps, tout reste pareil.

Ton fils, Nicolas

Remerciements

Trop de personnes occupent une place importante dans ma vie pour que je puisse toutes les citer ici. Cependant, certains ont joué un rôle majeur, et je tiens à les remercier personnellement.

Avant tout, mon épouse, Marianne. Elle est la véritable héroïne de cette aventure. Elle est restée à mes côtés, elle m'a soutenue pendant toute ma transition, et nous continuons d'avancer, ensemble. Elle est ma compagne de vie, mon amie, mon ange gardien, mon tout. Je ne pourrai jamais lui rendre tout ce qu'elle m'a donné.

Michèle et Nicolas, mes enfants, m'ont non seulement acceptée, mais ils sont toujours restés près de moi et n'ont jamais cessé de respecter mon choix. Leur présence à nos côtés revêt une importance considérable pour Marianne et moi. En outre, nous nous réjouissons que leurs partenaires adoptent la même attitude. Ma décision a sans doute fait l'effet d'un choc à mon frère, mes beaux-frères, mes belles-sœurs et d'autres membres de la famille, mais ils n'ont pas cessé de me soutenir pour autant. Ils méritent mes remerciements les plus affectueux.

De même que Petra, qui m'a donné la force de franchir le pas.

Je remercie également toutes celles et tous ceux qui m'ont aidée à devenir la femme que je voulais être : les médecins, le personnel infirmier et soignant et les autres collaborateurs du CHU de Gand, de l'hôpital de Saint-Nicolas et de 2PassClinic. Et tout particulièrement Guy, Gunter, Philippe, Katrien et Joa.

Je n'oublierai jamais non plus l'aide et les encouragements de mes collègues du journal de VTM et de Medialaan. Certains m'ont soutenue pendant des années, d'autres ont commencé plus récemment, mais avec tout autant de conviction. Là encore, je ne saurais citer tout le monde, mais je remercie vivement Cathérine, Evi et toute l'équipe d'avoir raconté mon histoire. Merci à Birgit et à bien d'autres pour leur oreille attentive, à Nicholas et Kris pour leur confiance, à Heinz et à toute l'équipe du studio de stylisme de m'avoir aidée à devenir une belle femme.

Je réserve des remerciements particuliers à Sara. Grâce à elle, ma décision et mon histoire ont été communiquées au grand public avec bienveillance. J'espère que son exemple pourra inspirer d'autres personnes.

Je remercie aussi tous mes collègues journalistes qui travaillent dans d'autres médias, pour le respect et la dignité avec lesquels ils ont traité mon témoignage délicat.

Merci à mes amies transgenres que j'ai pu prendre comme modèles et avec qui j'ai pu partager mes questions, mes doutes, mais aussi ma joie et mon bonheur.

Merci à Nora et Lukas, qui ont contribué à améliorer

l'acceptation des personnes transgenres grâce à leur film *Girl*, et avec qui j'ai forgé des liens chaleureux.

Je tiens également à remercier Geert, mon éditeur, qui m'a convaincue d'écrire ce livre. Pas seulement pour moi, mais surtout pour celles et ceux qui sont confrontés à la même situation, ainsi que pour toutes les personnes qui connaissent mal ce thème. Merci à tous les charmants collaborateurs d'Horizon et d'Overamstel.

Merci à ma corédactrice Nele, qui a su organiser mes idées et m'a aidée à les structurer pour donner naissance à ce livre, qui a passé des heures à parler avec moi et a apporté sa contribution à bon nombre de chapitres.

Merci à mes parents, qui ne sont hélas plus là pour vivre cette aventure avec moi ; je leur serai éternellement reconnaissante de m'avoir élevée en me transmettant de belles valeurs.

Et enfin, chers lecteurs, chères lectrices, merci à vous. Merci au public pour son accueil si incroyablement chaleureux. Merci de votre compréhension, merci de m'avoir acceptée telle que je suis.

Informations utiles

J'ai cru utile de joindre à la fin de ce livre quelques noms et contacts d'associations d'aide et de soutien aux personnes transidentitaires ou en questionnement dans le monde francophone. Cette liste ne prétend pas être exhaustive, mais elle peut constituer un début de recherche.

Belgique

Genres Pluriels
Visibilité des personnes aux genres fluides, trans* et intersexes
www.genrespluriels.be
contact@genrespluriels.be

TransKids
Association spécifiquement dédiée aux enfants trans de moins de 18 ans, et à leurs parents
www.transkids.be
hello@transkids.be

Maison Arc-en-ciel
Lieu d'échanges entre toutes les associations d'entraide et de loisir tournées vers le public LGBTI
www.arcenciel-wallonie.be
rainbowhouse.be

Trans-ition
Valorisation et intégration des personnes transgenres
www.trans-ition.be
info@trans-ition.be

Canada

Enfants transgenres
enfantstransgenres.ca
info@enfantstransgenres.ca

Aide aux Trans du Québec (ATQ)
atq1980.org

France

Association nationale Transgenre
ant-france.eu

Chrysalide
chrysalidelyon.free.fr

Luxembourg

Intersex & Transgender Luxembourg
itgl.lu

Suisse

Transgender Network Switzerland
www.tgns.ch

Fondation Agnodice
Enfants et adolescents transgenres ou en questionnement
agnodice.ch

Table

L'EXEMPLAIRE QUE VOUS TENEZ ENTRE LES MAINS
A ÉTÉ RENDU POSSIBLE GRÂCE AU TRAVAIL DE TOUTE UNE ÉQUIPE.

COUVERTURE ET CAHIER PHOTOS : Sara Deux
MISE EN PAGE : Soft Office
PHOTOGRAVURE : Point11
CORRECTION : Emmanuel Dazin, Jean-Luc Demizieux
et Isabelle Paccalet
FABRICATION : Maude Sapin avec Lucie Le Bon
COMMERCIAL : Pierre Bottura
RELATIONS LIBRAIRES : Jean-Baptiste Noailhat
PRESSE/COMMUNICATION : Jérôme Lambert avec Adèle Hybre

DIFFUSION : Élise Lacaze (Rue Jacob diffusion), Katia Berry (grand Sud-Est), François-Marie Bironneau (Nord et Est), Charlotte Jeunesse (Paris et région parisienne), Christelle Guilleminot et Pascal Hostein (grand Sud-Ouest), Laure Sagot (grand Ouest), Diane Maretheu (coordination) et Charlotte Knibiehly (ventes directes), avec Christine Lagarde (Pro Livre), Béatrice Cousin et Laurence Demurger (équipe Enseignes), Fabienne Audinet (LDS), Bernadette Gildemyn et Richard Van Overbroeck (Belgique), Nathalie Laroche et Alodie Auderset (Suisse), Mansour Mezher (grand Export)

DISTRIBUTION : Hachette

DROITS FRANCE ET JURIDIQUE : Geoffroy Fauchier-Magnan
DROITS ÉTRANGERS : Sophie Langlais avec Anne Zunino
LIBRAIRIE : Laurence Zarra
ANIMATION : Sophie Quetteville
ENVOIS AUX JOURNALISTES ET LIBRAIRES : Vidal Ruiz Martinez
COMPTABILITÉ ET DROITS D'AUTEUR : Christelle Lemonnier,
Camille Breynaert et Christine Blaise
SERVICES GÉNÉRAUX : Isadora Monteiro Dos Reis

Achevé d'imprimer sur les presses de l'imprimerie
Normandie Roto Impression s.a.s. à Alençon (Orne)
en août 2019.

ISBN : 978-2-7112-0098-6
N° d'impression : 1903815
Dépôt légal : Octobre 2019